Höhepunkte des Mittelalters

Georg Scheibelreiter (Hg.)

Höhepunkte
des Mittelalters

PRIMUS
VERLAG

Der Text folgt der neuen deutschen Rechtschreibung,
Zitate sind in der Rechtschreibung der jeweils zitierten
Textausgabe wiedergegeben.

Die Deutsche Bibliothek verzeichnet diese Publikation
in der Deutschen Nationalbibliografie; detaillierte
bibliografische Daten sind im Internet über
http://dnb.ddb.de abrufbar.

© 2004 by Primus Verlag, Darmstadt
Gedruckt auf säurefreiem und alterungsbeständigem
Papier

Einbandgestaltung: Jutta Schneider, Frankfurt
Einbandmotiv: Schlacht bei Tours (Poitiers), 732,
Gemälde, 1837 von Carl von Steuben (1788–1856),
Öl auf Leinwand, Galerie des Batailles, MV 2671 s.
Foto: akg-images
Redaktion: Winfried Schindler, Wiesbaden
Gestaltung und Satz: Johannes Steil, Karlsruhe
Printed in Germany

www.primusverlag.de

ISBN 3-89678-257-6

Inhalt

Vorwort

Der Mensch der Gegenwart wird im Allgemeinen mehr und mehr von der Zahl beherrscht, sodass man von einer *Verzifferung* des Lebens sprechen kann. Warum sollte nicht auch die Vergangenheit durch Zahlen ausgedrückt werden? Tatsächlich aber haben Jahreszahlen bei der Mehrzahl der Schüler und Studierenden einen schlechten Ruf. Und das gern weitergegebene Klischee, dass der Geschichtsunterricht in der Schule nur aus dem Eintrichtern von Jahreszahlen bestanden habe, soll die besondere Oberflächlichkeit und Leere des Gebotenen illustrieren. Selbst unter Historikern wird die exakte Kenntnis dieser Zahlen oft als überflüssiger Ballast angesehen, die ein scheinbares Wissen vorgaukelt, zum wahren Geschichtsverständnis aber nichts beiträgt, ja ihm sogar hinderlich ist. Wer Jahreszahlen weiß, sie vielleicht sogar abschnurren kann, wird *ipso facto* verdächtigt, von Geschichte im eigentlichen Sinne nichts zu verstehen, so wie jemand, der numerisch gut rechnet, kaum als begnadeter Mathematiker angesehen, sondern eher als bloßer ‚Zahlenschaufler‘ und ‚Ziffernbolzer‘ abgetan wird.

Die Ablehnung der Jahreszahl hat gewiss ihre Berechtigung, wenn sie isoliert ein Faktum vermittelt, das nicht in einen größeren Zusammenhang historischen Geschehens gebettet ist. Das vorausgesetzt, wird man auf den Vorteil, den die Jahreszahlen für den historischen Überblick bieten, nicht leicht verzichten können: nämlich eine leicht verständliche Abfolge, die das zeitliche Nacheinander unvergleichlich knapp veranschaulicht. Vergangenes Geschehen wird durch Zahlen in seinem Ablauf fixiert und erst dadurch in der Zeit lokalisiert oder, wie man heute sagt, verortet. Dies scheint aber notwendig zu sein, um die innere und äußere Distanz zu den jeweiligen Ereignissen festzulegen, was die erste Stufe einer versuchten Sinnstiftung der Geschichte darstellt. Auch der Gedanke einer historischen Entwicklung lässt sich am einfachsten durch Zahlen und ihre Abfolge ausdrücken. Freilich basieren diese Überlegungen auf der stillschweigenden Voraussetzung eines linearen Geschichtsverständnisses, wie es die abendländische Kultur auszeichnet.

Man sieht also, wie leicht man vom Streit um die Bedeutung der Jahreszahlen zu grundlegenden Fragen geschichtsphilosophischer Art gelangen
kann. So weit führen unsere Überlegungen hier nicht. Die historische Jahreszahl soll vielmehr als Mittel der Assoziation verstanden werden: als mne-
motechnisches Zeichen, das bestimmte Vorstellungen auslöst, vergleichbar
einem Eisberg, dessen kleineren Teil man sieht, während sechs Siebtel seiner Masse unsichtbar unter dem Meeresspiegel ruhen! Der gezielte Einsatz
von Jahreszahlen setzt also ein gediegenes historisches Wissen voraus und
verleiht erst dann der einzelnen Zahl symbolische Bedeutung. So sind die
Jahreszahlen als Gerüst für den äußeren Bau, den wir aus dem vergangenen
Geschehen errichten, ebenso brauchbar wie als Sinnelement für dessen Verständnis.

In noch höherem Maße gilt das für solche, die man als Epochenzahlen
bezeichnen kann. Epoche bedeutet ursprünglich eine Hemmung, ein An-
halten, einen unterbrechenden Einschnitt. Darunter versteht man den Moment, in dem ein bestimmter geschichtlicher Verlauf zu einem Abschluss
gekommen scheint und neue Triebkräfte den historischen Weg in eine andere Richtung lenken. Erst später ist man von diesem punktuellen Begriff
abgegangen und hat ihn auf den von diesem Zeitpunkt abhängigen Zeitraum
übertragen und damit aus der Epoche eine Periode gemacht. Der Ausdruck
Epochenzahlen jedoch hat die frühere und richtigere Auffassung bewahrt.
Sie verziffern diesen Augenblick des scheinbaren Innehaltens der Geschichte und erzeugen damit die entsprechende Assoziation für den hinter
der kargen Jahreszahl befindlichen Neuansatz des geschichtlichen Ablaufs.
Niemand kann den Sinnbildcharakter eines solchen Vorgehens verkennen.
Die reale Geschichte ändert sich nicht von einem Tag zum anderen und lässt
zwei völlig verschiedene Perioden durch den Alltag des Menschen hin-
durchgehen!

Epochenzahlen symbolisieren also einen historischen Einschnitt, der
durch ein besonderes Ereignis hervorgerufen wird. Manchmal haben das
schon die Zeitgenossen vermutet und dem an sich nicht ungewöhnlichen
Geschehen in einer ganz bestimmten Situation oder unter ganz bestimmten
Voraussetzungen solch eine hohe Bedeutung zuerkannt. Waren mit dieser
Einschätzung überwiegend persönliche Motive verbunden, so ist das durch
die spätere historische Wertung selten bestätigt worden. Wurde das Geschehen jedoch von Menschen beurteilt, deren Horizont über das eigene Umfeld

hinausreichte und die den ‚Zeitgeist' hinter dem oberflächlichen Ereignis erfassten, so gehen die Historiker tatsächlich oft mit deren Ansicht konform.

In den hier gesammelten Beiträgen wird eine Reihe von Jahreszahlen herausgegriffen: Sie sind mit Ereignissen der mittelalterlichen Geschichte verbunden, welche für die historische Entwicklung Europas zweifellos von großer Bedeutung waren. Die dadurch symbolisierten Geschehnisse schließen eine Periode ab und zeigen in Ansätzen, wohin der geschichtliche Weg führen wird. In diesem Sinne sind es echte Epochenzahlen. Andere Ereignisse stellen hingegen den Höhepunkt eines politischen oder kulturellen Phänomens dar, das danach im Abklingen war, ohne sofort Neues anzukündigen. Es handelt sich also um die Darstellung von Höhepunkten, von historischen Wenden und von zukunftsträchtigem Geschehen. Manches, was hier zum Gegenstand der Betrachtung wird, bedingte sofort einen Wandel, manches war nur wie ein erstes Aufblitzen des Kommenden und entfaltete seine Wirkung erst später. Bei einigen Ereignissen fällt dieser Moment in eins zusammen; man erkennt den Untergang des Alten und das Heraufkommen des Neuen, das freilich nicht abgeklärt oder fertig erscheint, sondern als Phänomen, das genug des Fragwürdigen und Unsicheren in sich birgt.

Hier ist die Position des rückblickenden Historikers zweifellos günstiger als diejenige des Zeitgenossen. Er kann – unabhängig von seiner individuellen Sichtweise – das komplexe Geschehen, das sich um ein Ereignis schließt und diesem seine einzigartige Bedeutung verleiht, in umfassender und nüchterner Interpretation werten und somit auch den Epochencharakter des singulären Faktums kritisch beurteilen. Dabei muss er sich der sinnbildlichen Funktion von Geschehen und Jahreszahl immer bewusst sein.

Ein Problem mag das Wort „Höhepunkte" darstellen. Es ist allgemein semantisch mit etwas Positivem verbunden. Das wird auch hier wiederholt zum Ausdruck kommen, bei aller Vorsicht und wertenden Zurückhaltung, die dem Gelehrten aus guten Gründen eigen ist. Dennoch wird das Wort nicht ausschließlich in diesem Sinne verstanden, sondern grundsätzlich viel buchstäblicher. „Höhepunkt" meint in diesem Zusammenhang dasjenige, das sich über das gewöhnliche, voraussehbare Geschehen erhebt, was als oft ungeheurer Einbruch in die vertraute Wirklichkeit erfahren wird; und das kann nach menschlichen Maßstäben durchaus auch negativ sein. Voraussetzung für die Auswahl der Ereignisse war allein ihr epochaler Charakter, ihre Bedeutung für den weiteren Verlauf der Geschichte (nicht nur der mittelalterlichen). Dass die historische Betrachtung der einzelnen Ereignisse und ihre Wertung stark vom jeweils zeitgenössischen Denken abhängig sind, wird niemanden verwundern. Die Autoren der einzelnen Beiträge haben das in Rechnung gestellt, sind sich aber auch klar darüber, selbst unserer Gegenwart in dieser Hinsicht Tribut zu zollen.

Die hier vorgestellten Ereignisse wurden subjektiv, aber nicht grundlos ausgewählt. Sie sind nicht das Ergebnis einer Grundsatzdiskussion. Sie sind nach dem Prinzip herangezogen worden, die zehn Jahrhunderte des europäischen Mittelalters einigermaßen gleich zu berücksichtigen und verschiedene Aspekte der Geschichte zugänglich zu machen. Dass es sich um *die* 15 wichtigsten Ereignisse handelt, wird niemand behaupten. Dass der Schwerpunkt auf die deutsche Geschichte gelegt wurde, kann nicht überraschen, doch ist die Wirkung des epochalen Geschehens stets von europäischer Bedeutung.

Obwohl der Begriff „Höhepunkte" primär Augenblickscharakter hat und hier davon auch bewusst ausgegangen wird, sollten doch einige sehr wichtige, nachhaltig wirkende Phänomene der mittelalterlichen Geschichte nicht ausgeklammert werden, die das Ergebnis der Entwicklung über einen kürzeren oder längeren Zeitraum hin darstellen und sich nicht von einem einzigen Datum her assoziativ erfassen lassen. So kann man die Entstehung der Stadt nicht symbolisch mit einer bestimmten Jahreszahl und dem damit verbundenen Ereignis in Zusammenhang bringen. Für die einzelne Stadt ist das sicher oft möglich, vor allem wenn es sich um eine nachweisbare Gründung handelt, aber nicht für die Stadt als europäisches Phänomen. Hier muss deren historische Entwicklung und deren Blüte als „Höhepunkt" gewertet werden.

Noch ein paar einführende Worte zu den einzelnen Ereignissen. Im Frühmittelalter wurden solche gewählt, die faktisch und symbolisch die Entstehung des abendländischen Europa als eines neuen historischen Komplexes in Ablösung der antiken Welt ermöglichten und ihm wesentlich konstitutive Elemente vermittelten. Der Übertritt des merowingischen Königs Chlodwig zum katholischen Christentum trug entscheidend zu dessen Durchsetzung als Grundlage menschlicher Existenz in dieser Periode bei. Mit der Entfaltung des abendländischen Mönchtums in der Nachfolge des umbrischen Anachoreten Benedikt wurde einem bedeutenden kulturellen, religiösen und zivilisatorischen Element der Weg ins Mittelalter gebahnt. Die Abwehr der muslimischen Berber bei Tours und Poitiers machten den europäischen Sonderweg erst möglich. Die Erneuerung des westlichen Kaisertums durch Karl den Großen schließlich löste Europa aus der ideologischen Abhängigkeit vom oströmischen Reich und förderte die autogene Entwicklung des lateinisch-barbarischen Westens.

Vom Kaisertum gehen auch die hochmittelalterlichen Beiträge aus. Dessen Wiederherstellung durch den sächsischen König Otto I. war vor allem für die deutsche Geschichte folgenschwer und für deren Glanz und Elend wesentlich verantwortlich. Die Auseinandersetzung um den Vorrang von geistlicher oder weltlicher Gewalt, die man mit dem Namen Canossa verbindet, ist darüber hinausgehend ein Sinnbild für die Krise der europäischen Gesellschaft, in der die Ansätze einer modernen Welt sichtbar werden. Die Eroberung von Jerusalem auf dem Ersten Kreuzzug steht ebenfalls sinnbildlich für das Aufbrechen einer archaischen Welt durch die Erweiterung des abendländischen Horizonts. Der Hoftag zu Mainz im Jahre 1235 zeigt die mittelalterliche Kaiserherrlichkeit an einer Wende; sie verblasst in der übersteigerten Pracht eines der Tradition schon fremd gewordenen Kaisers und öffnet zugleich einem neuen politischen Selbstverständnis die Tore.

Im Spätmittelalter werden die historischen Epochen – Wendepunkte und Zukunftsmarken – in vielen Bereichen erkennbar. Politisch folgenreich bis in die jüngere Vergangenheit war die endgültige Durchsetzung der Habsburger im Südosten des Reiches. Bis in die napoleonische Zeit wirksam war das Grundgesetz, in dem die Königswähler im römisch-deutschen Reich fixiert wurden und das auch dessen territoriale Sonderentwicklung stark beeinflusste. Die Verbrennung des tschechischen Theologen Hus schließlich weist auf die letzte große abendländische Krise religiöser, nationaler und sozialer Natur, an deren Folgen die mittelalterliche Welt zerbrechen sollte. Großen Anteil an dieser Wende hatten die Universitäten, deren relativ späte, aber dann schnell aufeinander folgende Gründungen auf deutschem Reichsboden die Verbreitung einer intellektuellen Weltsicht mit all ihren spürbaren Konsequenzen forcierte und so über das Mittelalter hinausführte. Entscheidende Hilfe dabei bot der Buchdruck mit beweglichen Lettern, der im 15. Jahrhundert eine mediale Revolution ungeahnten Ausmaßes hervorrief. Die große soziale Neuerung des Mittelalters aber war die Stadt, die den Menschen aus einer agrarisch bestimmten Welt, einer rechtlich eingeschränkten Stellung und Kirchturmperspektive befreite, um ihn einem aspektreichen Gemeinwesen sinnvoll einzugliedern. Dieses mittelalterliche Phänomen wirkt bis heute gesteigert fort, freilich nicht nur zum Guten. Einen tiefen Einschnitt in der europäischen Entwicklung markierte die große Pest in der Mitte des 14. Jahrhunderts, wohl die schwerste und nachhaltigste Epidemie, die das Abendland je betroffen hat. Ihr Einfluss auf die wirtschaftlichen und gesellschaftlichen Zustände ist kaum zu überschätzen, aber auch die Religiosität und Mentalität des spätmittelalterlichen Menschen wurden durch die Pest und ihre Folgen entscheidend berührt.

Die hier ausgewählten und dargestellten Ereignisse sollen den Leser nicht nur mit mehr oder weniger bekanntem historischen Geschehen enger vertraut machen. Die Verfasser möchten Jahreszahlen und Schlagworte aus ihrer Isoliertheit befreien, das historische Umfeld erklären, auf Zusammenhänge und Bedingtheiten hinweisen und nicht zuletzt die Relevanz von Fakten, deren Deutung und Wertung zurechtrücken. Damit sollte nicht nur die Sicht auf das immer noch missverstandene Mittelalter freier werden, sondern auch das europäische Selbstverständnis gewinnen, wenn man ein so großes Wort in diesem bescheidenen Rahmen formulieren darf.

Mein Dank gilt Herrn Wolfgang Hornstein, dem Geschäftsführer des Primus Verlags, der mich mit der Herausgabe dieses Bandes betraute, Frau Regine Gamm für ihr präzises Lektorat und allen Kolleginnen und Kollegen, die sich so bereitwillig und verlässlich an dem Sammelwerk beteiligten.

Wien, im Mai 2004
Georg Scheibelreiter

Die Bekehrung des Merowingerkönigs Chlodwig 496

GEORG SCHEIBELREITER

Im Herbst des Jahres 1996 kam es in Frankreich zu einer lebhaften Auseinandersetzung in Tageszeitungen und Wochenblättern. Bald griffen auch Rundfunk und Fernsehen in den Streit ein, der zwar nicht das politische Tagesgeschehen beherrschte, aber doch geeignet war, auf der Ebene des nationalen und intellektuellen Selbstverständnisses vieler Franzosen Gräben zwischen den einzelnen Überzeugungen aufzureißen. Schließlich wandte sich Präsident François Mitterand an die Nation, um die erhitzten Gemüter zu beruhigen.

Der Anlass für diesen über die Medien geführten Schlagabtausch war der Hinweis auf den Übertritt des heidnischen Frankenkönigs Chlodwig (Clovis) zum Katholizismus, der sich zum 1500. Mal jährte! Das Ereignis selbst hätte eigentlich zuerst die Zunft der Mediävisten betroffen und wahrscheinlich zu Festschriften und Symposien geführt – was ja auch wirklich geschah. Dass dieses Erinnern aber ein solches Aufsehen erregte, lag an den aus der Tatsache abgeleiteten Folgerungen. Chlodwig wurde aufgrund seiner Konversion schlichtweg zum Ahnherrn Frankreichs erklärt, zur Gründergestalt des französischen Staates. Diese historisch durchaus anfechtbare, aber zur Schaffung eines politischen Symbols geeignete traditionelle Ansicht, die einem wenig reflektierten, aber lange anerkannten Geschichtsbild entsprach, rief sofort die liberalen Demokraten auf den Plan: Sie konnten sich mit einem solchen katholisch-monarchistischen Gründungsmythos ihres Staates nicht abfinden. Das moderne Frankreich wäre nichts anderes als das Ergebnis der Französischen Revolution, mit Clovis hingegen und mit seiner auch das Volk verpflichtenden Annahme des Katholizismus hätte das unselige Bündnis von Thron und Altar seinen Anfang genommen, was auch der aus diesem Anlass erfolgende Besuch Papst Johannes Pauls II. unterstreiche. Mit jener verhängnisvollen Entwicklung und ihren unerträglich gewordenen Auswüchsen hätten der intellektuell geleitete Dritte Stand und die Masse der Werktätigen jedoch 1789 Schluss gemacht und das Frankreich geschaffen, mit dem einzig der Franzose von 1996 sich identifizieren könne! Das Frankreich Chlodwigs und seiner Nachfolger habe mit dem heutigen nur im geographischen und chronologischen, niemals aber im ideologischen Sinne zu tun; es bleibe daher Aufgabe eines beschränkten Kreises – der Mittelalterhistoriker –, sich im Rahmen ihrer die breitere Öffentlichkeit nur selten erreichenden Möglichkeiten mit diesem Jubiläum zu beschäftigen! Dieser wütenden Absage an einen nationalen Ahnherrn Chlodwig folgten konservative Repliken und so war die Konversion des fränkischen Königs ein Thema geworden, das für kurze Zeit grundsätzliche Bedeutung erlangte, bis die versöhnliche Stimme des Präsidenten die Gegensätze zu entschärfen vermochte.

Der Mediävist, der sich mit der merowingischen Geschichte befasst, wird das Phänomen dieses Religionswechsels aus den Gegebenheiten jener Jahrhunderte, aus der gesellschaftlichen, politischen, rechtlichen und kulturellen Situation der Zeit und der davon geprägten Mentalität ihrer führenden Schichten zu erfassen und zu erklären suchen. Dabei wird man aber zu keinem glatten Ergebnis kommen, das sich ins allgemeine Verstehen unserer Gegenwart lückenlos übertragen ließe. Man wird berücksichtigen müssen, welche Konsequenzen das Bekenntnis Chlodwigs zum orthodoxen Christentum des 5. Jahrhunderts gehabt hat, zumal es sich ja nicht um den bloßen Wandel einer persönlichen Überzeugung handelte. Insofern hat die vom modernen Subjektivismus bestimmte Kritik der liberalen, dem Rationalismus huldigenden Franzosen Recht: Des Königs Entscheidung verpflichtete die anderen; freilich nicht in der Weise, wie es die vom frühneuzeitlichen Absolutismus in ihrer Herrscherauffassung bestimmten Demokraten des 20. Jahrhunderts behaupteten. Wäre dem fränkischen Reich des 6. Jahrhunderts das politische Schicksal anderer germanischer Reiche des Frühmittelalters bestimmt gewesen, hätte Chlodwigs religiöse Entscheidung historisches Interesse gefunden, wäre aber letztlich als ephemeres Geschehen nicht darüber hinaus wirkmächtig geworden. So aber gelangte das Reich der Merowinger nicht nur zur Vormachtstellung unter den Nachfolgestaaten des Imperiums, sondern es wies den Weg zu einem abendländischen Europa, dessen Kerngebiete und Herrschaftszentren nördlich der Alpen lagen und nicht mehr zum Mittelmeer hin orientiert waren!

Chlodwigs Entscheidung kam also aus heutiger Sicht eine Bedeutung zu, die nicht leicht zu überschätzen ist, selbst wenn man sich mit der Vorstellung „Männer machen Geschichte" nur schwer anfreunden kann. Chlodwig dachte nicht daran, die Welt zu verändern und sie für alle Zukunft auf eine bestimmte Bahn zu bringen! Er dachte an seine politischen Möglichkeiten und deren konsequente Umsetzung, noch einfacher und barbarischer: an die Steigerung seiner persönlichen Macht und an die Hilfsmittel, die ihm dafür zur Verfügung standen. So konnte er sich Nachruhm erwerben, der über das gewöhnliche Sippengedenken hinausging, und einen neuen Mythos schaffen, der einzig mit seiner Person verbunden blieb – für alle Geschlechter, die danach kamen!

Wenn man das bedenkt, wird klar, dass es zu unterscheiden gilt zwischen der Tat des Augenblicks, entstanden aus dem Horizont des gegenwärtigen Wissens, und ihren geschichtlichen Implikationen. Diese führen oft zu einem späteren Verständnis des Geschehens, das die wirklichen historischen Bedingtheiten nicht mehr nachvollziehen kann oder will, weil sich jenes längst zu einem Mythos verdichtet hat, von dem unzählige Traditionen abhängen. Solche sind vielfach Bausteine des Selbstverständnisses ganzer Gruppen und nicht deswegen schon schlecht, weil sie von den Erkenntnissen seriöser Forschung abweichen.

Unter diesen Voraussetzungen muss man sich der *conversio* des merowingischen Königs von zwei Seiten nähern: zunächst vom historischen Ereignis her und seiner Einordnung in die zeitlichen Bedingungen. Dazu ist es notwendig, sich mit dem Geschehen, wie es uns erzählt wird, vertraut zu machen.

Gregor von Tours' Bericht

Der Geschichtsschreiber Gregor von Tours (538–594) berichtet in seinen *Historien* (II 30): Chlodwig, König der salischen Franken, geriet in einen Krieg mit den Alamannen. Als es zur Schlacht kam, entstand ein blutiges Gemetzel, und die Franken wurden mehr und mehr von der Angriffswucht der Alamannen zurückgedrängt. In dieser Gefahr erinnerte sich der König an die Mahnungen seiner Frau Chrodhild. Sie hatte ihn schon lange gedrängt, von seinen Göttern abzulassen und sich zum einzig wahren, christlichen Gott zu bekennen. Er hatte das stets verächtlich von sich gewiesen, doch nun – die Niederlage vor Augen – erhob er die Augen zum Himmel und rief unter Tränen und mit zerknirschtem Herzen: „Jesus Christ, Chrodhild verkündet, du seiest der Sohn des lebendigen Gottes; Hilfe, sagt man, gebest du den Bedrängten, Sieg denen, die auf dich hoffen – ich flehe dich demütig an um deinen mächtigen Beistand. Gewährst du mir jetzt den Sieg über meine Feinde und erfahre ich so jene Macht, die das Volk, das deinem Namen sich weiht, an dir erprobt zu haben rühmt, so will ich an dich glauben und mich taufen lassen auf deinen Namen. Denn ich habe meine Götter angerufen, aber, wie ich erfahre, sind sie weit davon entfernt, mir zu helfen. Ich meine daher, ohnmächtig sind sie, da sie denen nicht helfen, die ihnen gehorchen. Dich nun rufe ich an und ich verlange, an dich zu glauben; nur entreiße mich aus der Hand meiner Widersacher!" Kaum hatte er mit seinen Worten geendet, begann sich das Schlachtgeschehen umzukehren. Der König der Alamannen fiel, seine Leute gaben den Kampf auf und unterwarfen sich Chlodwig. Der König kehrte heim und erzählte seiner Gemahlin, auf welche Weise er den Sieg errungen hatte: durch die Anrufung Jesu Christi.

Gregor gestaltet hier eine Szene von großer Eindringlichkeit. Die Darstellung ist zunächst knapp, aber bewegt; sie lenkt bei Verzicht auf jedes Detail auf das wesentliche Ereignis hin. Dann wird der Bericht ungewöhnlich ausführlich. Der Geschichtsschreiber gibt den Monolog des Königs genau wieder und trachtet dennoch danach, möglichst bildhaft zu sein. Umtobt von der blutigen Schlacht wird Chlodwig herausgehoben aus dem Geschehen und taucht in der Hinwendung zu Gott in eine Aura des Alleinseins. Dadurch fällt alles Licht auf sein Tun, das eigentlich nur ein Rufen ist, aber dennoch die zukünftige Entwicklung schon sieghaft in sich trägt! Es liegt eine ungeheure Dramatik in diesem Geschehen am Wendepunkt des Kampfes, und nur diesem Augenblick wird mit literarischen Mitteln bildhaft Ausdruck verliehen. Nachdem die Verbindung mit Gott hergestellt, das Gelübde geleistet ist, kehrt der Bericht wieder auf die Ebene der Schlacht zurück und wird vom Erzähler mit knappen, eher summarischen Wendungen beendet.

Jeder, der diesen Text liest, wird zugeben müssen, dass Gregors Vorhaben geglückt ist. Die Darstellung des erschütterten barbarischen Königs auf seinem Schlachtross prägt sich ein und hat immer wieder zur bildlichen Gestaltung gereizt. Hat es sich aber wirklich so verhalten, hat sich Chlodwig wirklich von einem Augenblick zum anderen für das Christentum entschieden? Wenn man den fränkischen König im Rahmen von Zeit und Gesellschaft des 5. Jahrhunderts betrachtet, zeigt sich, dass die historiographi-

sche Darstellung zwar nicht falsch – ein Fantasieprodukt Gregors – ist, dass
er aber ein weit verzweigtes, uns leider nur in geringem Maße bekanntes
Geschehen samt seinen vielfältigen Wurzeln und Verflechtungen zu einem
dramatischen Höhepunkt (mit Vor- und Nachspiel) verdichtet hat.

Chrodhilds Bekehrungsversuche

Das westliche Kaisertum hatte 476 zu bestehen aufgehört, der Westteil des
Römischen Reichs war in germanische Herrschaftsgebilde aufgelöst worden. An deren Spitze standen Könige, die einem oberflächlichen Christentum arianischer Richtung anhingen und ihre Stammes- und Glaubensbrü-
der von der Masse ‚römischer‘, katholischer Bevölkerung fern hielten. Der
bedeutendste unter diesen Herrschern war der Ostgote Theoderich der
Große, der eine *Pax Gothica* als Grundlage einer Friedensordnung anstrebte.
Zu diesem Zweck schloss er Heiratsbündnisse mit anderen königlichen Ge-
schlechtern und adoptierte fremde Könige. Ein wichtiges Bindeglied dieser
Allianzen war der Arianismus, zu dem sich auch heidnische Herrscher bald
im Sinne Theoderichs bekannten. Sie folgten damit jener theologischen
Richtung innerhalb des Christentums, die auf den alexandrinischen Priester
Arius (4. Jahrhundert) zurückging. Dieser hatte gelehrt, dass Gottvater und
Gottsohn nicht wesensgleich wären und der Heilige Geist daher nicht von
beiden ausginge. Diese Lehre stand in schroffem Gegensatz zum orthodo-
xen Katholizismus. Im Großen und Ganzen erwiesen sich die arianischen
Könige der katholischen Bevölkerung gegenüber tolerant oder zumindest
indifferent; nur vereinzelt gab es Bedrückungen, Verfolgungen waren selten.

    Chlodwig, zunächst (481) nur ein fränkischer Kleinkönig unter anderen,
erregte das Interesse Theoderichs erst, als er sich 486 im nördlichen Gallien
durchgesetzt hatte und das Gebiet zwischen Atlantik, Loire und Ardennen
beherrschte. Anfang der neunziger Jahre vermählte sich der Ostgote mit
Audofled, einer Schwester des fränkischen Machthabers. Diese trat offensichtlich zum Arianismus über, wie auch Lanthild, eine weitere Schwester.
Chlodwig sah sich auf diese Weise in die Allianz Theoderichs aufgenommen, was ihn zunächst im Inneren stärken mochte. Er befand sich nun in
einem Spannungsfeld zwischen der eigenen mythischen Überlieferung, auf
der seine Herrschaft über die salischen Franken mit all ihren Konsequenzen
beruhte, zwischen einer arianischen Verwandt- und Schwägerschaft auf der

Linie der anderen Könige, zu denen er sich erst durch seine kriegerischen Erfolge erhoben hatte, und der Masse katholischer Untertanen, die von ihren einflussreichen Bischöfen geleitet wurden. Zu diesen bestanden erträgliche Verhältnisse, ohne dass Chlodwig wohl die Neigung oder gar Notwendigkeit verspürte, ihrer religiösen Überzeugung zu folgen. Um im ostgotischen System der Könige seinen gebührenden Platz zu finden, musste der Franke nun ebenfalls ein Ehebündnis eingehen. Eine Ehe minderen Rechts hatte er schon geschlossen, und der daraus entsprossene Sohn Theuderich zeigte durch seinen Namen, an wem sich sein Vater politisch orientierte. Nun musste Chlodwig aber eine Königstochter aus dem Kreis der arianischen Könige wählen. Er entschied sich für Chrodhild, Tochter des bereits verstorbenen burgundischen Chilperich und Nichte des bedeutenden Königs Gundobad. Die Burgunder waren Arianer, Chrodhild aber bekannte sich zum Katholizismus!

Während spätere Geschichtsschreiber ihren Glaubenseifer schon während der Werbung des fränkischen Königs hervorheben und sie zuerst zögerte, einen Heiden zu ehelichen, obwohl sie unter ihrem königlichen Onkel (der angeblich ihre Eltern getötet hatte!) sehr litt, ist bei Gregor von Tours davon überhaupt keine Rede. Erst als Chrodhild ihren ersten Sohn gebiert, bricht der religiöse Konflikt zwischen den Eheleuten aus. Die Katholikin will ihn taufen lassen, Chlodwig ist dagegen. Gregor schaltet nun eine flammende Rede der Königin ein, in der sie die Götter ihres Gemahls für sinnlose Idole erklärt und ihm die wahre Größe des christlichen Gottes vor Augen stellt. Wenn Chrodhild voll Abscheu über Jupiter, Juno, Merkur und Mars spricht, so weiß man, dass hier nicht die Königin redet, sondern der engagierte Geschichtsschreiber, der auf spätantike aggressiv-apologetische Predigten zurückgreift, um seiner Schilderung Farbe, aber auch Inhalt zu verleihen. Chlodwig verehrte ganz andere Götter, die Chrodhild wohl bekannt waren, nicht aber dem Bischof von Tours achtzig Jahre später. Wie die Mehrzahl der gallorömischen Bildungsmenschen machte er sich nicht die Mühe, von der germanischen Mythologie auch nur oberflächlich Kenntnis zu nehmen.

Möglicherweise aber ‚übersetzte' sich Gregor die Götternamen einfach ins Römische, wobei er von den gleichen Funktionen der mythischen Gestalten ausging. Wie auch immer: Chlodwig ließ die Taufe geschehen, nur um sich bestätigt zu finden, als der Erstgeborene noch in den Taufkleidern

starb! Die Königin trat die Flucht nach vorn an, indem sie den Tod des gerade getauften Kindes als ‚Gnade' Gottes interpretierte. Man kann sich den
Zorn des Königs und die schlechte Stellung Chrodhilds vorstellen, wenn
man an die eminente Bedeutung eines Erben in der königlichen Familie
denkt. Dennoch gestattete Chlodwig beim nächsten Sohn wieder die Taufe.
Als auch dieses Kind erkrankte, wähnte sich der König in seiner religiösen
Überzeugung abermals bestärkt; diesmal jedoch gesundete der Sohn – aufgrund der Gebete seiner Mutter, wie Gregor von Tours berichtet.

Obwohl der Knabe Chlodomer am Leben blieb, ist es sehr unwahrscheinlich, dass der König von der Kraft und Zuneigung des christlichen Gottes
einen besonderen Eindruck hatte. Für ihn bestand kein Grund, den fränkischen Göttern, den Vorfahren und Garanten seiner Herrschaft, abzusagen.

Man weiß nicht so recht, wie man sich die Bekehrungsversuche der katholischen Burgunderin vorzustellen hat. Aus Gregors Bericht, der sicher
auf eine Überlieferung zurückgeht, in deren Zentrum Chrodhild selbst
stand (sie lebte nach Chlodwigs Tod 511 über dreißig Jahre in Tours!), er-
fährt man nur beispielhaft von der ehelichen Auseinandersetzung wegen
der Kindertaufe. Die Nachschreiber des Bischofs von Tours sehen Chrodhild mit anderen Augen. Der so genannte Fredegar (um 660) rühmt ihre Lis-
tigkeit, mit der sie Gundobad die Zustimmung zur Ehe mit Chlodwig abge-
wann und die sie nun auch bei ihrem Gemahl in Glaubensfragen anwendete.
Mit schönen Worten und Schmeicheleien trachtete sie ihn für das katholische Bekenntnis geneigt zu machen. Der Historiograph des 7. Jahrhunderts
übernimmt die von Gregor berichteten Episoden, fügt aber die typische Art
weiblicher Überredung summarisch hinzu; eine Leerformel, die besonders
auffällt, weil Fredegar die Werbung um Chrodhild und ihre endliche Errin-
gung durch Chlodwigs Gesandten in eine detaillierte Erzählung kleidet und
damit weit über den nüchternen Gregor von Tours hinausgeht. Der unbe-
kannte fränkische Verfasser eines nach 727 entstandenen Geschichtswerks,
des *Liber Historiae Francorum*, schlägt in dieselbe Kerbe und rückt die ersten
Versuche Chrodhilds, den König für das katholische Christentum zu begeis-
tern, gleich in die Hochzeitsnacht. Bedeutsam ist, dass sie dabei den Glauben an den dreifaltigen Gott hervorhebt. Sie lässt ihren eben Angetrauten
nicht im Unklaren, dass sie mit dem Arianismus, der dem heidnischen
König durch seine Umgebung und die Familie der Könige als nächstlie-
gende Form des Christentums erscheinen musste, nichts zu tun haben

wollte! Fast ebenso wichtig ist der jungen Königin aber der ihr zustehende Hort, den ihr mörderischer Onkel Gundobad zurückbehalten hat! Diesen Schatz soll Chlodwig möglichst rasch, wenn nötig mit Gewalt, einfordern! Die Rache für den Tod ihrer Eltern hingegen will sie Gott überlassen!

Für das moderne Empfinden ist dieses Nebeneinander von materieller Gier und Missionseifer im Grunde absurd. Man kann annehmen, dass die Forderung nach Blutrache ebenso dazugehörte, doch der geistliche Verfasser hat diese Krassheit im frommen Sinne abgemildert. Doch darf man nicht den Fehler machen zu glauben, dass dieser hochzeitsnächtliche Forderungskatalog der Braut einem barbarischen König widersprüchlich, die Werbung für die katholische Religion sinnentleert erschienen wäre. Gerade Chlodwigs weitere Geschichte zeigt, wie gut sich barbarische Lebenssicht und christliche Religion vertrugen. Der Geschichtsschreiber des 8. Jahrhunderts gibt uns ein Bild der Königin, wie es die Volksüberlieferung zurechtgemacht hat und also der fränkischen Sichtweise durchaus entsprach. Dass die bereits von Gregor erzählte Geschichte von der Ermordung der Eltern Chrodhilds durch Gundobad sehr unwahrscheinlich ist, tut nichts zur Sache. Man wird also nicht an eine Blutrache Chrodhilds glauben, sehr wohl aber an eine listige, durchaus barbarisch empfindende Königin, deren Versuche, ihren Gemahl zum Christentum zu bekehren, sicher nicht so missionarisch und beziehungslos zu dessen Welt erfolgten, wie es uns vor allem Gregor von Tours weismacht.

Chlodwig im Konflikt zwischen Mythos und Katholizismus

Ausmaß und Wirkung der christlichen Bemühungen der burgundischen Prinzessin bleiben also letztlich offen. Dass es sie gegeben haben muss, beweist der Bericht über die Taufe der beiden erstgeborenen Söhne Chrodhilds, der nicht erfunden ist. Man hat vermutet, dass dieses Gewährenlassen ein gewisses Interesse des Königs für das Christentum voraussetzt. Unerklärlich bleibt vor allem das Zugeständnis Chlodwigs, als die Königin den zweiten Sohn taufen lassen will. Der Tod des ersten Sohnes hatte dem König ja scheinbar Recht gegeben. Was wäre wohl geschehen, wenn auch Chlodomer von seiner Erkrankung nicht mehr genesen wäre?! Hätte Chlodwig noch ein drittes Mal einer Taufe zugestimmt? Kaum. Hätte es schließlich das Gelöbnis in der Alamannenschlacht gegeben?

Die Bereitschaft Chlodwigs, eine Taufe seiner Söhne zuzulassen, bleibt unter den gegebenen Umständen der Überlieferung also unerklärlich. Wir haben nur den Bericht Gregors von Tours, der mit größter Wahrscheinlichkeit auf Chrodhild selbst zurückgeht. Sie erwähnt zwar das Widerstreben ihres Gemahls, doch nicht die Gründe, die ihn bewogen haben, einer solchen christlichen Kulthandlung immerhin zuzustimmen. Es ist nicht anzunehmen, dass Chlodwig sich über die Folgen der Taufe im Klaren war; dass die Aufnahme in die christliche Religionsgemeinschaft grundsätzlich jede andere religiöse Verpflichtung ausschloss. Der fränkische König wird den christlichen Gott als zusätzlichen Spender von Heil angesehen haben. Dazu mochte auch die prächtige Ausgestaltung des Kultgeschehens beitragen, die Chrodhild ins Werk setzen ließ. Eine solche Sicht Chlodwigs entspräche dem Gelübde in der Schlacht, wo der christliche Gott das Heil bringen sollte, das die eigenen Götter diesmal versagten! Wir wissen nicht genau, durch welchen kultischen Akt die neugeborenen heidnischen Frankenkinder in die Gemeinschaft von Sippe und Volk aufgenommen wurden und ob es einen solchen überhaupt gab. Gregor spricht von einer *dedicatio*, einer Weihe an die Götter, was aber wohl eine christliche Interpretation darstellt. Von germanischer Wasserweihe ist gelegentlich die Rede; wenn dergleichen bei den Franken gebräuchlich war, konnte Chlodwig die äußere Form der Taufe nicht allzu fremd erscheinen.

Der Name des Erstgeborenen, Ingomer – als Männername in der merowingischen Sippe sonst unbekannt –, deutet wohl kaum auf eine Verbindung zu einer erst später in die Königsfamilie einheiratenden Adelsgruppe, sondern auf eine besondere Hingabe an den Gott Ing-Freyr, was gleichsam eine heidnische Absicherung vor unheilvollen christlichen Einflüssen sein sollte. Der Tod des Kindes erzeugte wohl eine große Krise, nicht nur im Verhältnis des königlichen Ehepaares, sondern auch in Hinblick auf die Stellung Chlodwigs als König, der die mythisch-fränkische Tradition durch sein Nachgeben in Frage gestellt und in seinem Heer dadurch zumindest Unbehagen ausgelöst haben mochte. Die zweite Zustimmung erteilt Chlodwig mit einer resignativen Skepsis, mit der er durch die plötzliche Erkrankung Chlodomers Recht zu behalten scheint. Gerade diese Haltung des Königs zeigt, dass die ganze Geschichte *post eventum* gesehen wird, von Chrodhild lang nach dem Geschehen aus der Erinnerung mitgeteilt – aus einer frohen, selbstzufriedenen Erinnerung heraus, die die eigene Leistung und zähe

Ausdauer ins rechte Licht zu rücken weiß. Die Königinwitwe brauchte sich nicht mit der Wiedergabe langer Streitgespräche aufzuhalten; die wird es aber seinerzeit zweifellos gegeben haben, denn es ist schwer, sich vorzustellen, dass Chlodwig nach der bösen Erfahrung mit Ingomer der Taufe Chlodomers ohne Weiteres zustimmte. Die Darstellung Gregors von Tours bedarf der Nacherzählung solcher Auseinandersetzungen jedenfalls nicht, weil sie stets vom Unglauben des überzeugten Heiden zum erlösenden Bekehrungserlebnis führt. Dabei nimmt die zweite Taufe ein Mittelposition ein, die uns einen zweifelnden, resignativen Heiden zeigt, dessen Abneigung gegen das Christentum und seinen dreieinigen Gott durch die Genesung des getauften Sohnes bereits etwas abgeschwächt erscheint.

Die formale Gestaltung des so wichtigen Geschehens basiert also wesentlich auf dem rückwärts gewandten Bericht, der von der geglückten Bekehrung und ihren Folgen her eine sukzessive Entwicklung bei der Verchristlichung Chlodwigs suggeriert. So wird die Wirklichkeit jedoch nicht ausgesehen haben. Der König hat gewiss in christlicher Umgebung seinen Horizont erweitert und an seiner Toleranz darf man nicht zweifeln. Doch erwuchs daraus offensichtlich kein Interesse für die Religion des Christengotts, in welcher Ausprägung auch immer. Dass ihm dieser sein Königsheil zusätzlich stärken könnte, mag er hingegen nicht für unmöglich gehalten haben. Seit der Taufe Ingomers musste er aber begreifen, dass jener Gott nicht heilsam war und die eigenen Götter in ihrer Wirkung beeinträchtigte. Man muss sich die Lage des Königs vorstellen: in der fränkischen Überlieferung mit ihren gesellschaftlichen Bedingungen wurzelnd, durch Sippentradition und auffällige Haartracht als Spross mythischer Ahnen ausgewiesen, Heer und Volk gegenüber gerade dadurch legitimiert, aber auch verantwortlich. Durch seine kriegerischen Erfolge in eine gallo-römische Welt gestellt, deren Strukturen er mit der ihm überlieferten und von ihm vertretenen Weltanschauung nicht mehr bewältigen konnte. Damit verwoben eine seinem Denken fremde Religion, die in mehreren Formen um ihn herum gelebt wurde und die der künftigen Politik Vorteile bieten könnte. Schon die Heirat mit der Burgunderin öffnete ihm diese christliche Welt und erweiterte so die Möglichkeiten, die eigene Macht durchzusetzen, aber noch lange nicht gegen andere abzugrenzen! Was Chlodwig als synkretistische Eventualität einer fernen Zukunft in Erwägung ziehen mochte, das wurde ihm nun im eigenen Hause kompromisslos aufgedrängt. Und dadurch mochten die Bekehrungsversuche Chrodhilds scheitern, denn dass sie sich um eine Konversion Chlodwigs bemühte, ist nicht zu bezweifeln.

Bischof Nicetius von Trier (525–567) schreibt um die Mitte der 560er-Jahre an die fränkische Prinzessin Chlodswinth, die den Langobardenkönig Alboin geheiratet hat, sie solle sich unablässig bemühen, diesen Arianer zum wahren christlichen Glauben zu bekehren, so wie ihre Großmutter Chrodhild ihren heidnischen Ehemann für das Christentum gewonnen habe. Dieser Brief, ungefähr zwei Generationen nach Chlodwigs Konversion geschrieben, ist ein unabhängiges Zeugnis für die Bemühungen Chrodhilds, den König zu bekehren. Freilich dürfte auch dieser Hinweis auf die Erzählungen der alten Königin in Tours zurückgehen, die Bischof Nicetius noch selbst gekannt haben wird. Gregor von Tours und der Bischof von Trier schöpfen so aus der gleichen Quelle, ersterer allerdings nur mittelbar (Gregor wurde 538 in Clermont geboren, Chrodhild starb 544 in Tours).

Vertreter der neueren Forschung haben nun eine Persönlichkeit eingeführt, welcher ein bedeutendes Verdienst an der Bekehrung Chlodwigs zukommen soll: die heilige Genovefa. Aus der 520 entstandenen Lebensbeschreibung dieser merkwürdigen, in ihrer gesellschaftlichen Stellung schwer einzuordnenden Frau wird eine umfassende Tätigkeit deutlich, die dem stagnierenden Christentum des nördlichen Gallien neue Impulse gab: die Erbauung einer Kirche über der Grabstätte des Märtyrers Dionysius sowie die Förderung des Martinskults in Tours. Dass Chlodwig diese Kulte übernahm und sich bei Genovefas Grab in Paris bestatten ließ, könnte auf eine Verbindung mit dieser hoch angesehenen Frau hinweisen. Eher noch denkt man an eine Unterstützung Chrodhilds bei ihrem Bekehrungswerk durch Genovefa, was freilich nicht so weit gehen darf, dass man eine Allianz dieser beiden – die man nicht beweisen kann – als entscheidend für des Königs Übertritt zum katholischen Christentum ansieht.

Die zeitliche Einordnung der Alamannenschlacht

Man wird festhalten können, dass der Merowinger um die Mitte der neunziger Jahre des 5. Jahrhunderts mit dem Christentum auf verschiedene Weise in Kontakt kam – am intensivsten fraglos durch seine Frau Chrodhild. Gregors Bericht über Chrodhilds Bekehrungsversuche dürfte im Kern zwar stimmen, doch erhalten sie aus literarischen Rücksichten eine Folgerichtig-

keit, die so sicher nicht vorhanden war. Dem noch kaum schwankenden
König, dessen ursprüngliche traditionelle Sicherheit vielleicht gemindert,
aber keineswegs verloren gegangen war, musste im epischen Aufbau des er-
zählten Geschehens nun ein Erlebnis zuteil werden, wie es Paulus vor Damaskus gehabt hatte! Dafür eignete sich die Alamannenschlacht.

Die Forschung hat aus Ungereimtheiten bei Gregor, aber auch durch
Hinweise aus anderen Quellen ermittelt, dass es unter Chlodwig offenbar
mehrere Kämpfe zwischen Franken und Alamannen gegeben hat. Der Bischof von Tours ist so auf das Bekehrungswunder fixiert, dass er keinen Ort
für das Aufeinandertreffen der beiden Heere nennt. Einige Handschriften
seiner Historien enthalten die Nachricht, dass dies im 15. Jahr von Chlodwigs Herrschaft (496/497) geschah. Die angeblich so folgenreiche Schlacht
wird allgemein nach dem Ort Zülpich (*Tolbiacum*), südwestlich von Köln,
benannt. Doch hat es den Anschein, als würde es sich dort um ein Abwehr-
gefecht der rheinischen Franken gehandelt haben, wobei deren König Sigibert verletzt wurde. Die salischen Franken und Chlodwig wären in diesen
Kampf gar nicht verwickelt gewesen. Ein Brief Theoderichs des Großen an
seinen fränkischen Schwager aus dem Jahr 506 gratuliert diesem zu einem
Sieg über die Alamannen, deren König gefallen sei. Aus dem Schreiben geht
hervor, dass sich ein Teil des besiegten Volks Chlodwig unterworfen, ein anderer sich unter die Schutzherrschaft des Ostgotenkönigs begeben habe.
Bei Fredegar steht, dass die Alamannen nach der ersten Niederlage gegen
Chlodwig neun Jahre umhergeirrt wären, bevor sie wieder zu den Waffen
griffen. Die Sicherheit der Angaben für das Jahr 506 haben manche Forscher
bewogen, in diesem Kampf die eigentliche Alamannenschlacht Chlodwigs
zu sehen, die seinen Glaubensübertritt zur Folge hatte. Dieser wäre dann
etwa 508 erfolgt. Das heißt, sie übertragen das von Gregor geschilderte dramatische Ereignis auf die letzten Jahre des Königs.

Tatsächlich herrscht keine Einigkeit über das Alamannenproblem. Es soll
und kann hier auch nicht gelöst werden. Dennoch bleibt zu bedenken, dass
die Geburten Ingomers und Chlodomers mit guten Gründen auf die Jahre
494 und 495 zu datieren sind und Gregors Bericht nicht danach klingt, als
ob zwischen den Taufen und der Schlacht gegen die Alamannen mehr als ein
Jahrzehnt vergangen wäre. Ein Jahrzehnt, in dem sich Chrodhild nimmer-
müde um Chlodwigs Seelenheil bemühte, ohne dass man einen sichtbaren
Erfolg feststellen könnte. Die mittlerweile geborenen Kinder Childebert,

Chlothar und Chlodswinth wären dann aber auch nicht Gegenstand von Taufdiskussionen und erbaulichen Predigten gewesen, was eine totale Gleichgültigkeit oder Resignation des Königs voraussetzen würde. Und so gelangt man immer weiter in spekulative Bereiche. Chlodwig muss also doch an einer Schlacht gegen die Alamannen 496 oder 497 beteiligt gewesen sein. Ob es sich dabei um einen Kampf im Gefolge der rheinfränkischen Niederlage bei Zülpich handelte oder um eine spätere Auseinandersetzung, kann nicht mit Sicherheit gesagt werden. Doch wäre es durchaus möglich, dass Chlodwig die nach ihrem Sieg über die Rheinfranken weiterstürmenden Alamannen erfolgreich zum Stehen brachte. Dazu könnte auch die Aussage Gregors passen, dass die Schlacht sich für die salischen Franken zunächst verhängnisvoll gestaltete, selbst wenn man die Tendenz des Geschichtsschreibers berücksichtigt. Chlodwig wäre dann seinem Verwandten Sigibert nur mit einem schnell zusammengerafften Aufgebot zu Hilfe gekommen, dass zahlenmäßig den Alamannen wohl unterlegen war, die noch dazu von ihrem Erfolg berauscht eine beachtliche Kampfkraft entwickelten.

Die Anrufung des Christengottes

Die Götter schienen also den rechtsrheinischen Angreifern den Sieg verleihen zu wollen. Sie hatten sich diesmal den Alamannen zugeneigt und Chlodwigs Ruf nicht erhört. Wankelmut und Unberechenbarkeit zeichneten alle Götter aus, besonders aber Wodan, der nicht selten frühere Lieblinge im Schlachtengewühl dem Untergang weihte. Ein Zeichen göttlicher Ohnmacht war das nicht! Doch konnte eine Niederlage des bisher so siegewohnten Königs gefährliche Folgen haben: Absetzung oder Vertreibung waren möglich, dies hatte Chlodwigs Vater Childerich erfahren müssen; zumindest aber drohte ihm die Abkehr von Gefolgsleuten, die sich anderen Merowingern anschließen und damit die Dominanz des chlodwigschen Königtums erneut in Frage stellen konnten.

So ist es verständlich, dass der gefährdete König sich an den Gott wandte, der ihm wiederholt als allmächtig und gnädig, vor allem aber als äußerst verlässlich gepriesen worden war. Doch musste man diesem unbekannten Gott, der in keine Göttersippe einzureihen war und dessen ‚Zuständigkeit‘ vielleicht gar nicht im Kriegswesen lag, ein Angebot machen. Auch das wird noch aus den Worten des Gelübdes, das uns Gregor überliefert, deutlich.

Doch dann hören wir einen Chlodwig von bischöflichen Gnaden sprechen, aus dessen Flehen nur vereinzelte Hinweise auf ein barbarisches Denken und eine barbarische Religiosität ableitbar sind. Schon die äußere Haltung des Königs wird verchristlicht. Dass er die Augen zum Himmel hebt, ist verständlich, dass er Tränen vergießt, entspricht durchaus barbarischer Heftigkeit bei seelischer Bewegtheit: Es sind Tränen der Wut, Tränen einer den Körper erschütternden Lebenssituation! Ablehnen muss man jedoch das „zerknirschte Herz" (compunctus corde). Seelische Zerknirschung ist das Ergebnis christlichen Sündenbewusstseins und als solches dem heidnischen Barbaren (wie auch dem vorchristlichen antiken Menschen!) unverständlich. Gregor will damit die hartnäckige Weigerung Chlodwigs, sich dem Christentum zuzuwenden, kennzeichnen. Außerdem gehört die Zerknirschung in den Demutskomplex, den er als sprachlichen Topos hier anführt.

Nach dieser Einstimmung des Lesers auf den reuig-demütigen Chlodwig folgt die Erwähnung Chrodhilds, was dem kompositorischen Zusammenhang der Darstellung entspricht – verlässt doch Chlodwig seine Gemahlin, um in die Schlacht zu ziehen, nachdem noch einmal ihre Predigt an seiner Verstocktheit abgeprallt war. Chrodhild dient dem verzweifelten König hier gleichsam als Mittlerin zu dem unbekannten Gott, womit ihr Verdienst an der Bekehrung selbst im Moment der Schlacht angesprochen wird. Dem folgt ein Hinweis darauf, dass Chlodwig in Jesus Christus den Sohn des lebendigen Gottes sieht: also ein deutliches Bekenntnis zum orthodoxen Christentum. Der König lässt keinen Zweifel daran, dass er kein Arianer sein will! Hier spricht der Geschichtsschreiber Gregor von Tours und nicht Chlodwig, der für solche theologischen Unterscheidungen gar keine Zeit hat. Diese Tendenz, die Rechtgläubigkeit des Bekehrten zu betonen, hat der Hagiograph Ionas von Bobbio, der um 640 in der Lebensbeschreibung des heiligen Vedast die Schlachtszene ebenfalls schildert, noch ausgeweitet. In seiner Darstellung hält Chlodwig nicht nur eine umständliche und noch längere Rede, in der er sich dem christlichen Gott verschreibt, er spricht ihn auch geziemend an: „Gott einzigartiger Macht und Majestät!" Aber auch Gregor lässt seinen König eine gewundene Rede halten, die in das Gelübde mündet, sich taufen zu lassen, wenn der christliche Gott ihm, Chlodwig, den Sieg verleihen sollte. Interessant ist in Gregors Text der Begriff virtus: die Kraft, die der König sichtbar erfahren möchte. Das Wort bedeutet im Sprachgebrauch des christlichen Lateins im thematischen Zusammenhang

eine unirdische Kraft, die dem Heiligen gegeben ist, um Wunder zu bewirken; sie könnte im fränkischen Idiom dem Begriff kriegerischer Macht ent-
sprechen. Gregor gibt sich aber erst zufrieden, als sein Held die Ohnmacht
der eigenen, bisher so gepriesenen Götter eingesteht. Zuletzt folgt noch
einmal die inständige Bitte um Hilfe, verbunden mit der Versicherung, nach
der Befreiung aus der tödlichen Gefahr unbedingt glauben zu wollen.

Spätere Geschichtsschreiber haben Bild und Darstellung übernommen,
nur einzelne Motive vergröbert und die Prädisposition Chlodwigs für das
katholische Christentum verstärkt zum Ausdruck gebracht, hier oder da den
Wortlaut der Anrufung Gottes verändert. Dabei hat Fredegar, dessen Bericht
überraschend nüchtern gestaltet ist, mit seiner Wiedergabe *nolens volens* die
Mentalität des barbarischen Königs weit besser verstanden als Gregor. Bei
ihm ruft Chlodwig: „Ich rufe den Gott herbei, den die Königin Chrodhild
verehrt; wenn er mir in diesem Kampf beisteht, sodass ich diese Gegner be-
siege, werde ich sein treuer Gefolgsmann sein!" Der König argumentiert
nicht, er legt nicht umständlich seine Gründe dar, er theologisiert nicht. Er
tut das, was notwendig ist, und schließt dabei den Beistand seiner eigenen
Götter nicht unbedingt aus – ein Detail, das Gregor von Tours und wohl
schon Chrodhild sehr wichtig war. Gerade dieser Ausschließlichkeitsan-
spruch der christlichen Religion war aber Chlodwig sicher nicht bewusst,
auch nicht im Augenblick der größten Not! Fredegar standen für seine Darstellung wohl schon mehrere Überlieferungen zur Verfügung, auch solche,
die sich nicht auf Chrodhild zurückführen lassen. Es ist möglich, dass hier
fragmentarische Berichte von Mitkämpfern oder die Überzeugung von Gefolgsleuten in die Erzählung eingeflossen sind; auch volkssprachliche Stili-
sierungen könnten verarbeitet worden sein. Dass Chlodwig die Worte gleich
am Beginn der Schlacht spricht, nachdem er mit dem Versprechen, im Falle
eines Sieges Christ zu werden, sich von seiner Gemahlin verabschiedet hat,
verleiht dem Geschehen einen ganz anderen Charakter. Chlodwig geht nicht
nur von der Vorstellung einer göttlichen Lenkung der Schlacht, sondern von
einem Gottesurteil aus. Daher die Bitte gleich zu Anfang, als noch keine
Niederlage droht. Daher auch die knappen und genau gewählten Worte, die
magische Wirkung erzielen sollen. Der (vorher noch nie) angerufene Gott
hat keinen Namen; er ist derjenige, den Chrodhild verehrt, und im Falle
einer Erhörung wird sich Chlodwig in dessen Gefolge einreihen, wie es der
kriegeraristokratischen religiösen Weltsicht entspricht. Unausgesprochen

bleibt, dass er diese Gefolgschaft auch wieder kündigen kann, wenn er in späteren Kämpfen im Stich gelassen würde. Von einer Taufe ist hier keine Rede, und selbst wenn man diese als Aufnahmeritus in die Gefolgschaft des neuen Gottes in Kauf nähme, hat der barbarische Kriegerkönig keine Vorstellung von einem *character indelebilis* (unzerstörbares Merkmal), der ihn ein für allemal zeichnet. Wie sehr diese Auffassung dem historischen Chlodwig näher kommt als dem verchristlichten, den Gregor entworfen hat, wird auch bei der Taufvorbereitung zu erkennen sein.

Magisch ist die Wirkung des Gelübdes jedenfalls. Kaum hat Chlodwig es geleistet, stürzt der König der Alamannen tot zu Boden, die eben noch wuchtig vordringenden Krieger, die den Sieg vor Augen haben, geben den Kampf auf und unterwerfen sich dem fränkischen König! Dieser nimmt sich – nach Gregor – kaum Zeit, die Dinge auf dem Schlachtfeld zu ordnen; rasch eilt er heim, um Chrodhild die wunderbare Begebenheit mitzuteilen. Diese sieht sich am Ziel ihrer Wünsche und verständigt heimlich Bischof Remigius von Reims, damit er den König in die katholische Religion einführe und für die Taufe vorbereite.

Taufe und Abkehr vom germanischen Mythos

Gregor von Tours stellt die Taufe des Königs in engen Zusammenhang mit den Bemühungen seiner Frau und der Alamannenschlacht. Das Bindeglied stellt jeweils Chrodhild dar. Im letzten Abschnitt aber folgt der Historiograph wohl einer Reimser Tradition, die vielleicht durch seinen Ordinator und Amtsbruder Bischof Aegidius von Reims (556–590) vermittelt wurde. Danach erklärte sich Chlodwig grundsätzlich zur Taufe bereit, doch zögerte er im Hinblick auf seine Gefolgschaft, die ihm diese Abkehr von der mythischen Tradition der Franken verübeln und ihn verlassen, ja sein legitimes Königtum in Frage stellen könnte. Doch wunderbarerweise stimmten ihm seine Anhänger zu und erklärten sich ebenfalls freudig für den Gott, den Remigius verkündet. Nun erfolgte unter prachtvollen Zurüstungen der Taufakt, den der Reimser Bischof vornahm, wobei er die berühmten Worte gesprochen haben soll: „Beuge still deinen Nacken, Sigamber, verehre, was du verfolgtest, verfolge, was du verehrtest!" Mit Chlodwig ließen sich dreitausend Heerleute taufen, ebenso wie seine Schwestern Albofled und Lanthild, die bereits Arianerin war.

Gregor schreibt Chlodwig eine wegweisende Rolle für das katholische Christentum in Richtung auf die arianischen und die noch unbekehrten germanischen Völker zu. Die demütige, ja gottergebene Haltung des Königs, seine fromme Passivität ist eine verengende, zweckorientierte Sicht des Geschehens. Fredegar hingegen zeigt wiederum schlaglichtartig, auf welche Weise Chlodwig das Christentum verstand. Als er – angetan mit den Taufgewändern – von der Passion Christi erfuhr, rief er aus: „Wenn ich mit meinen Franken dort gewesen wäre, hätte ich das Unrecht an ihm gerächt!" Fredegar deutet das als Beweis einer besonders qualifizierten Christlichkeit, was der barbarischen Denkweise des 7. Jahrhunderts entstammen mochte und dem König und seiner Weltsicht wohl nahe kam.

Die Reimser Überlieferung, zumindest in der Umsetzung Gregors von Tours, bietet sicherlich nur in Ansätzen oder Einzelheiten ein Bild der geschichtlichen Realität. Das gilt für den zeitlichen Abstand zwischen Taufe und Chlodwigs Versprechen ebenso wie für das Problem von Gefolgschaft und Konversion. Mehr als ein Korrektiv zu den historiographischen Quellen sind zwei erhaltene Briefe des 6. Jahrhunderts. Der erste ist das schon erwähnte Schreiben des Bischofs Nicetius von Trier an Chlodwigs Enkelin Chlodswinth. Darin betont der Absender, dass Chlodwig sich nicht eher taufen lassen wollte, bis er die Wahrheit der katholischen Lehre erkannt hatte. Dies sei bei einem Besuch am Grabe des heiligen Martin erfolgt. Das bei Gregor nicht überlieferte Ereignis wird ins Jahr 498 datiert. Damals stieß Chlodwig tief ins westgotische Reich bis Bordeaux vor, auf dem Rückweg wird er das Heiligtum in Tours aufgesucht haben. Dies ist umso wahrscheinlicher, als Genovefa den Kult des heiligen Martin Chrodhild ans Herz gelegt haben dürfte. Dort könnte der König Wunderheilungen gesehen haben, was seinen Eifer für die Taufe erhöhte, weil er nun „die Wahrheit der katholischen Lehre", wie sich Nicetius ausdrückt, recht handfest erfahren hatte.

Damit in Einklang zu bringen ist der (leider undatierte) Brief des Bischofs Avitus von Vienne (490–518) an Chlodwig selbst; er ist überhaupt das einzige erhaltene zeitgenössische Zeugnis, das den Übertritt des Königs zum Christentum behandelt! Darin wird Chlodwig als *competens*, als Taufbewerber, bezeichnet und Weihnachten als Zeitpunkt der Zeremonie angeführt. Wer sich taufen lassen wollte, musste mehrere Monate im Stadium des Katechumenats (in einer Warteposition) verharren, sechs Wochen vor dem in Aussicht gestellten Tauftermin erhielt er die so genannte Kompetenz.

Rechnet man von Weihnachten sechs Wochen zurück, kommt man auf den 11. November, den großen Gedenktag Martins. Das würde sehr gut zu Chlodwigs Aufenthalt in Tours passen und damit das ganze Geschehen, auch die Taufe selbst, ins Jahr 498 rücken! Wenn Chlodwig also offensichtlich von den Bischöfen keinen Königsweg für sich forderte, sondern die üblichen Etappen der Taufbewerbung auf sich nahm, so lässt sich wenn nicht der Zeitpunkt so doch der Zeitraum ungefähr angeben, in dem er das Gelübde ablegte.

Vom November 498 kann man sicher über ein Jahr zurückrechnen, um zum Datum von Chlodwigs erstem Entschluss zu gelangen. Dazwischen scheint er einigermaßen mit der Realisierung des in der Not gegebenen Versprechens gezögert zu haben. Die als Anlass dafür angenommene Schlacht kann aber dem Kriegsbrauch der Zeit gemäß spätestens im September 497 stattgefunden haben. Von einer Schlacht gegen die Alamannen erwähnt jedoch Avitus in diesem Zusammenhang nichts! Auch die Verdienste Chrodhilds um die Bekehrung des Königs bleiben in seinem Schreiben außer Betracht, hingegen finden sich versteckte Hinweise auf arianische Propaganda am merowingischen Hof. Der Brief, der als Antwort auf eine Anzeige Chlodwigs geschrieben wurde, musste freilich Rücksicht auf die arianischen Herrscher Burgunds nehmen. So waren politische Kommentare tunlichst zu unterlassen und auch die Hervorhebung der katholischen Burgunderin und Königsnichte Chrodhild mochte den Hof Gundobads verstimmen. Daraus wiederum konnten dem katholischen Klerus des Burgunderreichs Schwierigkeiten erwachsen, wie einzelne Fälle vor allem bei den Westgoten zeigten. Ob das zur Erklärung ausreicht, warum weder Schlacht noch Königin im Zusammenhang mit Chlodwigs Taufe von Avitus erwähnt wurden, ist sehr ungewiss.

Jedenfalls scheint sich der König mit der Einlösung seines Gelübdes Zeit gelassen zu haben. Der Grund war zunächst die ungewisse Reaktion seiner Gefolgsleute, ja schließlich des ganzen fränkischen Heeres, soweit es sich nicht um die Reste römischer Truppen handelte, die er von der zusammenbrechenden Reichsverwaltung übernommen hatte. Als Heerkönig war Chlodwig Garant für die Einhaltung der gentilen Traditionen, auf denen weitgehend das Verhältnis zwischen freiem Franken, Adeligen und König basierte. Ein Aufgeben dieser Überlieferungen musste eine Unordnung hervorrufen, die für das Königtum schwer wiegende Folgen haben konnte. Was bei Gregor als Wunder der Zustimmung geschildert wird, kann nur nach längeren Vorbereitungen und Verhandlungen durchgesetzt worden sein – wohl auf einer der üblichen Heeresversammlungen (Märzfeld 498?) erklärte sich das Volk der Franken bereit, den Übertritt des Königs anzuerkennen. Die weitere Gefolgschaft (Gregor: dreitausend Mann) versprach ebenfalls die Taufe. Stellt man sich das Erreichen dieses Zieles als sehr schwierig und langwierig vor, dann wäre durchaus auch 496 als Datum der Alamannenschlacht plausibel.

Vielleicht noch schwieriger war die geforderte Abkehr vom germanischen Mythos, in den die Merowinger, wie alle Königsgeschlechter, verflochten waren und aus dem sie ganz wesentlich ihr Selbstverständnis ableiteten. Avitus gibt zu verstehen, dass ihm diese Schwierigkeiten bekannt sind. Er spricht sogar die mythische Abstammung Chlodwigs direkt an und lobt ihn dafür, sich von dieser abzukehren und künftig mit dem irdischen Adel zufrieden zu sein.

Auch die Gemeinschaft mit den heidnischen Vorfahren, die nach christlicher Lehre in einem zukünftigen Jenseits nicht mehr bestehen würde, war tief im barbarischen Denken verankert. Avitus übergeht dieses Problem, indem er Chlodwig als neuen Stammvater seiner Sippe stilisiert, der die Bedeutung seiner guten Vorfahren noch weit überträfe! All das bedingte einen längeren Reflexionsprozess, der es unmöglich machte, das in der Not des Kampfes gegebene Versprechen sogleich in die Tat umzusetzen. Dem König war wohl auch von seinen traditionellen und mentalen Voraussetzungen aus im Augenblick des Gelübdes weder bekannt noch bewusst, dass die Anrufung des Gottes, dessen Verehrung ihm Chrodhild immer wieder nahe legte, mit solchen radikalen Forderungen verbunden war. Chlodwig dachte, die Unterstützung eines neuen Gottes im Gedränge der Schlacht zu erringen, da seine Götter diesmal die Alamannen begünstigten, und diesen in sein Pantheon aufzunehmen. Da der neue Gott und seine irdischen Vertreter nun aber verlangten, die gesellschaftlichen und religiösen Grundlagen, auf denen sein Selbstverständnis ruhte, zu verändern und da sie seine bisher sichere Weltsicht erschütterten, wollte er einen übereilten Schritt vermeiden. Chlodwig musste erst mit sich ins Reine kommen sowie Gefolgsleute und Heer auf seine Seite bringen. Das bedeutete aber, sie von der Notwendigkeit des Religionsübertritts zu überzeugen und vielen nahe zu legen, ihm dabei zu folgen!

Chlodwig – ein machtpolitischer Stratege?

Politisch mochte seine Konversion als kluger Schachzug erscheinen, als Tat eines berechnenden Taktikers, der sich mit einem Zug der politischen Bevormundung durch seinen Schwager Theoderich entzog und zugleich die gallorömische Bevölkerung, vor allem aber die Bischöfe, auf sich verpflichtete. Über diese und deren Familien war es ein Leichtes, auf die Städte Galliens einzuwirken. Eine zukünftige fränkische Expansion konnte mit weit reichender Unterstützung rechnen und musste kaum innere Schwierigkeiten fürchten. Solche Überlegungen – wenn auch sicher nicht in der systematischen Klarheit – mögen Chlodwig günstig beeinflusst haben. Alle Bedenken aus dem Weg geräumt haben sie ihm sicher nicht; der fränkische König war kein weit blickender Realpolitiker des 19. oder 20. Jahrhunderts, sondern ein Mann, dessen Denken und Planen vielmehr an Rücksichten gebunden war. Und diese bezogen sich auf existenzielle Probleme, die in einem tieferen Bereich wurzelten als rationale Erwägungen.

Chlodwigs Entscheidung war ein persönlicher Kraftakt, der viele mitriss. Er eröffnete einen Weg, der erst zu gehen war: durch ihn, seine Nachkommen, sein Volk. Er war aber zugleich die Straße, die von der mediterranen Orientierung wegführte, wie sie Theoderich mit seinem Bündnissystem der germanischen Reiche auf römischem Boden immer noch vertrat. Obwohl der fränkische König den Anschluss an das romzentrierte katholische Christentum vollzog, bedeutete sein Entschluss letztlich eine Absage an das römische Imperium. Chlodwig hat das wohl kaum so empfunden; sein Denken beschränkte sich bestimmt auf den persönlichen Gewinn von Macht und Ansehen. Überlegungen über künftige Kulturräume waren seiner barbarischen Mentalität fremd. Doch war nach der Einigung Galliens die Richtung der fränkischen Expansion vorgezeichnet und diese führte nach Norden und Osten. Damit aber wurde die mittelmeerische Einheit aufgelöst und die Entstehung des Abendlands ermöglicht. Insofern war Chlodwigs Konversion tatsächlich eine Epoche unserer Geschichte, eine Epoche in der ursprünglichen Bedeutung des Wortes: ein Einschnitt, ein Wendepunkt.

Von Benedikt von Nursia zu den Benediktinern ca. 530–816

GEORG JENAL

Das Urteil über die frühe Wirkungsgeschichte Benedikts und seiner Regel verharrte etwa 250 Jahre lang – in populären Darstellungen gar bis heute – in einem nicht zu erschütternden Irrtum, zu dem wesentlich der gelehrte Benediktiner und große Mauriner Jean Mabillon (1632–1707) beigetragen hatte. In seinen zwischen 1703 und 1739 (teils posthum) erschienenen *Annales Ordinis S. Benedicti*, der ersten grundlegenden, wissenschaftlichen Darstellung zu den Anfängen des Mönchtums in Westeuropa, vertrat Mabillon nämlich die Auffassung, das abendländische Mönchtum sei – von unbedeutenden Randerscheinungen abgesehen – das Werk Benedikts und der Anfang des lateinischen Asketen- und Mönchtums folglich mit den Anfängen des „Ordo S. Benedicti" gleichzusetzen. Es war dann nur die schlichte Folgerung aus dieser Gleichsetzung, in Benedikt die monumentale Stifter- und Gründerfigur des abendländischen Mönchtums zu sehen, eine Einschätzung der Dinge, die dem Orden stets schmeichelte und nicht zuletzt durch die Tatsache bestärkt wurde, dass zahlreiche bedeutende Forscher der Mönchs-, Ordens- und Klostergeschichte bekanntermaßen zu den Söhnen Benedikts zählten.

Für die weitere Forschung allerdings erwies sich die historische Fehleinschätzung, der man hier erlegen war, als schwere Hypothek. Denn die Gleichsetzung von frühem lateinischem Asketen- und Mönchtum mit Benedikt sowie dessen Regel verhinderte auf lange Zeit die genauere Erforschung der Anfänge insgesamt, inbegriffen nicht zuletzt die tatsächliche historische Rolle, die Benedikt und seiner Regel in diesen Zusammenhängen zukamen.

Sieht man von sporadischem, zu keiner Zeit allerdings erfolgreichem Widerspruch gegen diese ordensoffizielle und forschungsgestützte Sicht der Dinge ab, so lässt sich erst gegen Mitte des 20. Jahrhunderts eine Bewegung in der Diskussion beobachten, dann allerdings bald mit ernüchternden Ergebnissen.

Das Zeitalter der „Mischregeln"

Heute besteht Einvernehmen darüber, dass die Entstehung des Asketen-
und Mönchtums – im Westen nicht anders als im Osten – nicht als Folge
eines bestimmten Ereignisses verstanden werden kann und sich das Phänomen auch keiner einzelnen Gründergestalt verdankt, wie monumental man
sich diese auch immer denken mag. Nach einer Geburtsstunde dieser Art zu
suchen, hieße, eine ahistorische Frage zu stellen. Vielmehr handelt es sich
bei der Ausbildung des christlichen Asketen- und Mönchtums um ein multi-
kausales, an verschiedenen Orten und zu verschiedenen Zeiten auftauchen-
des Phänomen, das im Verlauf seiner historischen Entwicklung zwar Prä-
gungen durch markante Persönlichkeiten wie auch deutliche Spuren der
Nachahmung älterer Vorbilder durch jüngere Generationen kennt, dessen
Ursprünge und Anfänge aber nicht individuell zu verorten sind. Und die
westlichen Verhältnisse betreffend gilt in der Spezialforschung mittlerweile
als unbestritten, dass weit vor und auch lange neben Benedikt und seiner
Regel ein Asketen- und Mönchtum von keineswegs nur peripherem Charakter existiert hat. Ebenso klar ist, dass Benedikt und die seinen Namen tra-
gende Regel in ihren Anfängen noch ohne besondere Bedeutung für ihr weiteres Umfeld waren und zunächst lediglich als Glieder einer Traditionskette
zu begreifen sind. Folglich kann für die Frühzeit Benedikts und seiner Regel
weder von den „Benediktinern" noch von einem „Benediktinertum" oder
einer „benediktinischen Observanz" gesprochen werden, ganz zu schweigen von einem „Ordo S. Benedicti" im kirchenrechtlichen Sinne. Die Frage
nach den Anfängen des später so genannten „Benediktinertums" ist also die
Frage nach der allmählichen Durchsetzung der Regel wie nach der langsa-
men Hochschätzung ihres Autors für die Zeit bis zu den Reformerlassen
unter Ludwig dem Frommen (816–818/819), jenem Zeitpunkt, von dem an
diese Regel als Norm für alle Reichsklöster Geltung haben sollte.

Zwischen 530 und 560 in der Umgebung von Rom verfasst, steht die *Regula Benedicti* (RB) ganz selbstverständlich in einer gesamtmonastischen
Tradition, aus der explizit Johannes Cassianus (*Conlationes*; *De institutis coeno-
biorum*), Basilius von Caesarea (*Regulae*) sowie die Lebensbeschreibungen
der Väter (*Vitae patrum*) genannt werden. Darüber hinaus aber stellt diese
– keineswegs revolutionäre, vielmehr ganz von gemeinmonastischen Traditionen getragene – Regula, wie einschlägige Untersuchungen ergaben,

die Kurzfassung der älteren, erheblich umfangreicheren *Regula Magistri* (ca. 500–530) dar. Obgleich sich Hinweise dafür finden, dass sich der Autor auch die Übernahme seines monastischen Grundgesetzes durch andere Gemeinschaften vorstellen konnte, existieren keine Belege dafür, dass diese Regel, außer in Montecassino und möglicherweise in der Tochtergründung zu Terracina, zunächst irgendwo befolgt worden sei. Für keine der übrigen etwa 150 Gemeinschaften, die sich nach neueren Untersuchungen zwischen 500–604 (dem Tode Gregors des Großen) für Italien und seine Inseln nachweisen lassen, ist das Befolgen – oder auch nur die Kenntnis der RB – zu belegen. Selbst Gregor der Große kann nicht als Propagator dieser Regel in Anspruch genommen werden. Denn die RB lässt sich weder für Gregors Gründung S. Andreas in Rom (Monte Celio) noch für jene Gemeinschaften auf seinem Familienbesitz in Sizilien noch gar im Kontext seiner Missionsinitiativen für Britannien nachweisen. Mit guten Gründen ist auch die beliebte These aufzugeben, dass sich die Gemeinschaft von Montecassino – nach der Zerstörung ihres Klosters durch die Langobarden im Jahre 577 – mitsamt ihrer Regel in das Kloster S. Pankratius am Lateran geflüchtet habe, von wo dann 140 Jahre später, im Zusammenhang mit der Neugründung der Gemeinschaft unter Abt Petronax von Brescia (717), die Regel auf den Berg oberhalb von Cassino zurückgekehrt sei. Für Rom nämlich lässt sich bis zum 10. Jahrhundert keine asketische Gemeinschaft nachweisen, welche der Regula Benedikts gefolgt wäre. Die Geschichte der Verbreitung dieser Regel verlief offensichtlich erheblich komplizierter, ging keinen geraden und kontinuierlichen Weg, führte über das Phänomen der so genannten „Mischregeln" und nahm seinen Anfang offensichtlich sogar außerhalb Italiens.

Nach der Zerstörung Montecassinos (577) durch Zotto, den langobardischen Herzog von Benevent, finden sich die ersten Spuren der RB in Gallien, hier aber zunächst in der Kombination mit anderen Regeltexten, den so genannten „Mischregeln", und keineswegs schon in reiner Form. So hatte Bischof Donatus von Besançon zwischen 630 und 635 für das Frauenkloster seiner Stadt eine Regel verfasst, die aus Vorlagen des Caesarius von Arles, Benedikts und Columbans zusammengestellt war. Eine ähnliche Mischregel hatte Praejectus von Clermont für seine Frauengemeinschaft entworfen. Die Praxis solcher Mischregeln mit Anteilen der RB lässt sich darüber hinaus vielfältig für Gallien belegen: so etwa in Solignac (ca. 632), in Rebais-

en-Brie (ca. 640), in Nivelles (ca. 640), in S. Wandrille (ca. 649), in Fleury
(651), in Corbie an der Somme (657), in Lérins (ca. 660), in Hautvillers bei
Reims (ca. 662). Wenn um 670 eine Synode – vermutlich in Autun – die Einführung der RB (ohne Kombination mit anderen Regeltexten) empfiehlt,
handelt es sich wohl um eine Ausnahme, die weiter keine sichtbaren Spuren
hinterlassen hat. Vielmehr lässt sich im 8. Jahrhundert, im Kontext der
Gründungen Pirmins – wie im Falle von Mauersmünster und Murbach im
Elsass etwa –, noch eindeutig die Praxis der Mischregeln nachweisen.

Auch für Spanien kann eine frühe Verbreitung der RB ausgeschlossen
werden. Leander (†600) und Isidor von Sevilla (†636), Fructuosus von
Braga (†ca. 665) und andere große Klostergründer des 7. Jahrhunderts
waren offensichtlich nicht Benedikt verpflichtet. Seine Regel lässt sich für
Spanien erst im Zusammenhang mit der fränkischen *Reconquista* im 9. Jahrhundert nachweisen.

Der Siegeszug der *Regula Benedicti*

Es waren offensichtlich Klöster Britanniens, die als erste gegen Ende des
7. Jahrhunderts der Regel Benedikts folgten, wobei zugleich Hinweise existieren, dass man den Text noch individuell interpretierte und sich folglich
neben der Regel eigenständige Hausobservanzen ausbildeten. Entgegen der
älteren These, die Missionare, welche auf Initiative Gregors des Großen hin
596 nach Britannien gegangen sind, hätten die RB bereits mit auf die Insel
gebracht, wird mittlerweile die Auffassung vertreten, dass Angelsachsen
selbst es waren, welche die Regel auf der Insel bekannt machten. Benedict
Biscop (†690) und Wilfrith von York (†709) waren auf ihren Reisen in Gallien und Italien vermutlich mit dem Text bekannt geworden und setzten
sich, beseelt von tiefer Rombegeisterung, für dessen Verbreitung in ihrer
Heimat ein. Die Entscheidung für die RB in Klöstern Britanniens ist dabei
nur vor dem Hintergrund der besonderen ‚Romverbundenheit' der angelsächsischen Kirche zu verstehen, einem Phänomen, das auf der Synode von
Whitby (664) – wo Wilfrith eine ganz entscheidende Rolle als Propagator
der römischen Observanz gespielt hatte – seinen sichtbaren Ausdruck fand,
indem sich die Kirche Britanniens von der irischen Dominanz ab- und entschieden der römischen Observanz zugewandt hatte.

Im Umfeld der angelsächsischen Mönchsmissionare fand die RB dann in

reiner Form Verbreitung auf dem Festland, begann hier langsam ihren Siegeszug und ließ allmählich das Zeitalter der Mischregeln zu Ende gehen.
Bereits das *Concilium Germanicum* unter der Leitung des Bonifatius forderte
im Jahre 742 die Benediktregel als die Normregel für Mönche und Nonnen.
Zum gleichen Beschluss fand die Synode von Les Estiennes im darauf folgenden Jahr. Bonifatius selbst verpflichtete 744 seine Gründung Fulda auf
die Regel Benedikts, und auch Chrodegang von Metz hatte im Rahmen einer
Bistumsreform für die Klöster seines Sprengels (Amtsbezirks) bereits die
RB gefordert (757 Synode von Compiègne und Gründung des Musterklos-
ters Gorze). Entschieden verstärkte sich die Tendenz zu dieser Regel, als
sich im Kontext der Kirchenreform Karls des Großen die Vorstellung von
einer einheitlichen Observanz aller Reichsklöster auszubilden begann. Karl
selbst hatte bei seinem Besuch in Montecassino im Jahre 787 ein Exemplar
der Benediktregel in seinen Händen gehalten und ließ sich später von (dem
fränkischen) Abt Theodemar eine Handschrift aus Montecassino nach Aachen schicken, in der Absicht, diese Regel zur Norm für die Klöster im
Reich zu erklären. Die Durchführung der von Karl ins Auge gefassten
Reform der Reichsklöster gelang aber erst unter seinem Sohn Ludwig dem
Frommen. Auf den Reformsynoden von Aachen (816–818/819) wurde
schließlich unter Benedikt von Aniane, dem *spiritus rector* der Erneuerung,
die RB zur Norm für alle Reichsklöster erhoben. So war die Frage der Klos-
terobservanz verbindlich geregelt, fortan galt für die Klöster des Reiches die
Devise: „eine Regel und eine Gewohnheit".

Und damit war der Punkt in der Entwicklung erreicht, von dem an zu
Recht von den „Benediktinern" und von der „benediktinischen Observanz"
gesprochen werden kann. Jetzt erst begann jene Phase, in welcher der RB
Exklusivität im Reich zukam, das Mönchtum also identisch mit dem „Benediktinertum" wurde, eine Phase, die etwa vierhundert Jahre dauerte und
über die Reformen der Cluniazenser und Zisterzienser hinweg bis zum Auftauchen der Bettelorden zu Beginn des 13. Jahrhunderts reichen sollte.

Die Kultgeschichte Benedikts

Stellt man die Frage nach den Ursachen hinter diesem späten, aber grandiosen Siegeszug der RB von einer lokalen Gemeinschaftsregel des 6. Jahrhunderts hin zur exklusiven Norm für die Klöster im gesamten Karolingerreich,

so muss mindestens von zwei Gegebenheiten die Rede sein: einmal von der wachsenden Hochschätzung des Autors Benedikt, genauer, von seiner Erhebung zur Ehre der Altäre und seinem Aufstieg schließlich zum monumentalen Gründungsvater; zum andern vom Inhalt und den genuinen Qualitäten dieser Regel, die ja offensichtlich vor allen anderen ähnlichen – und durchaus bekannten – Texten den karolingischen Reformern am ehesten geeignet schien, die Umsetzung der Erneuerungen auf der Ebene der Reichsklöster zu garantieren.

Die ersten Spuren einer Benediktverehrung finden sich allerdings nicht in Italien, sondern in Gallien, genauer in Fleury-sur-Loire. Diese Gemeinschaft war um 650 mit großzügiger Königsausstattung auf dem rechten Ufer der Loire gegründet worden, galt als eines der reichsten Klöster Galliens und stand zunächst unter dem Petruspatrozinium. Im Bemühen, Reichtum und Ansehen seines Klosters zu steigern – man dachte wohl an die Begründung einer Wallfahrt –, fasste der tatkräftige Abt Mummolenus, begeistert von der Schilderung Benedikts im zweiten Buch der *Dialogi* Gregors des Großen, den Plan, zur höheren Ehre Benedikts wie zum größeren Wohle der Gemeinschaft die Reliquien des großen Asketen, die unwürdig und verlassen auf dem Berge bei Cassino lagen, nach Fleury zu überführen. Im Jahre 672 kamen Mönche aus Fleury auf dem Berge an, durchwühlten drei Tage lang die verlassene Stätte, stießen schließlich auf das vermeintliche Grab Benedikts und seiner Schwester Scholastika, öffneten es, entnahmen die Gebeine, wuschen sie ganz ungestört, legten sie in ein Behältnis und kehrten damit nach Fleury zurück. Am 11. Juli 673 oder 674 wurden diese Reliquien in der Krypta der Zweitkirche von Fleury, der Marienbasilika, in einen würdigen Schrein gelegt und erneut bestattet. Der 11. Juli blieb von nun an in Fleury – und bald auch anderswo – der Festtag der *Depositio* S. Benedicti und löste den römischen Gedenktag (21. März) bald ab. Damit war der erste Schritt zu einem Kult um Benedikt getan. Was noch fehlte, war die Erhebung zur Ehre der Altäre. Dieser letzte Schritt in der Genese der Kultgeschichte Benedikts lässt sich dann für das letzte Drittel des 8. Jahrhunderts belegen, dokumentiert durch ein Fresko, das man 1932 in der S. Hermas Basilika an der Via Salaria vetere in Rom unter jüngeren Übermalungen freigelegt hat. Dieses Fresko war im Zusammenhang mit einer Erneuerung der Basilika durch Hadrian I. (772–795) entstanden und zeigt Benedikt mit rundem Nimbus – dem Ausweis seiner verehrungswürdigen

Heiligkeit – neben der Gottesmutter auf dem Altar stehend. Und dieses authentische Zeugnis darf dann als Abschluss eines erwachenden benediktinischen Bewusstseins wie einer sich ausbildenden Kultentwicklung verstanden werden. Denn hier war man einen entscheidenden Schritt weiter gegangen als in Fleury, wo zwar die Gebeine Benedikts ruhten, dieser aber noch nicht auf dem Altar erschienen war.

Die Hochschätzung und die Begeisterung, die man Benedikt im Norden entgegenbrachte, schienen nicht ohne Auswirkungen auf Italien geblieben zu sein. Auf Initiative Gregors II. (715–731) und des langobardischen Herzogsklosters S. Vincenzo (am Volturno) hin hatte man unter Abt Petronax gegen 718 den Wiederaufbau des verfallenen Klosters auf dem Berg bei Cassino in Angriff genommen, um wieder ein Gemeinschaftsleben zu ermöglichen. Diese Maßnahme war auch als ein Ergebnis der neuen, auf Kooperation setzenden Politik zwischen dem Papsttum und den Langobardenherzögen von Benevent zu verstehen, in deren Herrschaftsgebiet Montecassino lag. 744 schenkte Herzog Gisulf II. von Benevent umfangreiche Besitzungen im Umkreis des Berges und in der Ebene, der Grundstock der späteren Terra Sancti Benedicti. Es folgten päpstliche Exemtionsprivilegien unter Zacharias (741–752) und später unter Nikolaus I. (858–867). Ob Papst Zacharias allerdings im Jahre 741, wie gelegentlich behauptet, ein Exemplar der RB nach Montecassino geschickt hat, lässt sich nicht belegen. Doch darf wohl davon ausgegangen werden, dass man bei der Wiederbegründung von Montecassino sich an der RB orientiert hat, wenn auch nicht klar ist, wer die Regel wann und woher in die Neugründung eingebracht hat. Im Verlauf des 8. Jahrhunderts wird jedenfalls sichtbar, dass man der benediktinischen Observanz folgte.

Nach der Wiederbegründung setzte sogleich eine verstärkte Welle der Verehrung und Hochschätzung – und dies vornehmlich aus dem Norden – für Benedikt und Montecassino ein, die sich in einer bemerkenswerten Zahl von Besuchen und längeren Aufenthalten prominenter Zeitgenossen auf dem heiligen Berg widerspiegelte. So weilte von 728–738 der Angelsachse Willibald, ein späterer Helfer des Bonifatius und dann auch Bischof von Eichstätt, hier und wirkte neben Petronax entscheidend an der Wiederbegründung der Gemeinschaft mit; 747 oder 748 schickte Bonifatius seinen Schüler Sturmi auf den heiligen Berg, um sich Informationen über Benedikt und seine Regel zu beschaffen; zur gleichen Zeit trat der fränkische Hausmeier Karlmann, der Onkel Karls des Großen, in die Gemeinschaft ein; Adalhard von Corbie, ein Vetter Karls des Großen, Berater und Mitglied des engeren Hofkreises, weilte zwischen 771 und 780 zeitweise in Montecassino; sein Bruder Wala lebte hier einige Jahre; Liudger von Münster besuchte vor 787 den Berg als Pilger und Anselm, der Schwager des Langobardenkönigs Aistulf, Herzog von Friaul und erster Abt von Nonantola († 803), verbrachte schließlich zehn Jahre hier.

Die seit dem 7. Jahrhundert stetig wachsende Verehrung Benedikts wie die zunehmende Überhöhung seiner Verdienste ließen den Asket aus Norcia schließlich als Gründergestalt erscheinen, in deren Monumentalität auch die gesamte Frühentwicklung des Asketen- und Mönchtums – und keineswegs nur jene Italiens – eingeordnet werden konnte. Und es ist nur selbstverständlich, dass eine solche Wertschätzung auch ein starkes Motiv lieferte für die Akzeptanz und die Verbreitung der Regel.

Abt und Gemeinschaft

Der besondere Kultstatus Benedikts allein hätte allerdings nicht dazu geführt, die Regula zur Norm für die Klöster des Karolingerreiches zu erheben. Letztlich müssen die genuinen Qualitäten dieses Grundgesetzes, sein Inhalt und seine Form, die entscheidenden Ursachen gewesen sein, sich den Reformern zu empfehlen. Schließlich hat Benedikt von Aniane dieser Regel erst nach einem Vergleich mit etwa dreißig anderen, ähnlichen Texten den Vorzug gegeben.

Die RB präsentiert sich als typisch normativer Text der Spätantike, d. h. von einer gewissen inneren Ordnung und Schwerpunktsetzung zwar, aber – für den heutigen Leser etwas befremdlich – noch ohne streng systematischen Aufbau im modernen Sinne. Zugleich handelt es sich im Ganzen um einen vielschichtigen Komplex, in dem mehrere Ebenen verwoben sind. Dabei fallen, ohne andere Dimensionen des Textes leugnen zu wollen, die spirituell-theologische und die pragmatisch-organisatorische Ebene am deutlichsten ins Auge.

So lassen sich weite Teile der Regel als Katalog von Normen lesen, die das Verhältnis zwischen Abt und Gemeinschaft ordnen. Und sicher sind nicht zufällig die ersten Kapitel diesen Problemen gewidmet. Der Abt, verstanden als Stellvertreter Christi und diesem folglich in allem verantwortlich, steht an der Spitze des Klosters, das sich bezeichnenderweise definiert als „Schule, welche zum Dienste Christi erzieht". Die Aufgabe des Abtes liegt vornehmlich in der geistlichen Leitung der Gemeinschaft, d. h. in der Seelenführung der Mitglieder, in zweiter Linie erst in der Sorge um deren diesseitigen Nöte. Aufgrund dieser Verantwortung stehen ihm zahlreiche Möglichkeiten individueller Belehrung, Ermahnung, Unterweisung, Bestrafung – notfalls auch die körperliche Züchtigung – zu. Dabei ist allerdings keine Rücksicht zu nehmen auf die soziale Herkunft der Mitglieder. Als Maß hat allein die verantwortbare Zuträglichkeit und die Bedürftigkeit des Einzelnen zu gelten.

In Ausübung seines Leitungsamtes bleibt der Abt letztlich Gott, nicht der Gemeinschaft verantwortlich, ein deutlicher Hinweis auf die vertikale, d. h. die hierarchische Verfassung der Gemeinschaft in diesem Bereich. Der hierarchische Grundzug im Verhältnis Abt–Gemeinschaft tritt in zahlreichen Einzelbestimmungen noch deutlicher hervor, kommt aber am klarsten zum Ausdruck in der zentralen Kategorie des Gehorsams, der Leittugend des Asketen. Die Gemeinschaft hat jede Entscheidung des Abtes zu akzeptieren, der Gehorsam ihm gegenüber muss absolut sein, selbst wenn er anders sprechen als handeln sollte oder seine Befehle gar unerfüllbar erscheinen. Der Asket hat jeden Eigenwillen zu brechen, ja zu hassen. Unverzüglich gehorsam zu sein gilt als erste Stufe der asketischen Grundtugend der Demut; den eigenen Willen nicht zu lieben als zweite, sich aus Liebe zu Gott dem Oberen zu unterwerfen als dritte, Gehorsam zu leisten selbst unter Inkaufnahme von Härten, Widerwärtigkeiten und selbst Ungerechtigkeiten als vierte Stufe. In einem Satze: Wenn der Abt spricht, ist es, „wie wenn Gott befähle".

Ausführliche Bestimmungen betreffen die Modalitäten der Abtswahl, eines für den Bestand der Gemeinschaft zentralen Vorgangs. Bei der Wahl des Gemeinschaftsvorstehers gilt es – ganz ähnlich wie bei der Bischofswahl – zwei Stufen zu unterscheiden: die Wahl des Kandidaten sowie dessen Einsetzung ins Amt (durch den zuständigen Ortsbischof bzw. die Äbte der Nachbarschaft). Damit wird deutlich, dass die Wahl nicht als konstituierender Akt, sondern lediglich als Vorschlagsrecht der Gemeinschaft gegenüber jenen Personen verstanden wird, welchen die Einsetzung zukommt. Als gewählt gilt, wer ohne Rücksicht auf den Rang in der Gemeinschaft – Untadeligkeit der Person und des asketischen Lebenswandels sowie die Fähigkeit zur Führung der Gemeinschaft vorausgesetzt – entweder einstimmig oder vom kleineren, aber „weiseren" Teil der Gemeinschaft benannt ist. Kriterien zur Erkennung des „weiseren" Teils allerdings werden nicht genannt. Im Falle einer Skandalwahl durch einen unwürdigen Konvent – die dritte der vorgesehenen Wahlmöglichkeiten – kommt dem Ortsbischof, den Nachbar-äbten, zuletzt sogar den Gläubigen der Nachbarschaft die Pflicht zu, sich einzumischen. Zur Bewältigung seiner Aufgaben, vornehmlich bei Ver-größerung des Konvents, kann sich der Abt „Dekane" oder – falls von der Gemeinschaft erwünscht – einen Stellvertreter (praepositus) als Helfer für die Klosterleitung bestellen. In der Reihe solcher Helfer bleibt auch der „Novi-zenmeister" zu erwähnen, stets ein älterer, erfahrener Bruder, der die ange-henden Mönche auf ihren Dienst in jeder Hinsicht vorzubereiten hatte. Außeneinfluss bei der Auswahl dieser Helfer ist untersagt, sollten die Hel-fer aufgrund ihrer besonderen Aufgaben überheblich werden, drohen ihnen schwere Strafen bis hin zur Ausweisung aus der Gemeinschaft.

Der spirituell bestimmte Tagesablauf

Nach der Regel versteht sich das Kloster als eine Gemeinschaft, die unter-wegs zum eigenen Seelenheil ist, als eine geistliche Gemeinschaft also. Daher hat jedes Mitglied sich stets aufs Höchste zu fordern. Nicht der bloße Vollzug im Gemeinschaftsalltag ist das Ziel, vielmehr das Bemühen, jeden Moment des Tagesablaufes in höchster Tugendhaftigkeit zu bestehen. Als Hilfsmittel, als „Werkzeuge", diesen Zustand zu erreichen, kennt die Regula mehr als siebzig – meist aus der Regula Magistri übernommene – detaillierte Verhaltensnormen.

Aus dem Verständnis des Klosters als einer vornehmlich spirituellen Ge-meinschaft folgt, dass jenseits besonderer Ämter und Dienste eine innere, geistliche Rangordnung zwischen älteren und jüngeren Mitgliedern einzu-halten war. Dabei war nicht das Lebensalter, vielmehr die Dauer der Ge-meinschaftszugehörigkeit entscheidend. Dem Abt allerdings blieb es vor-behalten, diese Regel zu durchbrechen und im Falle besonderer asketischer Verdienste oder Verfehlungen einen höheren oder geringeren Rang zuzu-weisen. Sichtbaren Ausdruck fand diese Rangordnung im Rahmen der litur-gischen Feiern – in der Ordnung der Mönche im Chorraum etwa, in der Rei-henfolge beim Friedenskuss, beim Kommunionempfang, beim Anstimmen der Psalmen –, aber auch in der gegenseitigen Achtung und Anrede: Der Ältere nennt den Jüngeren „Bruder", der Jüngere den Älteren „ehrwürdiger Vater". Der Abt wird von allen mit „Herr und Vater" angesprochen.

Die Gemeinschaft als Institution in der Zeit kannte einen präzisen Tagesablauf, strukturiert durch die Zeiten gemeinsamen Gebetes (Stundengebet, Hore, Offizium). Die Schlafenszeit der Gemeinschaft endete mit dem Nachtoffizium (*vigiliae*), etwa zwischen 2:00 und 2:30 Uhr. Die Zeit bis zur ersten Hore des Lichttages (Matutin, bei Sonnenaufgang) wurde unterschiedlich genutzt: Im Winter sollte man sich dem Psalter und den Lesungen widmen, im Sommer lediglich die natürlichen Bedürfnisse erledigen und sogleich zur Matutin schreiten. Der Lichttag, die Zeit vom Aufgang der Sonne bis zu ihrem Untergang, war durch sieben Horen gegliedert – 1. Matutin (Sonnenaufgang), 2. Prim, 3. Terz, 4. Sext (Mittagszeit), 5. Non, 6. Vesper, 7. Complet (Sonnenuntergang) –, umfasste also sechs unter sich gleich lange Teile. Die Gebetszeiten der einzelnen Horen waren unterschiedlich lang, außerdem galten zahlreiche Sonderregelungen für Sonn- und Feiertage, für besondere Heiligenfeste und vor allem für die Fastenzeit. Ohne auf die zahlreichen Gebetsvorschriften im Einzelnen einzugehen, sei lediglich darauf hingewiesen, dass im Verlauf einer Woche u. a. der gesamte Psalter mit allen 150 Psalmen zu beten war. Bezüglich der Eucharistiefeier finden sich nur wenige Bemerkungen. Immerhin lässt sich erkennen, dass ein Mönch mit Priesterweihe in der Gemeinschaft vorgesehen war, um die Seelsorge innerhalb des Klosters zu gewährleisten und so zu vermeiden, der Messfeier wegen die eigenen Mauern verlassen zu müssen.

Die Zeiträume zwischen den Horen blieben der (Hand-)Arbeit, der individuellen Beschäftigung mit der Heiligen Schrift sowie den Essens- und Schlafenszeiten vorbehalten. Der Handarbeit waren im Sommerhalbjahr die Zeiten zwischen der Prim und der vierten Stunde sowie zwischen Non und Vesper vorbehalten. In der Winterzeit hingegen – hier fiel ja kaum Feldarbeit an – ist Handarbeit nur zwischen Terz und Non, in einem Block, vorgesehen.

Essenszeiten kannte man zwischen Ostern und Pfingsten zwei: in der 6. Stunde (lediglich eine Stärkung) sowie am Abend. Von Pfingsten an, also den Sommer hindurch, sollte normalerweise nur einmal, zur 6. Stunde, gegessen werden. In der Winterzeit – vom 14. September bis zur Fastenzeit – war die 9. Stunde zum Essen vorgesehen, während der Fastenzeit (bis Karsamstag) sollte dies aber noch bei Tageslicht geschehen.

Der individuellen Lesung widmete man sich sommers zwischen der
4. und 6. Stunde und – sofern man nicht einer Ruhepause auf dem Bett den
Vorzug geben wollte – des Weiteren zwischen dem Essen (sommers normalerweise zur 6. Stunde) und der Non. Im Winter lagen die Zeiten der Lesung
zwischen Prim und 2. Stunde sowie zwischen dem Essen (winters bis zur
Fastenzeit zur 9. Stunde) und der Vesper. An Sonntagen trat für alle – ausge-
nommen für jene, die ein Wochenamt in der Gemeinschaft bekleideten –
anstelle der Arbeitszeiten die Beschäftigung mit geistlichen Dingen, die
lectio divina. Seinen Abschluss fand der Tag mit der Complet. Die Stunden
von der einsetzenden Dunkelheit bis zum Nachtoffizium (vigiliae) waren
dem Schlaf vorbehalten.

Ämter und Dienste

Die Gemeinschaft als sozialer Verband wird in vielfältigen Einrichtungen
sichtbar, zunächst in den zahlreichen Ämtern und Diensten, die das Funktionieren der Gemeinschaft erst möglich werden lassen. Eines der wichtigsten Ämter war das des cellararius. Dieser war hauptsächlich zuständig für Be-
schaffung, Vorratshaltung und Austeilung der Nahrungsmittel sowie für
alle dazu notwendigen Geräte. Wegen der vielfältigen Möglichkeiten zu
Missbräuchen in Ausübung dieses Amtes sollte der Inhaber vom Abt bestellt
werden und immer eine Persönlichkeit von besonderer Charakterstärke
sein. Neben dem cellararius finden sich zahlreiche weitere Inhaber von Ämtern: der Pförtner, die Betreuer von Kranken und Gästen, der Aufseher über
die Arbeitsgeräte, die wöchentlich wechselnden Küchendiener und der Vor-
leser bei Tisch. Auch die zahlreichen Handwerker des Klosters mit ihren
Sonderaufgaben sind hier zu erwähnen.

Neben Ämtern und Diensten spiegelt sich die soziale Wirklichkeit der
Gemeinschaft auch in den Sondergruppen, auf die in der Gemeinschaft
Rücksicht zu nehmen war: Knaben, Greise und Kranke, Priester und Gäste.
Nicht zuletzt geben der detailliert beschriebene Ritus der Aufnahme in die
Gemeinschaft wie jener des Ausschlusses aus derselben und schließlich
auch der Strafenkatalog, der bei Verfehlungen und Verstößen gegen die Ge-
meinschaftsprinzipien Geltung hatte, den Blick frei auf die sozialen Zusam-
menhänge innerhalb der Gemeinschaft.

Die entschieden spirituelle Verfassung der Gemeinschaft zeigt sich hin-

gegen in den zahlreichen Anweisungen, wie ein Asket, ohne dabei seine Bestimmung zu verfehlen, mit Alltäglichkeiten umzugehen hatte: mit Besitz,
Kleidung, Essen, Trinken und Schlafen, Beten und Handarbeit. Schließlich
weisen auch die detaillierten Ausführungen zur Klosteranlage sowie die Be-
lehrungen über Funktion und Bedeutung der Regel auf die letztlich spirituelle, ausschließlich asketischem Geist verpflichtete Verfasstheit der Gemeinschaft hin.

Die Reichsklöster nach der anianischen Reform

Im Ganzen liegt mit der RB ein Grundgesetz für monastische Gemeinschaften vor, das – im Vergleich zu allen ähnlichen Texten, die bis hin zur Karolingerzeit im lateinischen Westen bekannt sind – in seiner sprachlichen
Durcharbeitung, seiner Konzentration auf das Wesentliche, seiner Anpas-
sungsfähigkeit, der juristischen Durchdringung, der spirituellen Tiefe
sowie der Ausgewogenheit zwischen asketischer Anforderung und mensch-
lichem Maß als herausragend beurteilt werden muss. (Und zusammen mit
den lateinischen Versionen der *Regula Pachomii* und der *Regula Basilii* sind
uns immerhin etwa dreißig Regeln oder regelähnliche Texte erhalten.)

Letztlich müssen es auch die besonderen Qualitäten dieser Regel gewesen sein, welche die Reformer der Karolingerzeit überzeugt haben, Chrodegang von Metz nicht minder als Benedikt von Aniane. Unter seiner Ägide
wurde schließlich – im Auftrag Ludwigs des Frommen – die Kirchen- und
Klosterreform des Reiches durchgeführt und die RB auf den Reichstagen
von 816–817/819 zur Normregel für alle Reichsklöster erhoben. Neben die
Regel allerdings sollten einheitliche „Gewohnheiten" (*consuetudines*) treten,
schriftlich fixierte Regelungen von Alltagsdetails also, über welche die Regula schweigt.

Auch wenn diese Reformen nicht sogleich flächendeckend im Reich
durchgesetzt werden konnten, mag es doch historisch berechtigt sein, seit
diesem Zeitpunkt von den „Benediktinern", einem „Benediktinertum" bzw.
von einer „benediktinischen Observanz" zu sprechen, nicht aber für die Zeiten davor. Erst jetzt kam der RB eine exklusive Stellung auf der Reichsebene
zu, von nun an konnte sie erst Alleingeltung als Klosterregel beanspruchen,
ein Zustand, der etwa vierhundert Jahre, bis zum Auftreten der Bettelorden
zu Beginn des 13. Jahrhunderts andauerte. Die Rede von Benedikt als „Vater

des Abendlandes" und „Patriarch des abendländischen Mönchtums" im Sinne einer Gründer- oder Stifterfigur, die am Anfang des abendländischen Mönchtums gestanden habe, sollte also aufgegeben werden. Zum Zeitpunkt als die benediktinische Observanz wirklich Exklusivität für Westeuropa gewann, zur Zeit der Karolinger nämlich, war die RB schon fast dreihundert Jahre alt, und der lateinische Okzident hatte bereits zahllose Klostergemeinschaften gesehen, von denen nur die wenigsten aufgrund von Mischregeln, die weitaus meisten aber überhaupt nicht mit Benedikt und seiner Regel in Zusammenhang gestanden haben.

Durch die Reform Benedikts von Aniane also – die Zeitgenossen schon belegten ihn mit dem Ehrennamen Benedikt II. – wurde das Benediktinertum erst geschaffen. Allerdings ging, was der enormen Folgen wegen nicht aus dem Auge zu verlieren ist, dieser Prozess einher mit einer tief greifenden Veränderung der Klöster. Es ist nicht übertrieben, hier von einem Strukturwandel der Gemeinschaften zu reden, der die äußeren Dimensionen der Klöster, ihre Stellung und Funktion im Herrschaftskonzept des Königs, ihre innere Organisation, ihr Selbstverständnis sowie nicht zuletzt ihre Spiritualität fundamental traf; Veränderungen, die für die Gemeinschaften als geistliche Anstalten nicht nur von Vorteil waren und bisweilen auch energische Gegenreaktionen herausgefordert haben. Die Reichsklöster nach der anianischen Reform hatten nämlich mit dem Typus der frühen Asketengemeinschaft, wie sie Benedikt und seine Regel einst im Auge hatten, in vielerlei Hinsicht nichts mehr gemeinsam. Benedikt hatte einst seine Regel verfasst für eine asketisch lebende, von der Welt zurückgezogene, sich selbst versorgende Gemeinschaft, die unter einem vorbildlichen Abt stand und auf dem Wege zum eigenen Seelenheil war, und nur dies. Die Reichsklöster der Karolingerzeit dagegen, und vornehmlich jene nach der anianischen Reform, waren durch Ausstattungen und Zuwendungen seitens der Königs- und Adelsfamilien zu beträchtlichen, nicht selten zu außerordentlichen – durch Immunität und Königsschutz privilegierten – Grundherrschaftskomplexen mit zahlreichen Laienhelfern geworden, was die Basis ausmachte für ihre enormen Leistungen: für ihre großen Gebäudekomplexe, für den Unterhalt von Bibliotheken und Schreibstuben, für ihre Herbergspflichten gegenüber dem reisenden Hof, für ihre präzise festgelegten Leistungen an den König, sei es in Form von vielfältigen Diensten, von Agrarprodukten oder sonstiger Sachleistungen wie etwa Kriegsgerät oder Kriegsproviant, sei es – im Falle der größeren Gemeinschaften – der Bereitstellung von kriegstüchtigen, voll ausgerüsteten Soldaten. Das Reichskloster war zwar durch die anianische Reform zum Kulturmittelpunkt und Zivilisationsträger ersten Ranges, aber zugleich auch zum unverzichtbaren, integralen Bestandteil der Königsherrschaft geworden.

Dass diese Transformation der asketischen Gemeinschaften die Voraussetzung darstellte zu den beispiellosen Leistungen der Klöster für Kultur und Zivilisation Westeuropas, ist unbestritten. Tatsache ist aber auch, dass diese Veränderungen die Gemeinschaften von ihrer ursprünglichen asketisch-spirituellen Zielsetzung eher wegführten. In Teilen des benediktinischen Mönchtums blieb das Bewusstsein über diesen Verlust allerdings stets wach und äußerte sich schließlich in neuen Reformansätzen, jenen, die im 10. Jahrhundert von Cluny – und nicht nur von hier – ausgingen wie in jenen, die im 11. Jahrhundert in Cîteaux ihren Anfang nahmen. In beiden Reformen ging es bezeichnenderweise denn auch nicht um die Schaffung neuer Regeln, sondern um die Rückkehr zur ursprünglichen, rein und unverändert gelebten Regel Benedikts. Erst die Bettelorden am Beginn des 13. Jahrhunderts schufen, ihren Zeitanforderungen entsprechend, ein in Geist, Form, Funktion und Selbstverständnis neues Mönchtum, das sich dann nicht mehr auf die Regel des Asketen aus Nursia und seine Gemeinschaft auf dem Berg bei Cassino berief.

Die Schlacht bei Tours und Poitiers 732

ULRICH NONN

„Sie (die Sarazenen) brachen mit ihrem König namens Abdirama auf, überschritten die Garonne und gelangten in die Stadt Bordeaux; nachdem sie die Kirchen niedergebrannt und das Volk niedergemetzelt hatten, zogen sie nach Poitiers weiter; sie zündeten die Kirche des heiligen Hilarius an – die bloße Erwähnung bereitet mir Schmerz – und beschlossen, auch die Kirche des hochheiligen Martinus (von Tours) zu zerstören. Gegen sie stellte der Princeps Karl kühn eine Schlachtreihe auf und stürmte als großer Krieger gegen sie los. Mit Christi Beistand zerstörte er ihre Zelte und eilte in den Kampf, um ein großes Gemetzel anzurichten; er tötete ihren König Abdirama, vernichtete ihn, rieb ihr Heer auf, kämpfte und siegte; so triumphierte er als Sieger über die Feinde."

Mit diesen Worten schildert eine zeitgenössische Chronik den Sieg des fränkischen Hausmeiers Karl Martell über „das treulose/ungläubige Volk der Sarazenen" (*gens perfida Saracinorum*) im Oktober 732: jene Schlacht bei Tours und Poitiers, die seit jeher im allgemeinen Geschichtsbild zu den ‚Höhepunkten des Mittelalters' zählt und zu den wenigen Daten des 8. Jahrhunderts gehört, die bis heute auch in knappen Geschichtsbüchern ihren Platz behaupten. Der fränkische Chronist schreibt in ihm vertrauten Vorstellungen und bezeichnet die Akteure mit ihm geläufigen Titeln: Karl Martell, nominell als Hausmeier nur der oberste Hofbeamte des merowingischen Königs, der längst zum unbedeutenden ‚Schattenkönig' geworden war, ist in Wirklichkeit der *princeps*, der faktisch die Geschicke des Frankenreichs lenkt. Und Abdarrahman, den Statthalter des Kalifen in Spanien, kann er sich nur als „König der Sarazenen" vorstellen; die muslimische Welt, ein Reich der Ungläubigen, ist ihm fremd. Wie war es aber dazu gekommen, dass die Sarazenen von Spanien her so weit ins Herz des Frankenreichs vorgedrungen waren und jetzt sogar die Martinskirche von Tours bedrohten, wo mit dem Mantel des heiligen Martin die wichtigste Reliquie des fränkischen Reichspatrons verwahrt und verehrt wurde, von der man so viele Wundertaten zu berichten wusste und die Scharen von Pilgern anzog?

Die rasche Ausbreitung des Islam im 7. Jahrhundert

Mit einer weltgeschichtlich wohl einmaligen Schnelligkeit hatte sich der Islam nach Mohammeds Tod (632) verbreitet; im Lauf des 7. Jahrhunderts fielen ihm das Persische Reich und dann zahlreiche Provinzen des Byzantinischen Reiches zu. Nach der Eroberung Ägyptens (639–641) geriet der südliche Mittelmeerraum Stück für Stück in muslimische Hände; 697 wurde Karthago zerstört, um die Jahrhundertwende war Marokko unterworfen; nur noch die Meerenge trennte die Araber von den Christen des spanischen Westgotenreiches. Dessen König Witiza starb 710; ihm folgte nicht einer seiner Söhne, sondern der Adel erhob Roderich zum Nachfolger, was zu heftigen Widerständen und Flügelkämpfen führte. So war das Reich geschwächt, als die ersten Araber nach 710 auf ersten Streifzügen an der Küste erschienen. 711 landete dann der Statthalter Tarik mit einem kleinen, hauptsächlich aus Berbern bestehenden Heer bei Gibraltar (Dschabal Tarik = Berg des Tarik) und errichtete auf dem Felsen ein Lager. Die umliegenden Landschaften wurden verwüstet. Roderich zog ihnen mit einem Heer entgegen, und im Juli kam es zu einer blutigen Schlacht am Fluss Guadalete (südlich von Sevilla). Die Westgoten unterlagen, Roderich fand den Tod. Er soll von den oppositionellen Anhängern der Witiza-Familie verraten worden sein. Der westgotische Widerstand brach rasch zusammen, die Muselmanen drangen schnell weiter vor, eroberten die Hauptstadt Toledo und gewannen den königlichen Schatz. Zahlreiche weitere Orte kapitulierten ohne größeren Widerstand. Die zum Feind übergelaufenen Anhänger Witizas wurden jedoch bald enttäuscht: Aus den „Hilfstruppen in einem Bürgerkrieg" wurden schnell die neuen Herren des Westgotenreichs, die allerdings für die unterworfenen Städte durchaus ehrenhafte Bedingungen stellten. „Es handelte sich also um Bündnis und Unterwerfung zugleich" (J. M. Lacarra). In den Jahren 716–719 wurde dann auch der Norden der Halbinsel mit Barcelona unterworfen. Nur im Nordwesten, im schwer zugänglichen Bergland Asturiens, formierte sich christlicher Widerstand gegen die Invasoren, angeführt von einem aus Südspanien geflohenen westgotischen Adligen Pelagius, der hier 718 zum Fürsten gewählt wurde.

As-Samh, seit 719 neuer Statthalter Spaniens, entschloss sich, über die Pyrenäen vorzudringen. 719/720 besetzte er Narbonne und zog von hier weiter in Richtung Toulouse, der früheren Hauptstadt des gallischen Westgotenreichs, die jetzt von Herzog Eudo von Aquitanien verteidigt wurde; nominell vom Frankenkönig abhängig, übte Eudo eine weitgehend selbstständige Herrschaft aus. Gegen die andrängenden Araber errang er einen glänzenden Sieg, as-Samh fiel in der Schlacht. Dieser früher viel zu wenig gewürdigte Erfolg war „die erste ernsthafte Niederlage des Islam im Okzident" (M. Rouche). Nutznießer dieses Rückschlags waren zweifellos auch die christlichen Widerständler Asturiens; ihrem Fürsten Pelagius gelang 722 bei Cavadonga (Provinz Oviedo) ein Sieg über die Araber. Das waren die Anfänge des Königreichs Asturien, das seit Pelagius' Schwiegersohn, Alfons I. dem Katholischen (739–757), zur Keimzelle der Reconquista wurde (die erst 1492 mit der Eroberung Granadas zum Abschluss kommen sollte).

Der neue Statthalter Anbasa (721–726) gab trotz der Niederlage die Pläne seines Vorgängers nicht auf, sammelte Truppen aus ganz Spanien und drang erneut vor; er konnte Carcassonne und Nîmes einnehmen. Parallel dazu erfolgte ein Einmarsch in Burgund durch das Rhône- und Saône-Tal, 725 wurde Autun geplündert und zerstört. In den folgenden Jahren ebbten die Angriffe – zumindest nach dem Schweigen der Quellen zu urteilen – wieder ab; Auseinandersetzungen innerhalb der muslimischen Führungsschicht haben offensichtlich die Stoßkraft ihrer Heere geschwächt. Die ständige Bedrohung Aquitaniens blieb aber weiterhin eine dauernde Gefahr für Eudo. Mit Karl Martell hatte Eudo eine amicitia, eine Schwurfreundschaft, geschlossen; dieses Bündnis war aber offensichtlich nicht spannungsfrei. Seit 730/731 begegnet ihm als neuer Statthalter Spaniens Abdarrahman al-Ghafiki. Zu dessen Gegenspieler wurde ein Berber namens Munnuz; er beherrschte die Hochebene von Cerdagne (östlich Urgel), eine strategische Schlüsselstellung in den Pyrenäen, und war damit Nachbar Eudos. Auch mit ihm schloss Eudo ein Bündnis und gab ihm zur Bekräftigung seine Tochter zur Frau. Munnuz bedurfte der Unterstützung Eudos; denn als er von ungerechter Behandlung seiner Landsleute, der Berber in Nordafrika, durch die Sarazenen erfuhr, entschloss er sich, gegen sie und ihren Statthalter vorzugehen. Aber schon bald wurde er in Cerdagne von Abdarrahmans Truppen eingeschlossen, doch gelang ihm zusammen mit seiner Gemahlin die Flucht ins Gebirge. Farbig schildert eine spanische Chronik (von 754) das weitere Drama: Die Flüchtlinge, von Hunger und Durst geschwächt, wurden bald eingeholt. Um der Schmach der Gefangenschaft zu entgehen, stürzte sich der bereits verwundete Munnuz von einer Felsspitze herab und fand so den Tod; dennoch schlugen ihm die Soldaten des Statthalters auch noch den Kopf ab. Seine Gemahlin nahmen sie fest und brachten sie zu Abdarrahman, der die schöne Frau dem Kalifen als Geschenk übersandte.

Fühlte Karl Martell sich durch Eudos Bündnis mit Munnuz hintergangen? Wir wissen es nicht; aber mehrere fränkische Quellen berichten zu 731 von zwei Strafzügen des Hausmeiers nach Aquitanien gegen Eudo; die Stadt Bourges wurde verwüstet, mit reicher Beute kehrte Karl zurück. Der Tod seines Verbündeten Munnuz brachte Eudo nun aber auch die sarazenischen Feinde ins Land. Im Frühjahr 732 zog Abdarrahman von Pamplona aus mit einem gewaltigen Heer durch das Baskenland nach Aquitanien; an der Garonne brachte er Eudo eine schwere Niederlage bei, nach der „nur Gott die Zahl der Sterbenden und Untergehenden kennt" (wie die spanische Chronik vermerkt). Die Vorstädte von Bordeaux wurden eingenommen. Hilfe suchend floh Eudo zu Karl Martell und erinnerte ihn an die geschlossene Schwurfreundschaft; trotz der vorherigen Auseinandersetzungen versagte Karl diese Hilfe nicht. Derweilen zog Abdarrahman ungehindert weiter gegen Norden. In Poitiers – wir hörten es eingangs – ging die Kirche des heiligen Hilarius in Flammen auf. Noch ca. 77 Kilometer (Luftlinie) bis zum erklärten Ziel, dem fränkischen Nationalheiligtum in Tours! Auf diesem Zug trat ihm nun der Hausmeier mit einem Heer aus Franken (und wohl auch Burgundern) entgegen, *ad Pectavis* (bei Poitiers), wie die Mehrzahl der Quellen angibt. Die bis in die jüngste Zeit andauernde, im Wesentlichen von französischen Forschern geführte Diskussion um eine genaue Lokalisierung des Schlachtortes ist mangels genauer Quellenzeugnisse und archäologischer Funde wenig aussichtsreich. Bei der nicht geringen Entfernung zwischen Tours und Poitiers und da keine Quelle als Schlachtort „bei Tours" angibt, sollte man wohl sinnvoller nur noch von der „Schlacht bei Poitiers" sprechen.

Die berühmte Schlacht und weitere Kämpfe bis 738

Ausführlicher als die eingangs zitierte fränkische Chronik, die prokarolingisch gefärbte zweite Fortsetzung der so genannten Fredegar-Chronik, schildert uns der schon erwähnte spanische Chronist von 754 den Hergang des Kampfes. „Darauf verfolgte Abdarrahman den oben erwähnten Dux Eudo, und während er danach strebte, die Kirche von Tours zu plündern und dabei Paläste zerstörte und Kirchen in Brand setzte, traf er auf den Konsul des inneren austrischen Franken mit Namen Karl, einen von Jugend auf kriegerischen und in militärischen Dingen erfahrenen Mann, der von Eudo gewarnt worden war." War dem fränkischen Chronisten die muslimische Welt fremd und hatte er den Statthalter Spaniens zum „König der Sarazenen" gemacht, so wusste der spanische Autor (wohl ein Geistlicher aus Toledo) kaum etwas über die fränkische Reichsverfassung und titulierte den Hausmeier Karl Martell, der ja seine ursprüngliche Machtbasis in Austrasien hatte, ungewöhnlich als „Konsul des inneren austrischen Franken" (consul Francie interioris Austrie). Sieben Tage stehen sich die beiden Heere in quälender Erwartung gegenüber, dann kommt es zur Schlacht: „Und während sie heftig kämpfen, stehen augenblicklich die nördlichen Stämme wie eine unbewegliche Mauer und verharren starr wie eine Zone eisiger Erstarrung und töten die Araber mit dem Schwert." Ihr „König" Abdarrahman fällt. Bis in den Abend wogt die Schlacht. Am nächsten Morgen, bei Tageslicht, erblicken die Franken (hier als Europenses bezeichnet) die unzähligen wohl geordneten Lager der Araber und erwarten einen neuen Angriff. Aber sie finden die Zelte sämtlich leer, die Feinde sind heimlich geflohen. Die Franken verzichten auf weitere Verfolgung; und nachdem sie die reiche Kriegsbeute gerecht unter sich aufgeteilt haben, kehren sie frohgemut in ihre Heimat zurück. Wenn wir dem Zeugnis einer zeitgenössischen Heiligenvita, der Lebensbeschreibung eines Abtes aus der Gegend von Limoges, Glauben schenken dürfen, verübten die fliehenden Soldaten auf ihrem Rückweg noch schreckliche Gräueltaten: „... und noch mehr aus dem Volk der Ismaheliten ergriffen die Flucht, und an allen Orten, durch die sie zurückzogen, metzelten sie einen jeden Christenmenschen nieder, den sie vorfanden, und wo immer sie Klöstern und heiligen Stätten begegneten, ließen sie sie in Flammen aufgehen." Auf jeden Fall zogen sich die Araber erst einmal über das östliche Aquitanien zurück nach Septimanien zu ihrem festen Stützpunkt, der Stadt Narbonne. War die Gefahr gebannt, hatte der strahlende Sieger Karl Martell das Abendland gerettet, wie man es in älteren Darstellungen immer wieder lesen kann?

Davon konnte noch keine Rede sein. Nach dem Tod Eudos 735 zog Karl Martell erneut über die Loire bis nach Bordeaux; Eudos Sohn Hunoald erkannte er als Herzog Aquitaniens an. Abdelmalik, der neu ernannte Statthalter von Spanien, unternahm 735/736 einen erneuten Zug über die Pyrenäen, blieb aber erfolglos. Daneben aber gab es eine zweite Front im Südosten des Frankenreichs. Hier waren es zunächst die einheimischen Großen, die sich nicht der fränkischen Reichsgewalt – vertreten durch den Hausmeier – fügen wollten. Zwar hatte Karl Martell seit 733 schrittweise das südliche Burgund unterworfen; bereits zu 733 vermeldet der fränkische Chronist: „Er gab das Gebiet dieses Reiches seinen bewährten Getreuen, Männern, die tüchtig genug waren, um aufständische und ungläubige Völker abzuwehren." Aber der hartnäckige Widerstand der Großen der Provence schuf eine unsichere Lage, die die Araber auszunutzen versuchten – paktierten doch manche der Adligen mit den Feinden und überließen ihnen sogar die Stadt Arles, die Karl allerdings 736 wieder befreien konnte. Als aber 737 ein neuerlicher, vom Dux Maurontus angezettelter Aufstand in der Provence ausbrach, nutzten die Araber die Chance, sich in Avignon festzusetzen. Die stark befestigte Stadt machten sie zu ihrem Stützpunkt, von wo aus sie südburgundisch-provençalische Landstriche und auch Teile Aquitaniens verheerten. Besonders um Vienne und Lyon hören wir von schwersten Verwüstungen. Karl erschien zunächst nicht selbst, sondern schickte unter Führung seines Stiefbruders Childebrand ein Heer zur Belagerung Avignons; dann kam er selbst mit Verstärkungstruppen nach. Dramatisch, mit wörtlichen Anklängen an das biblische Buch Josua schildert der fränkische Chronist den zweiten großen Sieg über die Araber: „Wie bei Jericho griffen sie unter Kriegsgeheul und Tubenklängen mit Belagerungsgeräten und Strickleitern die Stadt- und Hausmauern an, drangen in diese wohlbefestigte Stadt ein und steckten sie in Brand; sie nahmen das Heer ihrer Feinde gefangen, metzelten und warfen sie nieder und brachten die Stadt mit Erfolg wieder in ihre Gewalt."

Der strahlende Sieger zog daraufhin über die Rhône nach Septimanien und belagerte den zentralen Stützpunkt der Sarazenen, „jene hochberühmte Stadt" Narbonne, in der nun der Statthalter Jussuf ibn-Abdáraman eingeschlossen war. Als dies in Spanien bekannt wurde, rückte von dort ein großes Heer „unter einem anderen König namens Omar ibn-Chaled" mit Belagerungswerkzeugen heran. Karl zog dem Entsatzheer entgegen. Wenige Kilometer südlich von Narbonne, am Flüßchen Berre, entbrannte die Schlacht, die mit einer völligen Niederlage der Araber endete. Ihr Anführer Omar wurde getötet, was die Geschlagenen in Panik versetzte und sie zur wilden Flucht veranlasste: „Jene, die entkommen waren, versuchten zu Schiff zu entkommen; wie sie aber im seichten Meer schwammen, behinderten sie sich gegenseitig. Bald drangen die Franken mit Schiffen und Wurfspeeren auf sie ein, durchbohrten sie in den Fluten und töteten sie. So triumphierten schließlich die Franken über die Feinde und eroberten viel Kriegsbeute. Als sie viele Gefangene gemacht hatten, verwüsteten die Franken mit ihrem siegreichen Feldherrn das Gotenland." So zerstörte Karl auf dem Rückmarsch nach Austrasien die Städte Béziers, Agde, Maguelonne und Nîmes völlig; damals erst wurde das immer noch erhaltene römische Amphitheater von Nîmes zerstört. Die beiden Siege machten 737 zum großen Erfolgsjahr Karls im Kampf gegen die Ungläubigen. Keiner der zahlreichen Feldzüge des Hausmeiers hat der Fredegar-Fortsetzer so farbig und klangvoll geschildert wie diese Kämpfe; und so beendet er das Kapitel denn auch mit einer besonders feierlichen und ungewöhnlich umfangreichen Schlussformel: „Als er, der bei allen Entscheidungen von Christus geleitet wurde, in dem allein das Heil des Sieges liegt, das Heer seiner Feinde besiegt hatte, kehrte er wohlbehalten in sein Gebiet zurück, ins Land der Franken, den Sitz seiner Herrschaft."

Allerdings kam es 738 noch einmal zu einem Einfall der Araber in die Provence. Da Karl Martell gerade auf einem Feldzug in Sachsen weilte, wandte er sich mit einem Hilfegesuch an seinen Bundesgenossen, den Langobardenkönig Liutprand (der im Jahr zuvor Karls Sohn Pippin adoptiert hatte). Liutprand versagte sich nicht und rückte mit einem großen Heer heran; es kam aber nicht zur Schlacht, da die Araber angesichts der langobardischen Übermacht kampflos wieder abzogen. Schließlich hören wir zu 739 von einem neuerlichen Zug Karls und seines Stiefbruders Childebrand in die Provence. Avignon wurde erneut eingenommen, der immer noch aufrührerische Dux Maurontus in die Flucht geschlagen. Karl – mit den Worten des fränkischen Chronisten – „unterstellte das ganze Gebiet bis zur Meeresküste wieder seiner Herrschaft". Burgund und die Provence waren jetzt endgültig in das fränkische Reich einbezogen, die immer wieder aufgelebte Angriffslust der Araber war endlich gebrochen. Allerdings blieb der größte Teil Septimaniens unbezwungen, dessen Zentrum Narbonne weiter von den Ungläubigen beherrscht wurde (erst 759 sollte es König Pippin gelingen, diese letzte muslimische Bastion einzunehmen).

Insgesamt lässt sich also feststellen: Karl Martell hat das Vordringen der Sarazenen ins Frankenreich erfolgreich aufgehalten und die *gens perfida* in mehreren Schlachten besiegt; am Ende seiner Herrschaftszeit waren sie auf

einen Küstenstreifen im äußersten Süden seines Reiches um Narbonne beschränkt. In Karls frühen Jahren hatte ein Angriff der Araber im Osten die
christliche Welt erschüttert: Im Spätsommer 717 rückte ein gewaltiges Heer
gegen Konstantinopel vor, zusätzlich erschien eine riesige Flotte im Mar-
marameer, die Kaiserstadt drohte in muslimische Hände zu fallen. Nach
einjähriger Belagerung mussten die Feinde, geschwächt durch einen harten
Winter, Seuchen und Hunger, den Rückzug antreten. Nur wenige der zahlreichen Schiffe erreichten die Heimat; das ‚Zweite Rom' war gerettet. „Die
Schlacht um Konstantinopel zählt zu den entscheidendsten der Weltgeschichte", urteilte zu Recht O. Mazal 1976 und fügte hinzu: „Ähnlich wie der
Sieg Karl Martells bei Tours und Poitiers rettete der byzantinische Sieg die
Hauptzentren der abendländischen Kultur vor der arabischen Überflutung."

Kritische Betrachtung historischer Quellen

Sahen die Zeitgenossen das Einzelereignis von 732 als ebenso entscheidend
an, war es „ein Sieg, den die Kirche sofort als weltgeschichtliches Ereignis
begriff" (K. Lamprecht)? Überblickt man die zeitgenössischen Quellen, so
sucht man ein solches Urteil vergebens. Auch die knappen frühkarolingi-
schen Annalen vermerken in der Entwicklung der fränkisch-sarazenischen
Auseinandersetzungen in der Zeit Karl Martells mehrere bedeutende Abwehrerfolge. Sowohl der erste Gegenschlag Eudos bei Toulouse 721 wie die
beiden Feldzüge des Hausmeiers 732 und 737 werden festgehalten; dabei
werden Karls Siege bei Poitiers und am Flüsschen Berre insofern hervorgehoben, als der jeweilige Wochentag angegeben wird: Die Schlachten tobten
am Sonntag bzw. Samstag. Eine konkrete Ortsangabe findet sich allerdings
nur zu 732: „bei Poitiers" (ad Pectavis) – sollte hier eine der Wurzeln für die
Verfestigung des Begriffs „Schlacht bei Poitiers" und ihrer besonderen Hervorhebung liegen? Andererseits sahen wir, dass der zeitgenössische fränkische Chronist (der Fredegar-Fortsetzer) zwar beide Siege würdigt, dabei
aber die Schlacht von 737 besonders farbig und klangvoll schildert. Dass die
Sarazenensiege Karls insgesamt wohl ein größeres Echo in ihrer Zeit fanden, als sich aus der dürftigen Geschichtsschreibung ergibt, zeigt eine damals in Byzanz kolportierte Weissagung: Danach würden der Löwe (Kaiser)
und der Löwensohn (Karl Martell) den Waldesel (Islam) verschlingen.

Es bleibt die Frage: Woher rührt die spätere herausragende Bewertung

der einen Schlacht 732? Eine mögliche Wurzel findet sich in einem der berühmtesten Geschichtswerke des frühen Mittelalters, der Ende des 8. Jahrhunderts verfassten Langobardengeschichte des Paulus Diaconus. Der
Autor berichtet den Zug der Sarazenen übers Meer und die Eroberung ganz
Spaniens, zehn Jahre später den Einfall in Aquitanien, Karls Auseinandersetzungen mit Eudo und schließlich doch ihren gemeinsamen Kampf
gegen die Feinde: „Denn die Franken brachen über diese herein und töteten
375 000 Sarazenen; auf fränkischer Seite fielen dort nur 1500. Auch Eudo
stürmte mit den Seinen über ihre Lager her, tötete gleichfalls viele und ver-
wüstete alles." Die phantastische Zahl 375 000 ist natürlich eine groteske
Übertreibung (wie auch sonst Zahlenangaben über Sieger und Besiegte in
mittelalterlichen Quellen stets mit Skepsis aufzunehmen sind).

Woher hatte Paulus diese Zahlenangaben? Der *Liber Pontificalis*, das Papst-
buch mit den Lebensbeschreibungen der mittelalterlichen Päpste, bringt
uns auf die Spur. In der zeitgenössischen Vita Papst Gregors II., die nach-
weislich von Paulus benutzt wurde, heißt es: „Im elften Jahr [nach der zuvor
erwähnten Eroberung Spaniens] aber wurden die Franken gewaltig gegen
die Sarazenen aufgebracht, umzingelten sie und vernichteten sie. 375 000
wurden an einem Tag getötet, wie aus einem Brief der Franken an den Papst
hervorgeht; nur 1500 Franken sollen in derselben Schlacht gefallen sein."
Der Name Karl Martell fällt nicht, und das aus gutem Grund: Handelt es sich
doch gar nicht um die Schlacht bei Poitiers, sondern um den glänzenden
Sieg Eudos bei Toulouse 721 (Papst Gregor II. starb bereits im Februar 731,
lange vor Poitiers!). Paulus Diaconus hat also seine Quelle missverstanden;
dass er die Rolle Eudos besonders hervorhebt, fände dadurch eine Erklärung. Das Missverständnis des langobardischen Chronisten wirkte weiter
bei anderen Autoren, unter ihnen manche, die durchaus traditionsbildend
wirkten. Immer wieder stoßen wir in der Geschichtsschreibung auf die
phantastische Zahl. In der Vita des Bischofs Chrodegang von Metz († 766)
vom Ende des 10. Jahrhunderts macht der Autor seinen Helden, der am Hof
Karl Martells erzogen worden war, kurzerhand zu dessen Enkel und schildert den Hausmeier in überaus verherrlichender Sicht; beim Sarazenensieg
erweitert er die Zahl der gefallenen Ungläubigen sogar auf 600 000! Damit
hat er allerdings keine Nachfolger gefunden. Otto von Freising, vielleicht
der bedeutendste Geschichtsschreiber des Mittelalters, hat dann in seiner
1143–1146 entstandenen Weltchronik der phantastischen Zahl ein Weiter-

leben gesichert. In seinem zusammenfassenden Bericht über die diversen Kriege Karl Martells schreibt er: „Von den Sarazenen, die mit Weibern und Kindern eingefallen waren, machte er 385 000 nieder, während die Franken in diesem Kampf nur 1 500 Mann verloren, wie Herzog Eudo von Aquitanien in einem Brief an den seligen Papst Gregor II. bezeugt." Die Erhöhung der Zahl um 10 000 mag auf einem Lesefehler beruhen. Und auch in spätmittelalterlichen Geschichtswerken tradierte man die abenteuerliche Zahl. Wenn auch ein franziskanischer Chronist am Ende des 13. Jahrhunderts etwas vorsichtiger von „mehr als 300 000" getöteten Feinden spricht, so stoßen wir in einer Weltchronik aus der Mitte des 14. Jahrhunderts wieder auf die genaue Zahl 375 000.

Die Mehrzahl der karolingerzeitlichen Geschichtsschreiber kennt allerdings diese Zahlenangaben nicht; sie berichten aber alle mehr oder weniger ausführlich über die sarazenischen Eroberungen in Gallien und die fränkischen Gegenzüge unter dem herausragenden Feldherrn Karl Martell. Dabei werden meistens die *beiden* großen Siege – 732 bei Poitiers und 737 am Flüsschen Berre – hervorgehoben. Hier wirkte sicher traditionsbildend Einhard, der Biograph Karls des Großen. Die außergewöhnliche Breitenwirkung seiner *Vita Karoli Magni* spiegelt sich in den achtzig erhaltenen mittelalterlichen Handschriften; und so zitieren mittelalterliche Autoren immer wieder seinen Satz über Karl Martell: „Denn sein Vater Karl, der die Unabhängigkeitsgelüste der Großen im ganzen Frankenlande unterdrückte und die Sarazenen, die die Eroberung Galliens versuchten, in zwei großen Schlachten, in Aquitanien bei der Stadt Poitiers, dann bei Narbonne an der Berre schlug und zur Rückkehr nach Spanien nötigte ..." Wenn also in der Regel die Schlacht bei Poitiers nur *neben* dem zweiten großen Sieg am Flüsschen Berre genannt wird, so kann man sogar Chroniken und Annalen finden, die zwar Karl Martell und seine Herrschaft behandeln, aber das Ereignis vom Oktober 732 – angeblich doch die herausragende Leistung im Wirken des Hausmeiers – überhaupt nicht erwähnen.

Verallgemeinernd lässt sich feststellen, dass Karl Martell in der mittelalterlichen Geschichtsschreibung als großer Kriegsheld zahlreicher Schlachten weiterlebt; diesen Kriegstaten verdankt er wohl seinen seit dem 9. Jahrhundert bezeugten Beinamen *Martellus* = ‚der Hammer' (noch in einem modernen amerikanischen Jugendbuch ist er „the hammer of Gaul"). Über die Jahrhunderte hinweg würdigen die meisten Quellen dabei auch seine großen Abwehrerfolge gegen die Sarazenen, ohne allerdings die eine Schlacht von 732 zum weltgeschichtlichen ‚Top-Ereignis' zu stilisieren. Diese Überbewertung ist erst das Ergebnis moderner Historiographie, vor allem in Lehr- und Schulbüchern, populärwissenschaftlichen Darstellungen und Nachschlagewerken und schließlich im Internet. In der wissenschaftlichen Geschichtsschreibung findet sich eine breite Skala von Bewertungen zwischen Überschätzung und völliger Unterbewertung. So steht der kritischen und abgewogenen Darstellung Leopold von Rankes 1884 im 5. Band seiner Weltgeschichte Karl Lamprechts wenige Jahre später geschriebenes grandioses Fehlurteil vom „Sieg, den die Kirche sofort als weltgeschichtliches Ereignis begriff", gegenüber. Und im selben 1. Band des Handbuchs der europäischen Geschichte von 1976 findet sich neben dem bereits zitierten Urteil Otto Mazals, der den Sieg von Poitiers ähnlich wie die Schlacht um Konstantinopel 717/718 „zu den entscheidendsten der Weltgeschichte" zählt, die Bewertung Theodor Schieffers: „Bei dieser Schlacht von Poitiers stand zwar nicht die Islamisierung Europas auf dem Spiel, aber sie hat in ähnlicher Weise wie 717/718 die Verteidigung von Konstantinopel die arabische Expansion, die allerdings schon abzuflauen begann, zum Stehen gebracht, ohne jedoch mit einem Schlage die Kämpfe zu beenden und der Reichsautorität einen mühelosen Weg nach dem Süden zu ebnen." Dieses abgewogene Urteil hat auch heute noch Gültigkeit – ohne dass damit die Verdienste des strahlenden Siegers von Poitiers geschmälert werden.

Die Kaiserkrönung Karls des Großen 800

ANTON SCHARER

Von einem historischen Ereignis wollen wir wissen, wie es dazu kam, erst
recht bei jenen Ereignissen, die in unserem Geschichtsbild, in dem, was wir
über Geschichte zu wissen meinen, einen besonderen Stellenwert haben.
Die Darstellung solcher Ereignisse läuft leicht Gefahr, den Eindruck des Unausweichlichen zu erwecken. Deshalb geht es im Folgenden zunächst um
die Voraussetzungen für Karls Kaiserkrönung, anschließend werden die
Vorgeschichte und zuletzt das Ereignis selbst geschildert.

Als Voraussetzung sind der Aufstieg der Karolinger von der beherrschenden Stellung als Hausmeier zum Königtum zu nennen sowie die Lösung des
Papsttums aus der Herrschaft und Einflusssphäre des byzantinischen
Reichs und die Kooperation zwischen Karolingern und Päpsten. Blenden
wir zurück ins 7. Jahrhundert: Der Versuch des austrasischen Hausmeiers
Grimoald, seinem Sohn als adoptierten Merowinger die Königsherrschaft
zu gewinnen und zu behaupten, scheiterte durch den frühen Tod dieses *Chil-
debertus adoptivus*, kostete den Vater und andere Familienmitglieder das
Leben und warf die machtpolitischen Erwartungen der Familie zurück. Das
spektakuläre Scheitern mag die folgenden Generationen zu größerer Vorsicht beim Griff nach der Spitzenposition bewogen haben. Stattdessen konzentrierten sie sich auf den Ausbau der Hausmeierstellung, in der letztlich
alle Fäden zusammenliefen, während die Merowingerkönige immer mehr
ein Schattendasein fristeten. Das Amt des Hausmeiers entwickelte sich aus
dem fränkischen Hofamt des Truchsess und erlangte im Laufe des 7. und
8. Jahrhunderts seine höchste Geltung. Der Hausmeier (*maior domus*) war
schließlich Leiter der Hofverwaltung, Anführer der königlichen Gefolgschaft und Vertreter des Königs in den verschiedenen Teilen des Reiches. Als
solcher vermittelte er zwischen dem Herrscher und den regionalen Adelsgruppen. So erreichte er die Stellung eines fast allmächtigen Leiters der
fränkischen Reichspolitik. Pippin der Mittlere setzte sich von 687 an als alleiniger Hausmeier der merowingischen Teilreiche durch. Schwierigkeiten
ergaben sich in der Folgezeit am ehesten durch (inner-)familiäre Konflikte

und Spannungen. So musste sich Karl Martell die Nachfolge seines Vaters erst erkämpfen. Ab 737 regierte er ohne merowingischen König; bei seinem Tod wurde die Herrschaft gleich der eines Königs zwischen seinen Söhnen Pippin (dem Jüngeren) und Karlmann geteilt, deren Stiefbruder Grifo wurde um sein Erbe gebracht. Auch Karlmann, der Onkel Karls des Großen, besiegelte 747 mit seinem Rückzug ins Kloster das Schicksal seiner Familie, die aus dem politischen Mächtespiel ausschied; ähnlich erging es Frau und Kindern von Karls Bruder Karlmann sowie Karls Vetter Tassilo und dessen Kindern. Wer sich in der karolingischen Familie zwischen 714 und 788 nicht mit aller Gewalt zu behaupten vermochte, über den schritt die Zeit hinweg.

Das Zusammenwirken von Papst und fränkischen Machthabern

Das Zeitalter der griechischen Päpste bedeutete nicht, wie auf den ersten Blick zu vermuten, eine Periode des Einvernehmens zwischen römischem Bischof und Kaiser; die Gegensätze nahmen vielmehr zu, und zudem versagte Byzanz als Hilfe gegen die von Rom zumeist als Bedrohung empfundenen Langobarden. Wie kam es nun zur Anbahnung der Verbindung mit den Franken?

Im ausgehenden 7. Jahrhundert brach der angelsächsische Mönch Willibrord mit zwölf Begleitern von einem irischen Kloster aus nach Friesland auf, um dort missionarisch zu wirken. Er folgte damit den Vorstellungen eines bedeutenden Mitbruders, den noch heidnischen Völkern, von denen Angeln und Sachsen ihre Herkunft ableiteten, das Wort Gottes zu predigen. Willibrord versicherte sich der Unterstützung des Hausmeiers Pippin für die Mission in (West)Friesland. Darauf begab er sich nach Rom, um das Einverständnis des Papstes Sergius I. zu erhalten. Einige Jahre später wurde er von Pippin erneut nach Rom geschickt (695) und vom Papst zum Erzbischof geweiht. Die Verbindung zwischen karolingischem Hausmeier und Papst war also über den angelsächsischen Missionar in einer kirchenpolitischen Aufgabe geknüpft worden. Noch klarer zeigt dies das Wirken des westsächsischen Mönchs Bonifatius, der zum Erzbischof und päpstlichen Legaten für Germanien aufstieg und die fränkische Kirche nach dem Vorbild der ihm vertrauten heimatlichen Verhältnisse zu einer romorientierten Landeskirche umformte. Auch er versicherte sich der zweifachen Unterstützung: des Papstes einerseits, des karolingischen Hausmeiers andererseits. Nur scheint bei ihm, vielleicht auch aufgrund der reicheren Quellenlage, das Beziehungsnetz, das durch seine Person Päpste und fränkische Machthaber verband, ein noch dichteres. Dazu trug sicher bei, dass neben der Mission gerade die Kirchenreform ein Hauptanliegen des Bonifatius war. Er bedurfte neben dem päpstlichen Rückhalt vor allem der Mitwirkung der Hausmeier und fand besonders in Karlmann einen entschiedenen Förderer.

Die häufigen Rückfragen des Bonifatius bei den Päpsten sind den Zeitgenossen nicht entgangen, es stärkte das Papsttum als kirchenrechtliche und moralische Instanz. Gegen Ende von Bonifatius' Leben wandte sich der Hausmeier Pippin (Karls Vater) schon in eigener Sache an Papst Zacharias; zunächst mit Fragen zum Kirchenrecht (Codex Carolinus Nr. 3), dann in einer für die Karolinger entscheidenden Angelegenheit. Wahrscheinlich im Frühjahr 751 wurden Bischof Burkhard von Würzburg, ein Angelsachse aus dem Kreis des Bonifatius, und Fulrad, Abt von St. Denis und Leiter der Hofkapelle, zu Papst Zacharias gesandt, „um", wie die Reichsannalen unter 749 berichten, „wegen der Könige im Frankenreich zu fragen, die damals keine königliche Gewalt hatten, ob das gut sei oder nicht". Die Antwort des Papstes fiel eindeutig im Sinne Pippins aus: „Es sei besser, der werde König genannt, der die Macht habe, als jener, der ohne königliche Macht sei. Damit die Ordnung nicht gestört werde, befahl er kraft apostolischer Autorität, dass Pippin zum König gemacht werde."

Daraufhin wurde Pippin zum König gewählt, erhoben und gesalbt – vielleicht unter Beteiligung des Bonifatius, Childerich III. hingegen geschoren und ins Kloster geschickt. Wie auch immer im Detail die Vorgänge ausgesehen haben mögen und sie aus späterer Sicht gedeutet wurden: Pippin wurde König, was den Machtverhältnissen entsprach, für die Legitimation seines Handelns sorgte die Kirche, insbesondere der Papst. Das wird auch aus den Ereignissen des Jahres 753/754 noch einmal deutlich, die auf den kleinen, am 2. April 748 geborenen Karl einen unauslöschlichen Eindruck gemacht haben müssen. Unter dem immer stärker werdenden Druck der Langobarden hatte sich Papst Stephan II. an Pippin gewandt. Er wollte sich zu Pippin begeben. Mit einer zu diesem Zweck nach Rom entsandten fränkischen Gesandtschaft brach der Papst Mitte Oktober 753 auf; nach ergebnislosen Verhandlungen in Pavia zog Stephan weiter und überquerte nach dem 15. November die Alpen. Und in diesem Zusammenhang hören wir vom ersten öffentlichen Wirken Karls. Pippin, der sich in der Pfalz Ponthion, südlich von Châlons-sur-Marne aufhielt, sandte seinen Erstgeborenen mit einigen Großen dem Papst hundert Meilen entgegen. Er selbst empfing Stephan drei Meilen vor Ponthion mit allergrößten Ehren am 6. Januar 754. In den daran anschließenden Verhandlungen fand sich Pippin zu einem Schutzversprechen für die römische Kirche bereit. Von Ponthion begab man sich nach Paris, in das Kloster St. Denis, Begräbnisstätte zahlreicher merowingischer Könige und auch von Pippins Vater Karl Martell.

Bei der Heeresversammlung im März (Berny-Rivière) machte sich Widerstand gegen einen Langobardenzug bemerkbar. Nochmals wurde die Materie auf einer Reichsversammlung zu Ostern in Quierzy beschlossen. Bei dieser Gelegenheit sicherte Pippin gemeinsam mit seinen Söhnen Karl und Karlmann in einer (verlorenen) Urkunde der römischen Kirche die Rückgabe des von den Langobarden entrissenen Besitzes zu. Um diese Zeit kehrte der Bruder Pippins, Karlmann, der der Herrschaft 747 entsagt hatte und Mönch geworden war (zunächst bei Rom, dann in Montecassino) ins Frankenreich zurück, um gegen die neue Politik und für seine Söhne einzutreten. Diese plötzliche, unvorhergesehene Gefahr für seine erst unlängst errungene Stellung meisterte Pippin mit päpstlicher Hilfe. Karlmann wurde ins Kloster verwiesen, ebenso seine Söhne, über die wir nichts mehr hören. Diese Schwierigkeiten mochten Pippin und Stephan zu einem weiteren entscheidenden Schritt bewogen haben, der die Allianz, vor allem aber die Stellung Pippins und seiner Söhne festigen sollte. Vor dem Heereszug nach Italien, am 28. Juli, salbte der Papst Pippin, Karl und Karlmann; mit dieser Salbung in St. Denis dürfte auch eine weitere Absicherung verbunden gewesen sein, nämlich die Festlegung, dass die Königswahl auf die Familie Pippins beschränkt sein sollte.

Für den sechsjährigen Karl mochten die Ereignisse des Jahres 754 prägende Eindrücke gewesen sein: die Einholung des Papstes, die sich insgesamt in Etappen mit zeremoniellem Charakter abspielte, wobei Karl auf fränkischer Seite vermutlich die zweitwichtigste Rolle zukam. Dazu das, was ein Kind in seiner Stellung von den verschiedensten Verhandlungen, der Zurückhaltung mancher Großer, vom überraschenden Auftauchen des Onkels, vom Schicksal seiner Vettern mitbekommen haben wird; zuletzt die vom Papst gespendete Salbung in St. Denis, wiederum ein ungewohnter, für die teilnehmenden Akteure spannungsvoller Akt überragenden festlichen Gepräges. Es ist schwer, über die Gemütslage eines Kindes im Frühmittelalter zu spekulieren; Selbstäußerungen Karls kommen höchstens aus späteren Jahren. Dennoch scheint mir, dass die Erlebnisse des Jahres 754 bleibende Spuren bei Karl hinterlassen haben; bedenken wir nur, dass die entscheidenden Schritte, die zur Kaiserkrönung führten, alle irgendwie aus dem Zusammenwirken Karls mit dem Papsttum erfolgten.

Karls glanzvoller Osterbesuch in Rom 774

Gehen wir zwanzig Jahre weiter: Karl besucht Rom zu Ostern 774, während die Franken noch den Langobardenkönig Desiderius in Pavia belagern. Nicht ganz sechs Jahre sind seit dem Tod seines Vaters verstrichen, der das Erbe zwischen Karl und dessen Bruder Karlmann gegen Ende seines Lebens geteilt hatte. Mit dem Bruder kam es bald nach Herrschaftsantritt zu Spannungen, deren Entladung dessen früher Tod verhinderte. Die Witwe Karlmanns floh mit den Kindern und einigen getreuen Anhängern zu Desiderius, dem Langobardenkönig, für kurze Zeit Schwiegervater Karls, der seinerseits die von fränkischen Waffen erzwungene Kompromissbereitschaft seines Vorgängers gegenüber dem Papsttum und dessen sich formierender weltlicher Herrschaft aufgab, den Druck auf Papst Hadrian erhöhte und diesen dazu bringen wollte, die Söhne Karlmanns zu salben. Als Vermittlungsversuche gescheitert waren, folgte 773 der fränkische Vorstoß, dem die Langobarden wenig entgegenzusetzen hatten. Sie verschanzten sich in Pavia.

Ungefähr sechs Monate nach Beginn der Belagerung begab sich Karl also zu Ostern 774 mit zahlreichem, auch militärischem Gefolge nach Rom. Für den Papst mag der Besuch etwas überraschend gekommen sein. Ausführlich werden in der zeitgenössischen Papstbiographie bis auf protokollarische Einzelheiten die Höhepunkte der Visite beschrieben. Karl erhielt einen Empfang, wie er einem Exarchen, dem Vertreter des Kaisers im Westen, zusteht. Heutige Staatsbesuche vermitteln einen ungefähren Eindruck davon. Die feierliche Einholung am Karsamstag war mit dem Singen der Laudes und Akklamationen verbunden. Den letzten Teil des Wegs legte Karl zu Fuß zurück. Das erste Zusammentreffen von Karl und Hadrian fand im Atrium von St. Peter statt. Gemeinsam, Karl hielt die Rechte des Papstes, betraten sie die Peterskirche. Nach Gebeten und dem inständigen Ersuchen Karls, Rom zur Einlösung seiner Gebetsgelübde an den verschiedenen Kirchen betreten zu dürfen, und nachdem in der Krypta von St. Peter die wechselseitigen Eide geleistet worden waren, betraten der König und sein Gefolge mit dem Papst die Stadt Rom; Karl und die Franken nahmen an den der päpstlichen Osterliturgie üblichen Feierlichkeiten in verschiedenen römischen Kirchen teil, dazu kamen ein Mahl im Lateranpalast (Ostersonntag) und im Zuge der Verhandlungen am Mittwoch nach Ostern (6. 4.) die feierliche Neuausstellung der Schenkungsurkunde Pippins.

Dieses zweite Zusammentreffen mit einem Papst, zwanzig Jahre nach dem ersten, wird auch, so können wir annehmen, eine tiefe Wirkung auf Karl gehabt haben. Dass er sich mit großem Gefolge nach Rom begab, zeigt, wie sicher er sich des Erfolgs vor Pavia bereits wähnte. Das Hochfest des Kirchenjahres im Zentrum der Christenheit zu feiern, sollte zweifellos die christlichen Fundamente seines Königtums noch weiter stärken. Zudem wird in Rom ganz gewiss über die Zeit nach dem Fall Pavias, ja über die Zeit nach Desiderius geredet worden sein. Es ist eigentlich unvorstellbar, dass bei den ausführlichen Kontakten und Besprechungen zwischen Papst und König diese Frage nicht eingehend erörtert wurde und keine Vorentscheidungen fielen. Gerade die Erneuerung der Schenkung Pippins könnte dies wahrscheinlich machen; jetzt sollte kein gegnerischer Langobardenkönig mehr im Weg stehen; zudem ist auffällig, dass Karl, der wie ein *Patricius* empfangen wurde und der wie Vater und Bruder in päpstlichen Schreiben als König der Franken und *Patricius Romanorum* angeredet wurde, sich nach dem Erfolg über Desiderius nicht nur König der Langobarden, sondern auch Patricius Romanorum nannte. Außerdem darf man die Wirkung der Stadt, ihrer allgegenwärtigen imperialen Vergangenheit und des sich in diesem grandiosen Raum abspielenden Zeremoniells nicht zu gering veranschlagen. Vergleichbares wird der Karolinger noch nicht erlebt haben; kein Langobarden- oder Frankenkönig vor ihm hatte das erreicht, was ihm zu Ostern 774 widerfuhr: in Rom mit Lobgesängen und Akklamationen eingeholt und am Ostermontag beim päpstlichen Gottesdienst in der Peterskirche erneut mit Lobgesängen gefeiert zu werden. Damit taten sich bisher ungeahnte Möglichkeiten auf.

Das Verhältnis von Geben und Nehmen zum gegenseitigen Vorteil, wobei Karl besser abschnitt – erst in fernerer Zukunft würden sich die Gewichte zu Gunsten der Päpste ändern –, können wir in der weiteren Entwicklung verfolgen. Die Häufigkeit des Kriegs in Karls Herrschaft konstatiert man auch in der Zeit bis zum nächsten Romzug. Von 772 an wurde über dreißig Jahre

hin fast jährlich Krieg gegen die Sachsen geführt, in der ersten Jahreshälfte
776 ein Aufstand in Friaul unterdrückt, 778 eine Heerfahrt nach Spanien
(bis Saragossa) unternommen, wobei auf dem Rückzug die Nachhut Karls
in den Pyrenäen aufgerieben wurde (einer seiner wenigen Misserfolge).

Festigung der Beziehungen zum Papst

Nach der Rückkehr aus Sachsen brach Karl im Spätherbst 780 mit Frau und
Kindern nach Rom auf, des Gebets wegen, wie es heißt. Weihnachten
brachte er in Pavia zu, Ostern 781 feierte er in Rom. Wiederum wurden wichtige Weichenstellungen im Zusammenwirken mit Papst Hadrian getroffen.
Ein Sohn wurde von Hadrian, der sich dafür angeboten hatte (*Codex Carolinus*), am Karsamstag (Osternacht) getauft, und der Papst fungierte zugleich
als Pate, was eine familiäre Bindung (*compaternitas*) zwischen Karl und
Hadrian schuf. Die Taufe auf den Namen Pippin (des davor Karlmann Genannten) deutet darauf hin, dass die Zurückdrängung des älteren Pippins
des Buckligen auch vom Papst geteilt wurde. Zwei Tage nach der Taufe wurden Pippin und sein Bruder Ludwig (der spätere Nachfolger Karls) vom
Papst zu Königen gesalbt und wahrscheinlich auch gekrönt, beide als Klein-
kinder (vier und drei Jahre alt) wie einst Karl und Karlmann. Als Herr-
schaftsbereich war für Pippin Italien und für Ludwig Aquitanien vorgesehen. Ein Zusammenwirken scheint es auch gegenüber Herzog Tassilo von
Bayern, Karls Vetter, gegeben zu haben.

Das nächste Zusammentreffen mit Papst Hadrian fand 787 statt. Gegen
die Sachsen hatte es Erfolge gegeben (Widukinds Taufe 785), die Hardrad-
Verschwörung war überstanden (786), sodass der hofnahe Annalist zu 786
schreiben konnte: „Dann nahm sich König Karl in Anbetracht, dass er durch
Gottes Gnade allseits Frieden hatte, eine Reise vor, um an der Schwelle der
Apostel zu beten und die italienischen Angelegenheiten zu ordnen und mit
den Boten des Kaisers Verhandlungen zu führen ..." Jetzt ergab es sich, dass
die Irritationen Karls gegen jene beiden ehemaligen Schwäger, Arichis und
Tassilo, die mit ihrer regionalen Machtstellung, vornehmen Herkunft und
den weit gespannten Familienbeziehungen den erfolgsgewohnten Karolinger herausforderten, zu politischen und militärischen Maßnahmen
führten, wobei der Papst Karl seine Unterstützung angedeihen ließ. Karls
Eingreifen in Süditalien, sein Vorstoß nach Capua dürfte in Byzanz Unmut

erzeugt haben. Auf eine Phase des relativen Einvernehmens, deren sinnfäl-
liges Zeichen das 781 ausgehandelte Verlöbnis von Karls Tochter Rotrud mit
Konstantin war, folgte eine solche der kritischen Distanz und Konkurrenz.
So lud man etwa nur den Papst und nicht Vertreter der fränkischen Kirche
zum Konzil von Nikaia. Dass Karl seine Tochter nicht ziehen ließ, hatte
neben politischen auch private Gründe. Er wollte seine Töchter bei sich
haben, duldete Affären, aber keine Ehen, die ein Ausscheiden aus dem vä-
terlichen Haushalt bedeutet hätten. Das wissen wir von Karls Biographen
Einhard. Dieser zeigt von Karl auch die persönliche Seite, etwa den lieben-
den Vater, der den Tod seiner Kinder beweinte; und im Anschluss daran
heißt es: „Als ihm der Tod des Papstes Hadrian, den er von allen Freunden
am höchsten geschätzt hatte, gemeldet wurde, weinte er so, als hätte er seinen Bruder oder liebsten Sohn verloren." Karl ließ für den 795 verstorbenen
Hadrian auch einen Grabstein bereiten, im Übrigen ein wertvolles Denkmal
der karolingischen Renaissance, das nach Rom gebracht wurde und sich
heute in der Vorhalle von St. Peter befindet. Dieses besondere Verhältnis war
aber mehr als persönliche Freundschaft. Karl hatte für sich und seine engste
Familie die wichtigste Legitimationsquelle bewahrt, die den mit kriegerischen und politischen Mitteln erzielten kometenhaften Aufstieg absicherte.

Die neunziger Jahre brachten mit den Erfolgen über die Awaren ungeheuren materiellen Gewinn. Die Schätze, welche die Awaren angehäuft hatten,
fielen nun in die Hände der Franken. Das Konzil von Frankfurt 794 wiederum hatte gezeigt, dass Karl es auf kirchenpolitischem Gebiet Ostrom
gleichtun konnte. Karl erschien dabei als oberster Reichstheologe, der sich
zu Fragen des Bilderstreits in verbindlicher Weise äußerte. Damit nahm er
eine kaiserliche Funktion wahr, wie sie schon Konstantin ausgeübt hatte.
Nur am Rande sei hier das Gesandtschaftswesen erwähnt. Wie ein Magnet
zog Karls Hof Gesandte aus aller Herren Länder an und sandte seinerseits
Botschafter aus; damit spannte sich ein Netz auch in Regionen, die nicht
Karls mittelbarer oder unmittelbarer Herrschaft unterstanden.

Abgesehen von den päpstlich-karolingischen Beziehungen und den daraus resultierenden, bereits kurz skizzierten Möglichkeiten ist ein weiterer
nicht zu gering einzuschätzender Bereich zu erwähnen: die gelehrten Berater Karls und das, was man heute als Bildungs- und Kulturpolitik bezeichnen würde. Eine solche betrieb Karl mit größtem Aufwand. Ein Herrscher,
der selber nicht schreiben konnte, umgab sich mit den bedeutendsten

Gelehrten seiner Zeit. Diese Bemühungen trugen auch reiche Frucht, nicht zuletzt für Karl selbst, der sich vor allem in den sieben freien Künsten unterweisen ließ. Die illustren Intellektuellen vermittelten dem Herrscher und seinem Hof einen unermesslich reichen Bildungs- und Wissensschatz. Wenn die mit Karl in Verbindung gebrachten Kunstwerke, die schon vor der Kaiserkrönung entstanden, ein Gradmesser sind, dann waren es vor allem die spätantiken und frühchristlichen Vorbilder, also aus der Zeit der christlichen Kaiser, denen man sich zu folgen bemühte. Aber nicht nur Rom, das vergangene wie das gegenwärtige, die Antike und Byzanz waren im Bewusstseinshorizont des Herrschers und seines Hofes präsent. Alkuin, dem aus York kommenden größten Gelehrten seiner Zeit und Leiter der Hofschule, waren aus seiner engeren Heimat Formen der Vorherrschaft geläufig, von deren Träger es in der Geschichtsschreibung hieß, er habe ein *imperium* inne, auch gebrauchte ein angelsächsicher Herrscher in den späten neunziger Jahren des 8. Jahrhunderts einmal den Titel *imperator*. Man lotete also die Möglichkeiten aus, die beherrschende Stellung, die Karl erreicht hatte, zu beschreiben und ihr einen Namen zu geben. Die ehemaligen kaiserlichen Residenzen im Westen hatte er in seiner Hand, wie am Vorabend der Kaiserkrönung argumentiert wurde; zudem herrschte in Byzanz eine Frau, seitdem Irene ihren Sohn Konstantin 797 hatte blenden lassen, ein untragbarer Zustand für die Franken; im Übrigen nicht nur für sie – es blieb ein Einzelfall in der über tausendjährigen byzantinischen Geschichte. Damit war gewissermaßen eine Vakanz im Kaisertum eingetreten.

Die Kaiserkrönung als Höhepunkt einer gezielten Machtpolitik

Dann der entscheidende Vorfall, der alles beschleunigen sollte: Am 25. April 799 während einer Prozession vom Lateran zur Kirche des heiligen Laurentius unternahmen Gegner des umstrittenen Papstes aus den Kreisen des römischen Adels einen Überfall auf Leo III. vor dem Kloster S. Silvestro. Sie beraubten ihn seiner Gewänder und versuchten, ihm die Augen auszustechen und die Zunge auszureißen. Dann wurde er in die Confessio von S. Silvestro geschleppt, wo man das üble Werk fortsetzte mit dem Ziel, Leo amtsunfähig, ihm den Prozess zu machen. Doch der Papst konnte entkommen und genas; aus seiner Sicht wurde diese Wiederherstellung als Wunder propagiert, das die Wirkung auf die führenden Kreise der Franken nicht verfehlte als Beweis, dass Leos Tun von Gott legitimiert war. Unter dem Schutz von Karls Gesandten begab sich der Papst zunächst nach Spoleto, dann über die Alpen nach Paderborn. Es gibt Anzeichen, dass man von Karls Seite über die gegen den Papst erhobenen Vorwürfe vor dem Eintreffen Leos intensiv beraten hat. Der feierliche Empfang, der dem Papst bereitet wurde, bedeutete, dass Karl ihn zu unterstützen entschlossen war. Bei den Verhandlungen in Paderborn muss es auch um die Kaiserwürde gegangen sein. Und zwar von beiden Seiten: Karl konnte seine starke Stellung ausspielen, Leo hatte eine attraktive Gegenleistung. Für Karl mag, gerade in Paderborn, unter anderem auch eine Rolle gespielt haben, dass die Sachsen die überragende christliche Autoriät des Kaisers eher geneigt waren zu akzeptieren als die eines Königs der Franken. Von einer hochrangigen fränkischen Delegation wurde der Papst nach Rom geleitet.

Karl zog erst ein Jahr später nach Rom. Wie eine gezielte Vorbereitung auf die Bedeutung des Kommenden mutet es an, dass er gegen Jahresende 799 über einen aus Jerusalem kommenden Mönch vom Patriarchen Segen und Reliquien vom Grab des Herrn erhält. Mit Geschenken für die Heiligen Stätten geht zu Jahresbeginn mit diesem Mönch sein Gesandter, der Priester Zacharias, aus Aachen ab. In der Fastenzeit macht sich Karl auf eine Rundreise durch das Frankenreich zu den ‚Heiligen‘, er feiert Ostern in St. Riquier und begibt sich dann nach Tours, wo der heilige Martin ruht, dessen Kloster Alkuin vorsteht. Dort trifft er mit seinen Söhnen zusammen. In Tours stirbt seine Frau Liutgard am 4. Juni. Über Orléans und Paris kehrt er nach Aachen zurück. Wie die zeremonielle Reise eines Friedensfürsten wirken die Aktivitäten Karls im ersten Halbjahr. Anfang August wird in Mainz der Italienzug angeordnet und von Mainz nimmt der Zug auch seinen Ausgang. In Ravenna macht er sieben Tage Halt, Rom erreicht er erst im November.

Am 23. November wurde Karl in Mentana zwölf Meilen vor Rom mit höchsten Ehren vom Papst empfangen. Das war nicht mehr die Begrüßung eines Patricius, sondern der Empfang für einen Kaiser! (Man vergleiche damit den Ablauf des ersten Rombesuchs von Karl.) Daran schloss sich ein gemeinsames Mahl an. Am nächsten Tag folgte der feierliche Einzug nach St. Peter. Sieben Tage darauf berief Karl eine große Versammlung (Synode) ein, die sich mit der Untersuchung über die dem Papst zur Last gelegten Verbrechen befassen sollte, ein Anzeichen, wie hartnäckig und substanziell diese Vorwürfe waren. Das Verfahren endete mit einem Reinigungseid des

Papstes am 23. Dezember. „Am selben Tag", berichten die Reichsannalen, „kam Zacharias mit zwei Mönchen ... aus dem Osten zurück nach Rom. Diese schickte der Patriarch von Jerusalem mit Zacharias zum König und sie brachten als Zeichen des Segens die Schlüssel zum Grab des Herrn und zur Schädelstätte, auch die Schlüssel der Stadt und zum Berg Zion mit einer Fahne." Karl war also unmittelbar vor der Kaiserkrönung mit den beiden heiligsten Stätten der Christenheit verbunden. An den die Mission des Zacharias betreffenden Nachrichten zeigt sich auch, wie weit die Ereignisse in Rom vorausgeplant waren. Karl feierte Weihnachten in Rom.

„Als der König gerade am heiligsten Weihnachtstag sich vom Gebet vor dem Grab des seligen Apostels Petrus zur Messe erhob, setzte ihm Papst Leo eine Krone aufs Haupt und das ganze Römervolk rief dazu [akklamierte ihn]: dem erhabenen Karl, dem von Gott gekrönten großen und friedensbringenden Kaiser der Römer Leben und Sieg (*Carolo Augusto, a Deo coronato magno et pacifico imperatori Romanorum, vita et victoria*)! Und nach den lobenden Zurufen wurde er vom Papst nach Sitte der alten Kaiser durch Kniefall geehrt (*more antiquorum principum adoratus est*) und fortan nach Ablegung des Patricius-Titels Kaiser und Augustus genannt."

Soweit der Bericht der Reichsannalen; die zeitgenössische Biographie Leos III. spricht auch von Krönung und Akklamation. Diese Vorgänge spiegelten sich in Karls Kaisertitel, in den die Akklamation aufgenommen, der starke Bezug auf die Römer, der Karl im Hinblick auf die Beziehungen zu Byzanz irritiert haben mochte, fallen gelassen wurde. Rom war für die Karolinger, für Karl den Großen und für die zukünftigen Kaiser von entscheidender Bedeutung; ihm zu seinem alten Ansehen zu verhelfen, hatte Karl, wie Einhard meinte, während seiner gesamten Regierungszeit sich bemüht.

Nicht allein für die Herrschaft Karls selbst war die Kaiserkrönung ein entscheidendes Ereignis, noch bedeutender waren die Folgewirkungen. Bis zum Ende des Mittelalters blieb die Kaiserkrönung in Rom durch den Papst eine der obersten Prioritäten in der Politik der fränkischen und römischdeutschen Könige. Der bewusste Rückbezug auf Karl setzte schon bald ein. So wurde Karl der Kahle wie sein Großvater am Weihnachtstag (875) in Rom zum Kaiser gekrönt. Das prestigeträchtige Anknüpfen an die Tradition des römischen Reiches, die geschickt errungene Schlüsselstellung des Papsttums in der Vermittlung dieser Traditionen, vermehrt um geistliche Legitimationsquellen, wiesen den Nachfolgern Karls den Weg nach Rom.

Die Kaiserkrönung Ottos des Großen 962

GERD ALTHOFF

Epochemachende Ereignisse werden nicht unbedingt dadurch definiert, dass bereits den Zeitgenossen der einschneidende und vieles verändernde Charakter des Geschehens bewusst wurde. Nicht selten ist es erst die Retrospektive, aus der die Bedeutung einsichtig wird, die historischem Geschehen zukam. Dies gilt wohl auch für die Vorgänge am 2. Februar 962 in Rom, als König Otto I. von Papst Johannes XII. zum Kaiser gekrönt wurde. Zeitnahe Quellen kommentieren das Ereignis relativ knapp und ohne größeres Pathos: „Der König ... wurde in Rom günstig aufgenommen und unter dem Zuruf des ganzen römischen Volkes und der Geistlichkeit von Papst Johannes, dem Sohne Alberichs, zum Kaiser und Augustus ernannt und eingesetzt. Der Papst behielt ihn auch mit viel Herzlichkeit bei sich und versprach, Zeit seines Lebens nicht von ihm abzufallen. Dieses Versprechen aber hatte eine gänzlich andere Wirkung als vorgegeben wurde." (Fortsetzer Reginos)

„Hier (sc. in Rom) wurde er mit staunenswertem Ornat und neuartiger Zurüstung empfangen und von dem erwähnten obersten Bischof und allgemeinen Papst Johannes zum Kaiser gesalbt. Er gab ihm dafür nicht nur das Seine zurück, sondern ehrte ihn auch durch große Geschenke an Edelsteinen, an Gold und Silber. Derselbe Papst aber und alle Großen der Stadt leisteten ihm auf den kostbaren Leib des heiligen Petrus den Eid, niemals dem Berengar und Adalbert zu helfen. Hierauf kehrte der Kaiser schnellstens nach Pavia zurück." (Liutprand von Cremona)

Spätere Zeugnisse bieten noch ein erhellendes Detail über die Stimmung bei dieser Feier. Otto habe seinen Schwertträger, den jungen Grafen Ansfried, gebeten, während der gesamten Zeremonie der Kaiserkrönung das gezückte Schwert über seinem Haupt zu halten, da er die wankelmütige Treue der Römer kenne. Beten könne der Schwertträger später im Heerlager auf dem Monte Mario, so viel er wolle (Thietmar von Merseburg). Diese wie andere Nachrichten sprechen nicht unmittelbar dafür, dass die Zeitgenossen sehr viel ‚Epochales' in dem Ereignis entdeckt hätten.

Gewiss erhielt Otto mit dem Amt eine höhere Dignität als die anderen Könige der Reiche im nachkarolingischen Europa, und gewiss war auch die Erinnerung an das Vorbild Karls des Großen nicht verblasst, doch war die Kaiserwürde in der Krise des Karolingerreiches von den Päpsten mehrfach Prätendenten zugestanden worden, die allenfalls regionale Bedeutung und Macht besaßen. Folgerichtig wurden diese den einem Kaiser gestellten Aufgaben in keiner Weise gerecht und so war es kaum verwunderlich, dass dieses Amt seit dem Jahre 924 sogar verwaist geblieben war. Wenig deutete im Jahre 962 darauf hin, dass mit der Erhebung Ottos alles grundsätzlich anders werden und dass der Sachse am Anfang einer langen Kaiserreihe stehen würde, die erst 1806 abbrechen sollte. Und der Papst, der ihn erhob, ging auch nicht als einer der bedeutenderen Päpste in die Kirchengeschichte ein – genau das Gegenteil war der Fall. Ebenso wenig haben sich die Zeitgenossen des 10. Jahrhunderts vorstellen können, welche Kontroversen in späteren Jahrhunderten über die Vor- und Nachteile der Übernahme dieses Amtes geführt werden würden. Diese Kontroversen, in denen nationale Interessenlagen und Perspektiven etwa des 19. und 20. Jahrhunderts ins Mittelalter projiziert wurden, seien hier jedoch zurückgestellt, da sie von einem vertieften Verständnis der Vorgänge eher ablenken.

Motive und Interessen der Akteure

Zunächst sei vielmehr versucht, die überlieferten Perspektiven der Zeitgenossen zu nutzen, die darauf deuten, dass einigermaßen heterogene Ereignisfolgen in ihrer Summe zur Übernahme der Kaiserwürde beigetragen haben, ohne dass dieses Ziel von einer der involvierten Parteien über einen längeren Zeitraum zielbewusst angestrebt worden wäre. Die Zeitgenossen selbst haben sich nämlich sehr unterschiedlich und widersprüchlich zu der Frage geäußert, wie es denn zur Kaiserkrönung Ottos gekommen sei. Eine Aussage, die als direkter Ausdruck der Motive und Konzepte des Herrschers selbst gelten könnte, fehlt darunter. Es dominieren vielmehr Nachrichten, die sich mit zum Teil erheblichen Interpretationsanstrengungen als Anhaltspunkte für eine Bewertung der Entwicklung verwenden lassen. Antriebskräfte, Motive oder gar Konzepte der Beteiligten werden dabei kaum explizit genannt, sondern lassen sich allenfalls erschließen. Dies ist auch kaum verwunderlich, denn eine Frage wie die *renovatio* der Kaiserwürde gehörte ganz sicher zu den *arcana imperii* (Geheimnissen des Reichs) oder den *regalia mysteria* (königlichen Geheimnissen), über die kaum offen debattiert wurde. Schließlich war es ein Amt, zu dem man nicht drängte, sondern von Gott berufen wurde. Und diese Vorstellung beeinflusste ganz gewiss auch die Behandlung des Themas durch die zeitgenössischen Autoren.

So ist es gleichfalls nur folgerichtig, dass dieses schier unerschöpfliche Thema in der modernen Forschung bis in die letzten Jahre sehr unterschiedliche Behandlungen erfahren hat. Kontrovers wird bis heute nicht zuletzt die Frage beantwortet, ob Ottos Politik seit den fünfziger Jahren zielbewusst auf die Erlangung der Kaiserwürde ausgerichtet gewesen oder ob die Initiative zu seiner Rangerhöhung in einer akuten Notlage von Papst Johannes XII. ausgegangen sei, der sich so der Hilfe des erfolgreichen sächsischen Herrschers versichern wollte, jedoch die Geister, die er da gerufen hatte, bald lieber los geworden wäre. Für beide Urteile gibt es Anhaltspunkte in der Überlieferung, aber meines Erachtens keine so beweiskräftigen, dass eine Entscheidung für eine der Alternativen unabweisbar wäre.

Der Weg zur Kaiserkrönung Ottos des Großen ist daher wohl nur dann dem modernen Reflexionsstand angemessen darzustellen, wenn man die unterschiedlichen Anhaltspunkte wie die Fragen, die sie offen lassen, diskursiv erörtert, ohne forciert eine definitive Entscheidung für eine der Alternativen anzustreben oder zu treffen. Zu fragmentarisch und zu widersprüchlich für eine solche Entscheidung sind nämlich die Überlieferungssplitter, die sich erhalten haben. Dies einsichtig zu machen ist nicht das mindeste Anliegen der folgenden Darstellung.

Ein stärkeres Anknüpfen Ottos an karolingische Traditionen legt schon seine Königserhebung in Aachen nahe, die als programmatische Ortswahl eingestuft werden kann, zumal der neue Herrscher auch durch fränkische Kleidung, durch Salbung und Krönung vom Vorbild seines Vaters abwich und zu karolingischen Mustern zurückkehrte. Doch reichen solche Hinweise kaum aus, um ein frühes Streben nach einem Eintritt in die karolingische Kaisertradition zu belegen, von Zweifeln an der Authentizität der Nachrichten einmal ganz abgesehen.

Kontrovers ist auch diskutiert worden, inwieweit dem Königtum Ottos von Zeitgenossen bereits vor dem Jahre 962 ein ‚imperialer‘ Charakter zugebilligt wurde. Die zu dieser These herangezogenen Belege hielten deshalb nicht allen Zweifeln stand, weil sie teils erst nach 962 niedergeschrieben wurden, teils nicht zu sichern ist, ob mit Begriffen wie *imperator, imperium* oder *imperialis* wirklich auf eine angestrebte oder sich anbahnende Kaiserherrschaft verwiesen werden sollte. Gewiss hatte Ottos Königtum imperiale Züge, wenn er in Missionsgebieten Bistümer gründete, wie im Jahre 948 auf der Ingelheimer Synode, und sich dort auch schlichtend um den Streit im Erzbistum Reims kümmerte, beides im Verbund mit einem päpstlichen Legaten. Doch bedeutet dies wohl nicht den Beweis, dass er zu dieser Zeit bereits aktiv auf die Übernahme der Kaiserwürde hingearbeitet hätte. Gleiches gilt für die Äußerungen, die ihm rühmend eine *dignitas imperialis* attestieren oder seine Herrschaft mit Epitheta preisen, die aus dem Arsenal des Kaiserlobes stammen.

‚Imperiale' Machtpolitik in Italien?

Der Weg Ottos zum Kaisertum ist vielmehr wohl erst durch die Situation der Königsherrschaft in Italien entscheidend beeinflusst worden. Hier starb der König Lothar überraschend und ohne männlichen Erben am 22. November 950. Dies löste einen heftigen Kampf um seine Nachfolge aus, denn der Markgraf Berengar von Ivrea ließ sich nicht nur zusammen mit seinem Sohn Adalbert in Pavia zum König erheben, sondern nahm bald auch die junge Witwe Lothars, Adelheid, gefangen. In dieser Situation fühlte sich Otto zum Eingreifen aufgerufen und man wüsste gern, welches seine vorrangigen Motive bei dieser Initiative waren. Sie sind jedoch nicht zweifelsfrei zu erschließen. Er habe Adelheid befreien, sich mit ihr ehelich verbinden und mit ihr zugleich Italien gewinnen wollen, sagt der zeitnahe und einigermaßen gut informierte Fortsetzer der Chronik Reginos. Ob hinter den genannten Zielen bereits der Wunsch stand, Kaiser zu werden, lässt sich aus dieser und anderen Darstellungen aber nicht erkennen. Alle Ziele erreichte Otto und seine Königsurkunden beweisen, dass er in der Tat bereits im Herbst 951 selbst die Herrschaft in Italien angetreten hat.

Überdies aber sandte er angeblich noch von Pavia aus eine hochkarätige Gesandtschaft zu Papst Agapit II. nach Rom: den Erzbischof Friedrich von Mainz und den Bischof Hardbert von Chur. Diese sollten, mehr ist nicht bezeugt, in Rom „über seine Aufnahme" verhandeln. Was der neue italienische König in Rom wollte, wird nicht gesagt und noch interessanter: Man verweigerte ihm die erbetene Aufnahme, die Gesandtschaft kehrte ohne positiven Bescheid zurück. Dieser Befund spricht deutlich dafür, dass Otto Ziele mit diesem Rombesuch verband, die man in Rom nicht teilte. Das könnte die Kaiserkrönung gewesen sein, denn einen Besuch des Herrschers *orationis causa* oder zum Erwerb von Reliquien hätte man kaum abschlägig bescheiden müssen. Bewiesen ist mit dieser Überlegung das Ziel einer Kaisererhebung zwar keineswegs, doch ist der abgewiesene Rombesuch ein starkes Argument für solche Pläne.

Ottos erfolgreicher Italienzug geriet aber bald in den Strudel innerer Wirren, die aus der neuen Lage resultierten. Sein Sohn Liudolf hatte ihn bereits verärgert, als er Ottos Eingreifen in Italien ohne Wissen des Herrschers zuvorkam, dabei jedoch, nicht zuletzt durch Machenschaften des bayerischen Herzogs Heinrich, seines Onkels, scheiterte. Missvergnügt habe sich Liudolf nach den Erfolgen und der Heirat Ottos unter der Begleitung des Erzbischofs Friedrich von Mainz heimwärts begeben und in Saalfeld Große zu einem Fest um sich geschart, von dem man nichts Gutes erwarten durfte, weil von diesem Ort bereits einmal eine Erhebung gegen Otto den Großen ausgegangen war. Otto nahm diese Situation jedenfalls so ernst, dass er gleichfalls in die Heimat zurückkehrte und nur Herzog Konrad zur Bekämpfung des Markgrafen Berengars und seines Anhangs in Italien beließ.

Herzog Konrad erreichte offensichtlich in Verhandlungen, dass Berengar sich in seiner Begleitung in den Norden begab, um zu einer Vereinbarung mit Otto zu kommen, dem er Jahre zuvor bereits einmal die Lehnshuldigung geleistet hatte. Allem Anschein nach hatte Herzog Konrad dem Italiener Zusagen gemacht, die Otto zunächst nicht einzuhalten bereit war. In Magdeburg nämlich empfingen Herzöge, Markgrafen und die Ersten der Pfalz Berengar wie einen König; Otto der Große ließ ihn dagegen drei Tage in seiner Herberge warten und gestattete ihm nicht, sein Angesicht zu schauen. Hierdurch, so sagen die Quellen, fühlte sich Konrad beleidigt und Liudolf, der Sohn Ottos, teilte seinen Unmut ebenso wie Erzbischof Friedrich von Mainz. Es scheint, als habe es in der engeren Umgebung Ottos große Differenzen bezüglich der Behandlung Berengars gegeben, die vielleicht in einer unterschiedlichen Beurteilung der Ziele ottonischer Italienpolitik wurzelten. Einblicke in die Hintergründe dieser Differenzen gestatten die Quellen jedoch nicht.

Es gelang jedoch, durch Verhandlungen zu einem Kompromiss zu finden. Berengar unterwarf sich zusammen mit seinem Sohn Adalbert König

Otto anlässlich eines Hoftages auf dem Lechfeld bei Augsburg, leistete einen Vasalleneid und erhielt dann das um die Marken Verona und Aquileja verkleinerte Königreich Italien von Otto als Lehen. Es entzieht sich unserer Kenntnis, wie Otto und gewiss auch Adelheid zu dieser Anerkennung und Aufwertung Berengars gebracht wurden, die ja einen weitgehenden Verzicht Ottos auf eine eigene Gestaltung der italienischen Verhältnisse bedeutete. Dies spricht nicht unbedingt dafür, dass Pläne zur Übernahme der Kaiserherrschaft bereits in den Anfängen der fünfziger Jahre konkrete Gestalt angenommen hätten, einen Gegenbeweis bietet diese Entwicklung aber gewiss auch nicht. Durch die Anerkennung Berengars als König in Italien unter der Oberlehnsherrschaft Ottos wurde einerseits der imperiale Charakter der Herrschaft Ottos hervorgehoben – er war nun der Herr eines anderen Königs –, doch beschränkte diese Lösung andererseits seine Einflussmöglichkeiten in Italien und damit auch in Rom. Italien blieb in den nächsten Jahren der Herrschaft Berengars und sich selbst überlassen.

Der Sieg gegen die Ungarn 955

Einen nächsten Meilenstein auf dem Weg zur Kaiserkrönung bildet nach gut begründeter Meinung der Forschung Ottos triumphaler Sieg gegen die Ungarn auf dem Lechfeld, durch den nach den Wirren des so genannten Liudolf-Aufstandes für alle sichtbar unter Beweis gestellt wurde, wie sehr dieser Herrscher der göttlichen Hilfe teilhaftig war. Hinweis auf eine ,imperiale' Deutung dieses Sieges ist einmal das berühmte Kapitel in der Sachsengeschichte des Widukind von Corvey (III, 49), der Otto auf dem Lechfeld vom siegreichen Heer als *pater patriae* und *imperator* ausrufen und feiern lässt und damit so etwas wie ein ,romfreies Kaisertum' konstruiert, das nicht vom Papst verliehen wird. Das Gleiche hatte er aber auch schon im Falle Heinrichs I. nach dessen Sieg gegen die Ungarn getan.

Die Bedeutung des Lechfeldsieges für die Kaiserfrage wird aber auch aus anderer Perspektive evident, weil eine zehn Tage nach der Kaiserkrönung Ottos ausgestellten Urkunde Papst Johannes XII., in der die Gründung des Erzbistums Magdeburg behandelt wird, ausführt, Otto sei nach Rom gekommen, um die „triumphale Siegeskrone der Kaiserwürde" zu empfangen, nachdem er „die heidnischen Stämme, nämlich die Ungarn und andere mehr" besiegt habe. Da bei dieser Urkunde „aber auch Empfängerdiktat an-

genommen werden [muss]", ist nicht ausgeschlossen, dass hier die Selbst-
sicht Ottos durchscheint, er habe sich durch seine Heidensiege die Kaiserwürde verdient. In jedem Fall aber hat der Papst diese Sicht geteilt, denn an
der Echtheit der Urkunde ist nicht zu zweifeln.

Dennoch passierte in der Zeit nach dem Lechfeldsieg wenig Konkretes,
das auf eine Forcierung eventueller Kaiserpläne Ottos hinweisen würde.
Zwar schickte Otto seinen Rom-Experten, den fuldischen Abt Hadamar, erneut in die Ewige Stadt und dieser brachte vor allem die Erlaubnis Papst
Agapits mit in den Norden, der König dürfe das Erzbistum Magdeburg und
weitere Bistümer an der Slawengrenze gründen. Doch löste dies nur den ge-
harnischten Protest des gerade erhobenen Mainzer Erzbischofs Wilhelm
aus, der ein illegitimer Sohn Ottos war. Er pochte entschieden auf Einhaltung kirchenrechtlicher Grundsätze und verwies auf die nötige Zustimmung der Bischöfe, deren Rechte durch die Neugründungen geschmälert
werden würden. Und diese Zustimmung hatte Otto ganz offensichtlich
nicht eingeholt. Der Protest Wilhelms, der ganz unverhohlen drohte, er
werde lieber seinen Sitz verlassen und eine Missionsaufgabe übernehmen
als tatenlos der Schädigung der Mainzer Kirche zuzusehen, hatte so durch-
schlagenden Erfolg, dass die Magdeburg-Pläne Ottos trotz der päpstlichen
Zustimmung zunächst auf Eis gelegt und erst seit dem Jahre 961 in völlig
veränderter Form und unter Beteiligung Wilhelms wieder verfolgt wurden.
Dass man in der Umgebung Ottos andererseits die italienischen Verhältnisse nicht aus den Augen verloren hatte, beweist ein Heereszug Herzog
Liudolfs, des ehemals so rebellischen Sohnes, im Herbst 956, den dieser im
Auftrage seines Vaters unternahm und mit dem er die Herrschaft Berengars
bekämpfen sollte. Welches Endziel jedoch hinter diesen Aktivitäten stand,
lässt sich schon deshalb nicht erkennen, weil Liudolf 957 in Italien verstarb
und das Unternehmen daher nicht zum beabsichtigten Ende geführt wurde.

So dauerte es bis zum Herbst 960, ehe wieder Bewegung in die Italienpolitik kam. Diesmal ging die Initiative von Papst Johannes XII. aus, dem Sohn
des römischen Stadtpräfekten Alberich, der nach dem Tode seines Vaters
neben der geistlichen auch die weltliche Gewalt in der Stadt Rom innehatte.
Er war in vielfältige Auseinandersetzungen mit den Rom benachbarten
Machthabern um Rechte im *patrimonium Petri* (dem Grundbesitz der römischen Kirche) verwickelt. Vor allem aber benötigte er Hilfe gegen die expan-
sive Politik König Berengars und seines Sohnes Adalbert. Zu diesem Zweck

schickte er den Kardinaldiakon Johannes und den Schreiber Azzo an den Hof Ottos, die die päpstliche Bitte um Hilfe am Weihnachtsfest 960 in Regensburg vorbrachten und hierbei von den Klagen oberitalienischer Bischöfe wie Laien gegen die Tyrannei Berengars unterstützt wurden. Interessanterweise sprechen auch in diesem Fall erst spätere Quellen davon, dass Otto bei dieser Gelegenheit als Gegenleistung für seine Hilfe die Kaiserwürde in Aussicht gestellt worden sei. Weder bei Liutprand von Cremona noch bei dem Fortsetzer Reginos wird dieser Zusammenhang ausdrücklich hergestellt.

Otto hat sein Eingreifen in Italien jedoch auf verschiedenen Feldern so gründlich vorbereitet, dass der Schluss zwingend ist, dass ihm nun die Erlangung der Kaiserwürde als Ziel seiner Unternehmung fest vor Augen stand. Wichtiges Indiz für diese Einschätzung ist zunächst die Tatsache, dass man im Mainzer St.-Albans-Kloster in dieser Zeit ein Pontifikale zusammenstellte, das unter anderem die Riten für alle kirchlichen Weihen enthielt, darunter auch die Liturgie für die Erhebung eines Kaisers. Aufgenommen wurden mehrere Versionen, eine als *ordo romanus* bezeichnete, eine *benedictio ad ordinandum imperatorem secundum occidentales* und schließlich eine *missa pro imperatore*. Die römische Kirche hat die Bestimmungen dieses Mainzer Pontifikale aufgenommen – sie sind also in Rom bekannt geworden – und sie haben überdies eine weite handschriftliche Verbreitung erfahren, sodass der Schluss unabweisbar ist, dass in der Umgebung Ottos vor dem Italienzug klar war, was in Rom passieren würde. Man hat also wohl von Seiten Ottos die liturgische Ausgestaltung der Feier der Kaiserkrönung durch diese *ordines* (Regeln) zu bestimmen versucht, auch wenn keine direkten Aussagen eine sichere Entscheidung erlauben, ob die Kaiserkrönung Ottos und Adelheids wirklich nach diesen Vorgaben gestaltet wurde.

Überdies traf Otto vor seiner Abreise umfangreiche Regelungen zu seiner Nachfolge und seiner Stellvertretung im Königreich. Er rechnete also mit längerer Abwesenheit, was darauf hindeutet, dass er eine grundsätzliche Neuregelung der italienischen Herrschaftsverhältnisse ins Auge gefasst hatte. So ließ er vor seinem Aufbruch seinen sechsjährigen Sohn Otto in Worms von den Großen zum König wählen und ihn am Pfingstfest in Aachen von allen drei rheinischen Erzbischöfen auch weihen. Der minderjährige Königssohn blieb unter der Regentschaft Wilhelms von Mainz nördlich der Alpen und erfüllte königliche Aufgaben, wie etwa seine eigenständigen Urkunden aus dieser Zeit erweisen. In Sachsen selbst war mit Herzog Hermann Billung ein weiterer *procurator* des Herrschers bestellt.

Mit einem großen Heer zog Otto dann im August 961 über den Brenner nach Italien und gelangte schnell bis Pavia, ohne auf Widerstand zu stoßen, da Berengar und Adalbert es offensichtlich vorzogen, in uneinnehmbaren Burgen die Entwicklung abzuwarten als sich dem ottonischen Heere in einer Feldschlacht entgegenzustellen. So konnte Otto unangefochten in Pavia das Weihnachtsfest feiern, während eine Gesandtschaft unter dem fuldischen Abt Hatto nach Rom vorausgeschickt wurde, um die Ankunft des Herrschers vorzubereiten. Wie gut diese Vorbereitung gelungen war, zeigte sich nach Ottos Ankunft vor den Toren Roms, die auf den 31. Januar datiert wird. Schon am folgenden Sonntag, am Feste Mariä Lichtmeß (2. 2.), konnte Ottos feierlicher Einzug in die Stadt zur Kaiserkrönung erfolgen. Dies deutet nachhaltig darauf hin, dass die grundsätzlichen Entscheidungen längst vorher gefallen waren.

Fragiles Zweckbündnis zwischen kirchlicher und weltlicher Macht

Noch vor diesem Einzug aber hatte Otto dem Papst einen Sicherheitseid geleistet, den einige seiner Getreuen in seinem Namen schworen, der schlagend deutlich macht, was der Papst vor allem von dem neuen Kaiser erwartete. Otto versprach, die römische Kirche und den Papst nach besten Kräften zu fördern, ferner den Papst und seine Nachfolger nie an Leib und Leben noch an der Ehre zu schädigen oder dazu seine Zustimmung zu geben. Überdies versprach er, ohne päpstliche Zustimmung in Rom keine päpstliche Interessen betreffende Amtshandlungen vorzunehmen und alles das dem Papst zurückzuerstatten, was an päpstlichen Besitzungen in seine Hände käme. Derjenige, dem die Herrschaft über Italien zugestanden würde, solle zudem dem Papst schwören, ihm Helfer zu sein bei der Verteidigung der *terra* St. *Petri*.

Interessanterweise ist in diesem Eid lediglich festgelegt, was der neue Kaiser alles nicht tun dürfe, was hingegen seine Rechte und Aufgaben seien, wird nicht ausgeführt. Diese Beobachtung macht ebenso wie die eingangs zitierte angebliche Mahnung Ottos an seinen Schwertträger, bei der Kaisererhebung besonders wachsam zu sein, deutlich, dass hier ein Zweckbündnis geschlossen wurde, das beide Parteien mit erheblichen Vorbehalten und Misstrauen eingingen.

Der Eid des Herrschers fand nach der Krönung dann sein Pendant in einem Sicherheitseid des Papstes und der Römer mit dem bezeichnenden Inhalt, sie würden in Zukunft nicht von Otto abfallen und Berengar und Adalbert nie mehr Unterstützung gewähren. Rudolf Köpke und Ernst Dümmler haben in ihren *Jahrbüchern* der Geschichte Kaiser Ottos des Großen die Gefühle zum Ausdruck gebracht, mit denen namentlich die ältere deutsche Forschung die Koalition betrachtete, durch die die Erhebung Ottos zum Kaiser zustande kam: „Ein seltsames Paar, diese beiden Spitzen des christlichen Abendlandes, die hier am Grabe des heiligen Petrus sich gegenüberstanden: der in vielen und harten Kämpfen erprobte, zu reifen Jahren gelangte Held und der unerfahrene und leichtfertige Jüngling, der durch ausschweifenden Wandel seine Würde entehrend dennoch glaubte, jenen meistern und lenken zu können."

Dennoch ging die Kaiserkrönung Ottos und Adelheids allem Anschein nach ohne Zwischenfälle vonstatten. Wenn man die Angaben der *ordines* zugrunde legt, dürfte sie folgendermaßen abgelaufen sein: Vom Monte Mario zog der Herrscher mit großer Begleitung zur Leo-Stadt, wo er vom Klerus und von weltlichen Amtsträgern Roms empfangen und unter Lobgesängen zur Peterskirche geleitet wurde. Hier erwarteten der Papst und die Kardinäle das Herrscherpaar und Otto dürfte den Papst bereits hier mit reichen Geschenken geehrt haben. Noch vor dem Einzug in die Kirche hatte er überdies das Versprechen zu leisten, *defensor* und *adiutor*, „Beschützer und Helfer" der römischen Kirche sein zu wollen. Während des Einzuges in die Kirche wurden dann von Kardinalbischöfen immer wieder Gebete über und für den Herrscher gesprochen. Am Eingang des Apostelgrabes, der *confessio St. Petri*, hatte sich der zu Weihende ausgestreckt auf den Boden zu legen, während zunächst eine Litanei gebetet und dann die Salbung vorgenommen wurde. Am Altar angekommen setzte der Papst Otto dann die Kaiserkrone aufs Haupt und las die Krönungsmesse. Anzunehmen sind überdies anschließende Festlichkeiten wie etwa ein Krönungsmahl, über die wir im Falle Ottos jedoch nichts erfahren.

Auch nach der Kaisererhebung hören wir zunächst von einer konstruktiven Zusammenarbeit zwischen neuem Kaiser und Papst Johannes, denn am 12. Februar tagte in Rom eine Synode, die auf Bitten des Kaisers die Einrichtung des Erzbistums Magdeburg verfügte. Ausführlich und lobend geht Johannes XII. in einer diesbezüglichen Urkunde (Nr. 154) auf die Vorgeschichte und die Leistungen Ottos ein, die dieser bei der Niederwerfung der Heiden und bei der Verbreitung des christlichen Glaubens erbracht habe, und verfügt die Umwandlung der Klöster in Magdeburg und Merseburg in ein Erzbistum und in ein diesem unterstelltes Bistum. Überdies räumt er dem Kaiser, seinem Sohn und ihren Nachfolgern die Erlaubnis ein, weitere Bistümer zu gründen, wenn es die Fortschritte in der Mission erforderlich machen sollten. Und in geradezu apodiktischer Weise verpflichtete er die fünf übrigen Erzbischöfe des Reiches auf die Zustimmung und Unterstützung dieser Vorhaben.

Angesichts der zu diesem Zeitpunkt keineswegs überwundenen Widerstände gegen Ottos Gründungspläne kann man nur sagen, dass der Papst und die Synode sich vollständig die Sicht Ottos zu Eigen machten und ihm jede Unterstützung zukommen ließen. Dass sich diese Widerstände auf kirchenrechtlich relevante Argumente stützen konnten, weil Veränderungen eines Bistums, wie sie hier notwendig waren, der Zustimmung des betroffenen Bischofs bedurften, bleibt dagegen außerhalb der Betrachtung. Genützt hat diese massive Unterstützung des Papstes und der römischen Synode dem Kaiser allem Anschein jedoch nicht. Es sollte noch einmal sechs Jahre dauern, bis der Gründungsplan erfolgreich umgesetzt wurde.

Einen Tag später, am 13. Februar, gab dann Otto einen deutlichen Beweis seines Willens zu vertrauensvoller Zusammenarbeit mit dem Papst. Er erneuerte nämlich zusammen mit seinem Sohn Otto II. das *pactum*, mit dem schon die karolingischen Kaiser der römischen Kirche ihre Besitzungen und Ansprüche bestätigt hatten. Eine Prunkausfertigung dieser Urkunde liegt bis heute im päpstlichen Archiv. Ottos Zusicherungen nehmen Elemente aus den größtenteils nicht erhaltenen *pacta* seiner Vorgänger auf, gehen teilweise aber auch über diese hinaus. Doch findet sich im Zusammenhang Siziliens auch die vielleicht bezeichnende Formulierung „wenn Gott dieses in unsere Hände gibt", die nicht davon zeugt, dass Otto größere Anstrengungen versprochen hätte, entfremdete Gebiete dem Papst aktiv zurückzugewinnen. Andererseits findet sich in diesem Ottonianum auch die Bestimmung, dass ein von Klerus und Volk von Rom erwählter Papst erst geweiht werden darf, nachdem er einen Treueid vor kaiserlichen Gesandten abgelegt hat. Einen Tag nach der Ausstellung dieses *pactum* verließ Otto mit seiner Begleitung Rom, um die Bekämpfung Berengars und seiner Anhänger in Angriff zu nehmen.

Bruch des Bündnisses und Tod des Papstes Johannes XII.

So erfolgreich der neue Kaiser im Kampf gegen seine italienischen Gegner war – immerhin wurde er bis zum Ende des Jahres 963 ihrer größtenteils Herr, brachte Berengar und dessen Gemahlin Willa in seine Gewalt und schickte sie später mit ihren Töchtern ins Exil nach Bamberg –, so instabil erwies sich sein Einfluss in Rom und sein Verhältnis zu Papst Johannes XII. Der hatte nämlich schon im Frühjahr 963 seine Versprechungen gegenüber Otto vergessen und schloss ein Bündnis mit Adalbert, dem Sohne Berengars, den er in Rom aufnahm. Durch die ebenso detaillierte wie polemisch-parteiische Darstellung des Bischofs Liutprand von Cremona wird Johannes XII. völlig ins Unrecht gesetzt, der nicht nur ein Ausbund an sittlicher Verworfenheit gewesen sei, sondern auch vor keinem Treue- und Eidbruch zurückschreckte, um dem Kaiser zu schaden, gegen den er sogar die heidnischen Ungarn aufzuhetzen versucht habe, um ihn von Italien abzuziehen. Woran auch immer das Bündnis zwischen Kaiser und Papst so schnell zerbrach, Otto sah sich jedenfalls gezwungen, noch vor der Gefangennahme Berengars nach Rom zurückzukehren, worauf Johannes zusammen mit Adalbert und dem Kirchenschatz von St. Peter die Flucht ergriff. Sofort tagte in Rom eine Synode, die auf Geheiß Ottos alle Vorwürfe gegen den Papst streng kanonisch untersuchte und geradezu einen Augiasstall von Verbrechen, Vergehen und Lastern zu bewältigen hatte. Römische Kardinäle wunderten sich angeblich über Ottos Nichtwissen und Sorgfalt, da diese Dinge doch schon bis ans Ende der Welt bekannt seien. Nichtsdestotrotz wurden dem geflohenen Papst die Vorwürfe schriftlich bekannt gemacht und ihm die Möglichkeit gegeben, sich persönlich zu verantworten und zu reinigen. Johannes hielt sich gar nicht weit entfernt von Rom in Tivoli auf und fand dort sogar Zeit zu jagen, doch anstatt sich zu verantworten, bedrohte er alle mit dem Bann, die gegen ihn vorzugehen wagten. So kam es wie es kommen musste, die Synode richtete an Otto die Bitte, „jenes Ungeheuer, dessen Laster durch keine Tugenden aufgewogen werden, aus der heiligen römischen Kirche auszustoßen und an seine Stelle einen anderen zu setzen".

Dieser Erfolg und die Gefangennahme Berengars veranlassten Otto, sein Heer zu einem großen Teil in die Heimat zu entlassen, was die Lage in Rom jedoch bald so destabilisierte, dass Johannes XII. die Rückkehr gelang und der neue Papst Leo VIII. sich zum Kaiser flüchten musste. Johannes nahm zum Teil grausame Rache an seinen Gegnern und ließ nun auf einer neuen Synode, an der teilweise die gleichen Bischöfe und Kardinäle teilnahmen, die ihn abgesetzt hatten, alle Beschlüsse der älteren Synode aufheben und verdammen. Wie wenig gefestigt die kaiserliche Stellung in Rom war, zeigte sich dann auch beim baldigen Tode Johannes XII. im Mai 964, denn die Römer wählten gegen ihre Zusagen an Otto einen neuen Papst, Benedikt V., und holten nicht etwa Leo VIII. zurück. Erst als Otto im Juni 964 wieder mit einem Heer vor Rom erschien, veränderte das die Kräfteverhältnisse erneut. Nach einer kurzen Belagerung ergaben sich die Römer und lieferten ihm den neuen Papst aus. Und wieder tagte eine Synode, vor der nun Benedikt persönlich erschien und sich für sein Tun nicht zu rechtfertigen vermochte. Förmlich wurde er seines angemaßten Amtes enthoben, rituell devestiert, das heißt, seiner Pontifikalgewänder entkleidet, wobei Papst Leo VIII. selbst den Hirtenstab Benedikts zerbrach. Auf ausdrückliche Fürsprache Ottos ließ man ihm jedoch den Weihegrad eines Diakons. Mit dem Heere Ottos ging er dann ins sächsische Exil nach Hamburg.

Die Erneuerung des Kaisertums

Es genügt wohl, die Ereignisse in Rom bis zu diesem Zeitpunkt zu verfolgen, um die historische Situation beurteilen zu können, in der die Kaiserwürde wieder eingerichtet wurde. Dennoch kamen auch in Ottos letzten Jahren noch Hilferufe aus Rom, weil die Situation ohne kaiserliches Heer unhaltbar für diejenigen geworden war, die Ottos Herrschaft nahe standen. Angesichts der geradezu chaotischen Richtungswechsel in den ersten Jahren des Kaisertums drängt sich nachhaltig der Eindruck auf, dass sich die beteiligten Parteien keineswegs darauf verständigt hatten, was die Wiedererrichtung der alten Würde bewirken sollte. Hierüber hatten vielmehr sowohl die Römer wie die Päpste als auch die Umgebung Ottos unterschiedliche und schwer in Einklang zu bringende Vorstellungen. Otto der Große hat sich gewiss einigermaßen konsequent verhalten, nachdem er sich dazu entschlossen hatte, seine Herrschaft in Italien und Rom persönlich zur Geltung zu bringen. Er brach nun Widerstände und leitete aus seiner Schutzfunktion gegenüber der Kirche und dem Papsttum die Berechtigung ab, Einfluss zu nehmen. Diese Interpretation seines neuen Amtes kollidierte offensichtlich mit Vorstellungen der Römer und des Papsttums, die nicht daran interessiert waren, im *patrimonium Petri* fremde Herrschaftsrechte zu etablieren. Das Prinzip Schutz ja, Herrschaft nein, das man Otto bereits in seinem Sicherheitseid vor der Krönung nahe zu bringen versucht hatte, erwies sich in gewisser Hinsicht als der Versuch einer Quadratur des Kreises. Nicht zufällig haben sich an diesem Problem im Mittelalter häufig Konflikte entzündet, da diejenigen, die der Kirche Schutz gewährten, aus dieser Funktion auch Herrschaftsrechte ableiteten.

Eine komplexe Mischung aus Erfolgen, Zufällen und Notsituationen hat also insgesamt dazu geführt, dass das westliche Kaisertum wiederbelebt wurde. Ottos Heidensiege und Missionspläne spielten hierbei eine wichtige Rolle, ebenso aber auch die dynastischen Zufälle in Italien und die Notlage des Papsttums, das in dem fernen Herrscher (Otto) gegenüber dem nahen (Berengar) zunächst das kleinere Übel zu erblicken glaubte, ehe es schnell eines Besseren belehrt wurde. Doch da war es für einen Kurswechsel zu spät, denn wenn man Otto dem Großen eines uneingeschränkt attestieren darf, dann Unbeirrbarkeit und Hartnäckigkeit bei der Verfolgung der einmal anvisierten Ziele. Und diese Eigenschaften bewies er auch in der Italien- und Kaiserpolitik, mit der er in seinen letzten zwölf Lebensjahren immerhin fast zehn beschäftigt war. Mit der Erhebung seines Sohnes Otto II. im Jahre 967 zum Mitkaiser etablierte er das ostfränkisch-deutsche Kaisertum, dessen Machtgrundlagen in Italien und Rom zwar ein Problem waren und blieben, das aufzugeben seinen Nachfolgern durch Jahrhunderte aber nie in den Sinn kam.

Man kann sich angesichts fehlender Überlieferung heute kaum noch eine realistische Vorstellung davon machen, wie viel Energie und Aufwand des gesamten Herrschaftsverbandes in die Italienpolitik geflossen ist, deren Konfliktherde mannigfach waren und mit Heereszügen allein nicht gelöst werden konnten. Doch während wir in der Karolingerzeit Angehörige fränkischer, bayerischer und alemannischer Eliten zahlreich auf zentralen Herrschaftspositionen in Italien finden, ist dies für die Ottonenzeit und die folgenden Jahrhunderte nicht mehr in vergleichbarer Weise zu beobachten. Weder ist eine herrschaftliche Durchdringung des langobardischen Nordens noch eine Regelung der territorialen Fragen der Mitte unter Berücksichtigung der päpstlichen Interessen gelungen noch auch im Süden eine Abgrenzung der verschiedenen Interessensphären. Man kann zugespitzt sagen, dass die Kaiserherrschaft der Ottonen, Salier und Staufer in all diesen Fragen nur wenig über eine Verwaltung des Mangels hinausgekommen ist. Eine auf personalen Bindungen zentral beruhende Herrschaft bedurfte der häufigen Präsenz, um durch Beratung und Konsensstiftung Konflikte abzubauen. Dies ließ sich mit der jahre- oder jahrzehntelangen Abwesenheit der Herrscher nicht vereinbaren. Und als die Staufer versuchten, mit neuer Intensität und neuen Ansprüchen dieser Herrschaft Profil zu verleihen, kollidierten sie in massiver Weise mit den Strukturen und Gewohnheiten, die sich im Verlaufe der Zeiten zuvor etabliert hatten. Das Ergebnis ist bekannt.

All dies anzumerken bedeutet nicht, in das alte Lamento einzustimmen, die Kaiser- und Italienpolitik des Mittelalters sei ein Irrweg gewesen, der die wahren nationalen Interessen verfehlt habe. Es gibt keine durch die Jahrhunderte gleich bleibenden nationalen Interessen, an denen man die Taten mittelalterlicher Könige und Kaiser messen könnte.

Derartige Urteile, das sei abschließend akzentuiert, sind vielmehr krasse Beispiele anachronistischer Fehleinschätzungen. Keine der genannten späteren Entwicklungen war für die im 10. Jahrhundert politisch Handelnden vorhersehbar; daher haben sie als Kriterien für ein Urteil über dieses Handeln keine Berechtigung. Wiedererrichtet wurde die Kaiserwürde, als sich Ottos Königsherrschaft durch Heidensieg und anderes als in besonderer Weise von Gott begünstigt erwiesen hatte, er zur Durchsetzung seiner Bistums- und Missionspläne die päpstliche Unterstützung dringend brauchte und das Papsttum andererseits einen Schutzherrn benötigte, der ihm Sicherheit gegenüber regionalen Machthabern bieten konnte. Diese Konstellation erinnerte in vielerlei Hinsicht an das karolingische Vorbild, sodass es nahe lag, an dieses anzuknüpfen. Die gewissermaßen welthistorischen Konsequenzen der Entscheidung waren 962 in keiner Weise zu ahnen.

König Heinrich IV. in Canossa 1077

HANS-HENNING KORTÜM

In Frankreich gibt es eine Publikationsreihe, die sich in den fünfziger und sechziger Jahren des vergangenen Jahrhunderts großer Beliebtheit erfreute. Ihr Name *Trente jours qui ont fait la France* ist gleichzeitig ihr Programm – von renommierten Historikern werden dreißig historisch entscheidende Tage dargestellt, die Frankreich zu dem gemacht haben sollen, was es heute im nationalen Selbstverständnis vieler Franzosen noch immer ist: ein großes, ein starkes, ein einiges Land. Den Deutschen und zumal den deutschen Historikern ist ein solch unbefangenes Verhältnis zur eigenen Geschichte jedoch schon lange gründlich abhanden gekommen. Die Debatte um die Formen einer nationalen Gedächtniskultur wird zuweilen äußerst erbittert geführt – der Streit um das Berliner Holocaust-Mahnmal hat dies einmal mehr gezeigt. Aber nicht nur die Formen des nationalen Erinnerns sind umstritten, sondern vor allem auch die historische Bewertung des zu Gedenkenden. So ist die Einschätzung des 8. Mai 1945 in der bundesrepublikanischen Gesellschaft noch immer umstritten und schwankt zwischen extremen Polen. Soll er nun weiter als Tag der Kapitulation und damit als Tag der endgültigen deutschen Niederlage im nationalen Gedächtnis verbleiben oder wäre es nicht eher angebracht, seiner als Tag der Befreiung Deutschlands vom Hitlerregime zu gedenken?

Gerade das letztere Beispiel macht zweierlei deutlich: Erstens sind epochale Ereignisse der Geschichte – nicht weiter verwunderlich – in ihrer Bewertung häufig umstritten. Denn unterschiedliche gesellschaftliche Gruppen erfahren und bewerten ein und dasselbe Ereignis auch unterschiedlich. Zweitens können sich Bewertungen im Laufe der Zeit einschneidend verändern. Häufig ermöglicht erst die zeitliche Distanz eine adäquate Wertung der historischen Tragweite eines Ereignisses. Beides gilt in besonderer Weise auch für das Ereignis, um das es im Folgenden gehen soll: Canossa. Jene knappe Woche Ende Januar 1077 darf mit Fug und Recht zu den dramatischen Höhepunkten der mittelalterlichen Geschichte Deutschlands, Italiens und des Papsttums gezählt werden. Dennoch gilt es festzuhalten, dass im Unterschied zu heute das Mittelalter und seine Historiker dem Canossa-geschehen nicht jene Aufmerksamkeit geschenkt haben wie ihre modernen Kollegen, die ganze Bücher darüber verfasst haben. Das eigentlich aufre-gende Ereignis bildete für das Mittelalter die Vorgeschichte von Canossa: die Absetzung und Exkommunikation eines amtierenden deutschen Königs und damit eines künftigen Kaisers durch den römischen Papst – für viele, die an der alten Ordnung hingen, ein unerhörter Skandal, der noch nie vor-gekommen war. Auch die Bewertung von Canossa war schon damals unter den Zeitgenossen äußerst umstritten. Und selbst die in das dramatische Ge-schehen verwickelten Hauptakteure haben sich durchaus kontrovers über das damalige Geschehen geäußert und, wenig überraschend, das erzielte Verhandlungsergebnis als einen Sieg für die eigene Seite gedeutet. Und ebenso wenig überraschend hat Jahre später die eine Seite den damals er-zielten Kompromiss dann ganz anders interpretiert – ein Versuch, das ei-gene Verhalten zu rechtfertigen.

Der sprichwörtliche Gang nach Canossa

Das Besondere an Canossa stellt der Umstand dar, dass es erst lange nach den Ereignissen seine geschichtsmächtige Wirkung entfaltet hat. Vor allem dem so geschichtsbewussten 19. Jahrhundert und dem nicht minder ge-schichtsbewussten Reichskanzler Bismarck ist es zu verdanken, dass man sich auch heute noch an dieses Ereignis erinnert. Und zwar in der spezi-fischen Form eines so genannten geflügelten Wortes: Der „Canossa-Gang" ist ebenso sprichwörtlich geworden wie jener Ausspruch des „Eisernen Kanzlers" vor dem Deutschen Reichstag, als er in einer Parlamentsdebatte (14. Mai 1872) – mitten im so genannten Kulturkampf – davon sprach, nicht „nach Canossa gehen" zu wollen, „weder körperlich noch geistig", d. h. Bismarck lehnte es ab, auf die Forderungen des Papstes Pius IX. einzugehen. Dieser hatte dem vom Deutschen Reich als Gesandten beim Heiligen Stuhl benannten Kurienkardinal Gustav Adolf von Hohenlohe die diplomatische Akkreditierung verweigert und damit in liberal und konservativ gesonnenen Kreisen Deutschlands, die sich vom Pontifex maximus brüskiert fühlten, für einen Sturm der Entrüstung gesorgt.

Damals, in der zweiten Hälfte des 19. Jahrhunderts, befand sich die ka-tholische Kirche in einer ausgesprochen misslichen Situation. Nicht nur der unaufhaltsame Prozess einer seit der Aufklärung sich beschleunigenden Säkularisierung, sondern vor allem der das 19. Jahrhundert so prägende Nationalismus hatten dafür gesorgt, dass selbst in katholischen Ländern und Regionen die Laisierung von Staat und Gesellschaft nicht länger aufzuhalten war. Zwar hatte das Papsttum 1870 auf dem ersten Vatikanischen Konzil noch einmal versucht, seine angefochtene Dominanz wenigstens im Bereich der Lehrautorität aufrecht zu erhalten und deshalb das Dogma der Unfehlbarkeit (Infallibilität) verkündet, doch befand sie sich unübersehbar in einer Rückzugsposition. Von einer intellektuellen oder gar gesellschaftlichen Führungsposition des Papsttums und der katholischen Kirche konnte beim besten Willen keine Rede mehr sein, zumal man auch in kirchentreuen Kreisen – und zu ihnen gehörte der oben genannte und als Botschafter vorgesehene Kurienkardinal durchaus – kritisch über dieses Vatikanum dachte.

Hierin liegt wohl der entscheidende fundamentale Unterschied zur Situation von Canossa achthundert Jahre früher. Damals, in der zweiten Hälfte des 11. Jahrhunderts, war es Papsttum und Kirche gelungen, im gesamten Bereich des christlich-lateinischen Westens die intellektuelle Meinungsführerschaft zu erringen. Im Unterschied zum ausgehenden 19. Jahrhundert befanden sich Kirche und Papsttum auf dem Vormarsch, während die bisherigen Autoritäten, namentlich die mittelalterlichen Monarchien in Deutschland, Frankreich und England, in eine Situation der Defensive gerieten: In der zweiten Hälfte des 11. Jahrhunderts wurde die Berechtigung königlicher Herrschaft über die Kirche von einer äußerst angriffslustigen und intellektuell weit überlegenen Papstkirche entschieden angezweifelt, ja bestritten und „Freiheit für die Kirche" (libertas ecclesiae) energisch eingefordert.

Die Auseinandersetzungen zwischen „Staat" und Kirche endeten bekanntlich mit einem Kompromiss: In der Form von Konkordaten, also in speziellen Verträgen zwischen dem Papst und den jeweiligen Monarchen, wurden detaillierte Regelungen entworfen, die die Rechte der beiden Vertragspartner festlegten. Das Wormser Konkordat von 1122 ist wohl das historisch bekannteste Beispiel. Unübersehbar war das Papsttum im 12. Jahrhundert endgültig in den Rang einer autonomen geistig-politischen Großmacht aufgerückt, mit der die europäischen Monarchen nicht nur Konkordate abschließen konnten und mussten, sondern das Papsttum hatte auch im mittelitalienischen Kirchenstaat einen ihm entsprechenden territorialen Ausdruck gefunden.

Umgekehrt symbolisiert die durch die italienische Einigungsbewegung des 19. Jahrhunderts, das so genannte Risorgimento, eingetretene Reduktion des Kirchenstaates auf das winzige Gebiet des Vatikanstaates den endgültigen Niedergang der katholischen Kirche als einer einstigen politisch-intellektuellen Großmacht. Rom spielte seit 1871 vor allem die säkulare Hauptstadt-Rolle des frisch gegründeten italienischen Nationalstaates und büßte seine jahrtausendalte Vorrangstellung als Stadt der Apostel, der Stellvertreter Christi, d. h. der Päpste, ein. Nunmehr musste das Papsttum aus einer Position der Defensive versuchen, durch den Abschluss von Konkordaten so viel wie möglich an Autonomierechten für die Kirche zu retten. Das Konzept eines sich autonom verstehenden Staates ließ aber für katholische Freiräume innerhalb desselben nur wenig oder keinen Platz. Mit anderen Worten: Die Freiheit des Staates, die *libertas rei publicae*, hatte spätestens in der zweiten Hälfte des 19. Jahrhunderts über die Freiheit der Kirche, die *libertas ecclesiae*, gesiegt.

Die Vorzeichen hatten sich also mittlerweile vollständig umgekehrt. Nachdem in mittelalterlicher Zeit – zumindest in den Augen vieler Zeitgenossen, und Bismarck steht hier nur stellvertretend für viele andere – die Kirche über den „Staat" gesiegt hatte, und deshalb „die Tage von Canossa" als „tiefste Erniedrigung unseres nationalen Königthumes [gelten], bei deren Erinnerung die Röthe der Scham jedem gut deutsch gesinnten Manne ins Gesicht steigt", wie ein Historiker im Jahr 1890 formulieren zu müssen glaubte, stand jetzt einem wieder erstarkten Staat eine politisch schwach gewordene Kirche gegenüber. Und wie die Beispiele in Deutschland, vor allem aber in Frankreich in der Zeit der so genannten Dritten Republik (1870–1940) zeigen, setzte sich der Laizismus weitgehend durch, siegte der „Staat" über die „Kirche".

Solche Bewertungen des ausgehenden 19. und des 20. Jahrhunderts, die in militärischer Terminologie von „Sieg" und „Niederlage" sprechen, erscheinen heute, gut hundert Jahre später, im dritten Jahrtausend, seltsam obsolet. Nicht nur fällt es uns schwer, den „Kulturkampf" des ausgehenden 19. Jahrhunderts so recht zu verstehen, denn allzu fern ist uns jene Zeit gerückt. Allenfalls vermag der in diesen Tagen wieder heftig aufgeflammte Streit, inwieweit religiöse Symbole, sei es nun das christliche Kreuz, die jüdische Kippa oder das islamische Kopftuch, in öffentlichen Räumen, wie sie typischerweise die Klassenzimmer staatlicher Schulen darstellen, geduldet werden können oder nicht, etwas von der Heftigkeit und Bitternis religiös-kultureller Auseinandersetzungen zu vermitteln. Noch schwerer fällt es uns freilich vorzustellen, dass im ausgehenden 11. Jahrhundert gar „Staat" und „Kirche" miteinander Krieg geführt haben sollen. Wohlgemerkt, nicht nur einen symbolischen oder metaphorischen Krieg der Worte, sondern ganz reale Feldzüge mit zehntausenden von Toten, Verwundeten, Verstümmelten, Geschändeten, Geplünderten. In Deutschland und in Italien über eine lange, lange Zeit. Dieser Krieg, viel länger als der so genannte Dreißigjährige Krieg im 17. Jahrhundert, hat die beiden Protagonisten von Canossa, Papst Gregor VII. (1073–1085) wie König Heinrich IV. (1056–1106), überlebt und sich bis in das 12. Jahrhundert hinein fortgeschleppt. Das verweist auf die Schwere der Auseinandersetzungen zwischen „Regnum" und „Sacerdotium", zwischen weltlicher und geistlicher Macht, von denen Canossa nur eine Etappe, wenn auch keine ganz unwichtige, darstellt.

Unter einer zeitlich übergeordneten Perspektive relativieren sich also jene Tage im Januar 1077 in ihrer geschichtlichen Bedeutung. Es handelt sich nur um eine Station in einem historisch langen Prozess, an dessen Ende die beiden Kontrahenten, Staat und Kirche, ihre jeweiligen Einflusssphären voneinander abgegrenzt haben. Und so wollen wir uns auch gar nicht länger mit solchen umstrittenen Bewertungen, ob Canossa nun ein Sieg oder eine Niederlage darstelle, und wenn ja, für wen, für den deutschen König Heinrich IV. oder für den römischen Papst Gregor VII., aufhalten. Allzu viel Historiker-Tinte ist darüber schon vergossen worden und wird noch immer darüber verschwendet. Und allenfalls aus der Sicht einer Geschichte der Geschichtsschreibung sind solch unterschiedliche Bewertungen ein und desselben Ereignisses von Interesse. Ungleich wichtiger und angemessener erscheint es, die Vorgänge in einem tieferen historischen Sinne verstehen zu können. Dazu ist es unumgänglich notwendig, in einem ersten Schritt einige Grundlinien der allgemeinen politischen und kirchlichen Entwicklung des 11. Jahrhunderts aufzuzeigen, innerhalb derer das Geschehen von Canossa historisch eingebettet war. Daran anschließend sollen zweitens einige Handlungsbedingungen und -spielräume der beiden Hauptakteure, sprich von Papst und König, in der Zeit unmittelbar vor Canossa, im Jahr 1076, das man auch als ein Jahr der Eskalation bezeichnen könnte, skizziert werden. Schließlich soll drittens das Canossa-Geschehen im eigentlichen Sinne dargestellt werden.

Die politische und kirchliche Entwicklung im 11. Jahrhundert

Wir hatten bisher von Canossa als einer Station in der Auseinandersetzung zwischen „Staat" und „Kirche" gesprochen. Eine solche Formulierung ist insofern misslich, als inzwischen mit guten Gründen die historische Fachwissenschaft einige Schwierigkeiten mit dem früher von ihr recht unbedenklich verwendeten „Staats"-Begriff hat. In aller Regel setzt sie ihn daher gerne in Anführungszeichen, denn mit „Staat" in einem herkömmlichen modernen Verständnis haben mittelalterliche Gesellschaften, zumal solche des ausgehenden 11. Jahrhunderts, noch vergleichsweise wenig gemein. Staatliches Handeln gab es streng genommen damals noch nicht, der König war eben nicht der Repräsentant eines „Staates". Als der Erste unter seinesgleichen, als *primus inter pares*, bezog er seine Legitimation vor allem aus zwei Wurzeln – zum einen aus seiner Wahl durch die Großen des Reiches, zum anderen aus seinem Erbrecht, d. h. ganz konkret aus der Tatsache, dass seine Familie, sein Geschlecht, in männlicher Linie das königliche Amt schon zuvor innegehabt hatte. Bei seinem Handeln blieb der König aber immer auf die Zustimmung seiner Standesgenossen angewiesen. Die Historiker sprechen daher auch gern von einer konsensualen Herrschaftsform. Diese setzte seinem eigenen Handeln als König enge Spielräume, zumal schnelles herrscherliches Reagieren nur bedingt möglich war, denn immer mussten die Standesgenossen vom eigenen königlichen Standpunkt überzeugt, ihre Zustimmung stets eingeholt werden.

Um die eigene Position zu stärken, sprich um autonom, ohne Zustimmung der Großen, handeln zu können, blieb dem König eigentlich nur ein Ausweg: sich verstärkt auf solche gesellschaftliche Machtgruppen einzulassen, die in einer engen Anbindung an das Königtum ihren eigenen Vorteil sahen und deshalb auch ein ganz unmittelbares Interesse an einem starken König haben mussten. Genau diesen Weg sollte das salische Königtum, Konrad II. (1024–1039), Heinrich III. (1039–1056) und schließlich auch dessen Sohn Heinrich IV. (1056–1106), einschlagen. Die so genannten Ministerialen, ursprünglich unfreie Dienstleute, und die Städte wurden von den Saliern als diejenigen neuen gesellschaftlichen Kräftegruppen auserkoren, mit deren Hilfe man versuchen konnte, sich wenigstens partiell dem dominierenden Einfluss immer mächtiger werdender Fürsten zu erwehren. Wie mächtig die Großen des Reiches inzwischen geworden waren, hatte sich bereits am Ende der Regierungszeit von Heinrich III., dem Vater des ‚Canossa-Königs‘, erwiesen. Obwohl dieser König und Kaiser immerhin gleich drei Päpste (Gregor VI. und Silvester III. bzw. Benedikt IX.) auf zwei Synoden (Sutri und Rom 1046) abgesetzt und einen neuen Papst, Clemens II. (Bischof Suidger von Bamberg, 1046–1047), ernannt hatte, war es ihm gegen Ende seiner Regierungszeit nur sehr schwer gelungen, die Wahl seines gleichnamigen Sohnes zum König durchzusetzen. Auf einer Reichsversammlung in Tribur 1053 banden die Großen ihre Zustimmung ausdrücklich an einen noch nie dagewesenen Vorbehalt: So wollten sie den künftigen Heinrich IV. nur dann als neuen König akzeptieren, wenn er sich denn auch als ein rechter Herrscher erweisen würde. Dass Heinrich III. eine solche ‚Gummiformulierung‘ hinzunehmen bereit war, ist ein unübersehbares Indiz für die relative Schwäche – manche Historiker meinen gar das Wort von der „Krise“ verwenden zu müssen –, in die das Königtum Heinrichs III. Mitte des 11. Jahrhunderts geraten war.

Es liegt auf der Hand, dass diese Schwäche des Königtums in der Zeit der Vormundschaft zwischen 1056 und 1065 eher zu- denn abgenommen hatte. Denn der junge, 1050 geborene Heinrich IV. konnte erst mit dem Erreichen seines vollendeten fünfzehnten Lebensjahres, also im Jahre 1065, als König autonom handeln. In der Zeit davor vollzog sich das herrscherliche Handeln zwar offiziell in seinem Namen, doch politisch agierten andere. Dass die eigene Mutter, die Kaiserin Agnes, sich in einer ausgesprochen schwierigen Position befand, kann kaum überraschen. Sie hatte zwei Mankos: Erstens war sie eine Frau und damit eine Vertreterin des *sexus fragilis*, des schwachen, weil weiblichen Geschlechts. Und zweitens war sie keine ‚Deutsche‘, sondern stammte aus dem ‚Ausland‘, aus dem südwestfranzösischen Poitou.

Auch hier drängen sich einem wieder Parallelen zur Moderne auf, in der Politikerinnen einen ausgesprochen schweren Stand haben. Die übrigen politischen Entscheidungsträger, die Großen des Reiches, waren aber allesamt Männer und schon deshalb wenig geneigt, die Entscheidungen der Kaiserwitwe zu akzeptieren. Bereits in den achtziger Jahren des 10. Jahrhunderts, also in ottonischer Zeit, hatte es schon einmal eine Zeit vormundschaftlicher Regierung gegeben, als gleich zwei Frauen, Mutter und Großmutter des jungen Otto III., die Regierungsgeschäfte geführt hatten und auf entsprechende Widerstände gestoßen waren. Umso erstaunlicher bleibt der Umstand, dass Agnes bis 1062 maßgebliche Entscheidungen in der Reichskirche und in den einzelnen Herzogtümern treffen konnte. Sie übte insbesondere sehr dezidiert ihr Investiturrecht aus und ernannte Bischöfe und Äbte. Sie nahm aber auch massiven Einfluss auf die Nachfolge vakant gewordener weltlicher Würden und ernannte beispielsweise 1057 Graf Rudolf von Rheinfelden, den späteren Gegenkönig ihres Sohnes, zum Herzog in Schwaben. Durch die Verheiratung ihrer Tochter Mathilde mit dem neuen Herzog versuchte sie gleichzeitig, dessen Solidarität zum salischen Königshaus zu gewinnen.

Während Agnes also in Deutschland zunächst durchaus aktiv agierte, konnte von einem Einfluss des Reiches auf die Entwicklungen in Rom und im Papsttum keinerlei Rede mehr sein. Vielmehr hatte sich die Situation, verglichen mit der Zeit Heinrichs III., vollkommen verändert. Waren einst wichtige Reformanstöße für das Papsttum und die römische Kirche von außen gekommen und vom Kaiser speziell durch die Ernennung von „deutschen Reformpäpsten" (Leo IX., 1049–1054, und Viktor II., 1055–1057) geradezu erzwungen worden, vollzogen sich jetzt seit dem Tod des Kaisers 1056 die weiteren Reformschritte innerhalb der römischen Kirche autonom. Die früher mehr oder weniger freiwillig akzeptierte Vermittler- bzw. Schiedsrichterrolle des römisch-deutschen Königs und Kaisers wurde Schritt für Schritt von den Kirchenreformern abgebaut. So wurde das seit karolingischer Zeit übliche und in zahllosen Vereinbarungen immer wieder anerkannte Kontroll- bzw. Bestätigungsrecht des Kaisers bei der Wahl eines neuen Papstes ausgehebelt. Im so genannten Papstwahldekret von Papst Nikolaus II. (1058–1061) aus dem Jahr 1059 war nur noch sehr vage von einer Berücksichtigung der „königlichen Ehre" bei der Wahl eines neuen Papstes die Rede, die – ein vollständiger Bruch mit der bisherigen Tradition – im Übrigen auch außerhalb Roms stattfinden konnte. Nicht nur dieser Papst, sondern bereits sein Vorgänger, Stephan IX. (1057–1058), waren ohne Zustimmung des deutschen Hofes auf die *cathedra Petri* berufen worden.

Eine solche Chance, inzwischen offensichtlich von den kirchlichen Reformkräften nicht mehr akzeptierte Rechte erneut ausüben zu können, bot sich erst im Jahre 1061 wieder. Ein in der Papstgeschichte, zumal des Mittelalters, nicht eben unübliches Schisma eröffnete dem deutschen Hof im 11. Jahrhundert zum letzten Mal die Möglichkeit, personalpolitische Entscheidungen mitbeeinflussen und damit auch auf den Gang der Kirchenreform Einfluss nehmen zu können. Einem von den Reformern gewählten und von den süditalienischen Normannen getragenen Papst Alexander II.

(1061–1073) stand ein zunächst von der römischen Aristokratie, den norditalienischen Bischöfen, der Kaiserwitwe Agnes und Teilen des Reichs-
episkopats gestützter Papst, Honorius II. (1061–1064), gegenüber. Das
Schisma wurde in letzter Konsequenz 1064 in Italien militärisch zugunsten
Alexanders II. entschieden. Dass Honorius II. sich nicht hatte durchsetzen
können, hatte unter anderem seine Ursache darin, dass es Agnes nicht gelungen war, für ihren Kandidaten im deutschen Episkopat genügend Unterstützung zu erlangen. Dies lag nicht nur am Kandidaten selber, sondern
auch an dem Umstand, dass ausgerechnet in dieser höchst schwierigen Situation die Kaiserwitwe politisch entscheidend geschwächt war. Im Mittelalter wurde, nicht anders als heute, der Sturz eines politisch Mächtigen
durch persönliche Intrigen vorbereitet. Im Fall von Agnes wurde die Regen-
tin moralisch diskreditiert. Man unterstellte ihr ein intimes Verhältnis mit
einem ihrer führenden Berater, mit Heinrich von Augsburg, der, was der
Sache noch die gewünschte pikante Note verleihen sollte, als Bischof doch
in besonderer Weise zu zölibatärer Lebensführung verpflichtet sein sollte.

Die Krise an der Reichsspitze kulminierte, als der junge Heinrich im
Frühjahr 1062 auf Initiative eines der Hauptkontrahenten von Agnes, des
Erzbischofs Anno von Köln, verschleppt wurde. Fast wäre der künftige Regent dabei kläglich ertrunken, als er, um seinen Häschern zu entkommen,
sich von Bord des Schiffes stürzte, das ihn nach Köln in die Obhut des Erzbischofs bringen sollte. Spätestens jetzt war Agnes endgültig und entscheidend angeschlagen: Vor den Augen aller war demonstriert, dass die Kaiserwitwe unfähig war, die Aufgabe eines Vormunds zu erfüllen. Daher zog sie
sich jetzt endgültig aus der Politik zurück.

Die Zeit bis zum Ende der Vormundschaft und danach bis zum Ende der
sechziger Jahre war im Wesentlichen noch eine Periode der Unselbststän-
digkeit Heinrichs IV., der vom Einfluss mächtiger Fürsten und von lange
zuvor getroffenen Entscheidungen abhängig blieb. An Stelle seines Entfüh-
rers Anno von Köln, der den Bogen überspannt hatte, trat zwar bald (seit
1063) dessen erbitterter Rivale, Erzbischof Adalbert von Hamburg-Bremen,
doch sollte sich für Heinrich selbst vergleichsweise wenig ändern. Denn
auch Adalbert verfolgte vor allem eigene Interessen. Dass die beiden Metro-
politen Feinde waren, ist naheliegend. Die enge geographische Nähe ihrer
beiden Sprengel im Nordwesten des Reiches nährte zwangsläufig zwischen
ihnen eine Rivalität, die darin begründet lag, dass die Kirchenfürsten ver-

suchten, eine einheitliche geschlossene Landesherrschaft aufzubauen, wobei sie auf ursprüngliche königliche Rechte und Besitzungen dank der bestehenden Schwäche der königlichen Zentralgewalt wenig Rücksicht zu nehmen brauchten. Auch die schon in der Zeit seiner Volljährigkeit 1066 geschlossene Ehe mit Bertha von Turin bedeutete die Einlösung einer alten Hypothek. Denn wie im Mittelalter üblich, wurden die Ehen im Hochadel, zumal bei den Fürsten, nach dem Prinzip politischer Opportunität vereinbart. Als sein Vater Heinrich III. 1053 die Braut für seinen jungen Sohn ausgesucht hatte, leitete ihn ein geopolitischer Aspekt: Die Eltern der Braut hielten als Grafen von Savoyen-Piemont einen der Schlüssel über die für die Herrschaft in Norditalien so wichtigen Alpenpässe in ihren Händen.

Anfänge der Territorialisierung und Machtkonsolidierung

Als der junge, mittlerweile 19-jährige Heinrich IV. 1069 versuchte, sich von seiner Gattin scheiden zu lassen, musste dies für alle unübersehbar ein Fanal sein: Der König war – so wird man sein Scheidungsbegehren auch und vor allem interpretieren müssen – nicht länger gewillt, sich wie bisher fremdbestimmen zu lassen. Auch wenn er mit seinem Wunsch weder bei den Fürsten noch bei den Reformern durchdringen konnte und deshalb bei seiner Frau bleiben musste, die ihm mehrere Töchter und Söhne, darunter den ersehnten Thronfolger, gebären sollte, manifestierte der junge Heinrich damit, in Zukunft seine eigenen Entscheidungen treffen zu wollen. Dies machen auch seine nächsten politischen Aktionen unmissverständlich klar. Zunächst versuchte er, durch eine Rückgewinnung der in der Zeit der Vormundschaft verloren gegangenen und entfremdeten Rechte und Besitztümer die eigene Machtbasis zu stärken. Vor allem im östlichen Teil des Herzogtums Sachsen, vornehmlich am Harz und in Thüringen, lagen die bereits von seinem Vater beanspruchten Krongutbezirke, denen Heinrich IV. noch weitere hinzufügen wollte. Auch er bewegte sich damit im Grunde in den gleichen Bahnen wie zuvor schon Anno und Adalbert: Das Ziel war der Aufbau einer möglichst geschlossenen Territorialherrschaft. Es überrascht nicht, dass die Widerstände dagegen sowohl im Adel wie bei den freien Bauern groß waren. Sie sollten sich in letzter Konsequenz zu einem der grausamsten „Bürgerkriege" entwickeln, die es im deutschen Mittelalter je gegeben hat, zumal der König versuchte, nicht zuletzt mit Hilfe landfremder

Dienstleute (Ministerialen) und durch intensiven Burgenbau die Anerkennung seiner königlichen Autorität gewaltsam zu erzwingen.

Bereits die erste Phase des „Sachsenkrieges" (1073–1075) war durch den Einsatz gewaltiger Truppenmengen, vor allem auf Seiten der Sachsen, gekennzeichnet, denen Heinrich, zunächst ohne Unterstützung durch die ihm feindlich gesonnenen Fürsten geblieben, wenig entgegensetzen konnte. Es bedurfte zweier äußerst blutig geführter Feldzüge, um den Sieg über die Sachsen und ihre adligen Anführer zu erringen. Und erst Ende 1075 war die Lage zu Gunsten des Königs endgültig stabilisiert, die Sachsen unterworfen und die Hauptgegner Heinrichs IV. verhaftet. So konnte der König demonstrativ das Weihnachtsfest in Goslar, im Herzen des niedergeworfenen Sachsen, feiern und die Großen des Reiches dazu verpflichten, seinen jungen Sohn Konrad zum König zu wählen.

Diesen Umstand, dass damals, um den Jahreswechsel 1075, Heinrich IV. den Zenit seiner Macht erreicht hatte, gilt es festzuhalten. Denn er kann erklären, warum ausgerechnet jetzt, im Jahr 1076, Heinrich IV. die offene Konfrontation mit dem römischen Papsttum suchte, die er bislang noch sorgsam vermieden hatte.

An dessen Spitze stand als Nachfolger Alexanders II. seit 1073 der Archidiakon Hildebrand, der in Erinnerung an den ersten großen Träger dieses Namens, Gregor den Großen, und auch in Erinnerung an seinen ehemaligen Herrn, den von Heinrich III. abgesetzten Gregor VI., diesen Papstnamen für sich gewählt hatte. Im Vergleich zu Heinrich IV. war der um 1020/1025 geborene und aus eher bescheidenen Verhältnissen stammende Papst eine ganze Generation älter. Aber auch er hatte, vergleichbar mit seinem königlichen Gegenspieler, schwere Zeiten erlebt. So musste er bereits als junger Mann den von Heinrich III. abgesetzten Papst Gregor VI. 1046 „über die Alpen" ins deutsche Exil nach Köln begleiten, aus dem er erst drei Jahre später zusammen mit dem künftigen Papst Leo IX. nach Rom zurückkehren sollte.

Auch 1054 und 1056 weilte Gregor als päpstlicher Legat – ein Indiz seiner raschen Karriere in der kirchlichen Ämterhierarchie – noch zweimal in Deutschland und war unter anderem auch mit dem damaligen Kaiser Heinrich III. zusammengetroffen. Gregor kannte also Deutschland aus eigener Anschauung und wusste vielleicht auch von der starken Macht der Großen im Reich, als sich die Konflikte zwischen ihm und Heinrich IV. zuspitzten.

Welch einflussreiche Stellung Hildebrand spätestens Ende der fünfziger Jahre erlangt hatte, erwies sich bei der nächsten Papstwahl. Der neue Pontifex maximus, Nikolaus II., war ein entschiedener Reformer, der jedoch entgegen üblicher Praxis außerhalb Roms in Florenz gekürt worden war, wo Hildebrand die entscheidenden Fäden geknüpft hatte. Aber auch in den zeitgenössischen Reformdebatten profilierte sich Hildebrand in immer stärkeren Maße, in denen er sich als ein ausgesprochener Fundamentalist entpuppte. So forderte er beispielsweise, dass die so genannten Regularkanoniker – das waren solche Kleriker, die im Unterschied zu den gewöhnlichen Weltpriestern sich in ihrer gemeinsamen Lebensführung an Regeln des kirchlichen Rechts (griechisch: *Kanon*) gebunden fühlten – sich verstärkt am beispielhaften Vorbild der Urkirche orientieren sollten und daher gleich den Aposteln auf persönlichen Besitz zu verzichten hätten. Aber es wäre falsch, sich Hildebrand nur als einen weltfremden christlichen Rigoristen vorzustellen. Denn wie so viele moderne religiöse Fundamentalisten auch besaß Hildebrand einen ausgesprochenen Machtinstinkt, der ihn dazu brachte, bedenkenlos militärische Gewalt einzusetzen, wenn damit nur die eigenen Ziele durchgesetzt werden konnten. Dabei setzte er – ein Charakteristikum eines jeden Fundamentalismus – auf eine religiöse Legitimierung des Krieges, der gemäß christlicher Lehre eigentlich ja streng verboten war. In Hildebrands Augen waren aber Kriege grundsätzlich immer dann gerechtfertigt, wenn es „heilige Kriege" oder, wie er sie nannte, „Kriege für Gott" (*bella Dei*) waren. Mit Hilfe dieses Arguments rechtfertigte er beispielsweise die gewaltsame Eroberung Englands durch Herzog Wilhelm von der Normandie (1066) ebenso wie seine eigene ideologische und praktische Unterstützung der Mailänder Pataria, einer radikalen Volksbewegung, die seit den späten sechziger Jahren versuchte, in der lombardischen Metropole die alten, konservativ gesonnenen städtischen und kirchlichen Autoritäten gewaltsam loszuwerden.

Als Hildebrand schließlich im April 1073 in einer rechtlich nicht ganz einwandfreien Art und Weise als Nachfolger Alexanders II. zum neuen Papst gewählt worden war – weder war in dieser sehr tumultuarisch ablaufenden „Inspirationswahl" das 1059 festgelegte Vorstimmrecht der Kardinalbischöfe beachtet noch gar der König um Zustimmung zur Wahl ersucht worden –, bestimmte von nun an einer der kriegsbereitesten Päpste, der je die römische Kirche regiert hatte, ihren künftigen Kurs.

1076 – das Jahr der Eskalation

Die moderne Friedensforschung hat in zahlreichen Analysen eindrucksvoll gezeigt, in welche Zugzwänge sich häufig die einzelnen am Konflikt beteiligten Akteure begeben. So sind sie häufig nur noch scheinbar Herren des Geschehens, in Wahrheit aber längst zu Gefangenen früher getroffener Entscheidungen geworden, deren weit reichende Konsequenzen sie damals nicht immer zu überblicken vermochten. Die „Julikrise" des Jahres 1914, an deren Anfang ein politisch motiviertes Attentat und an deren Ende der Ausbruch des Ersten Weltkrieges stand, bietet ein klassisches Beispiel dafür. Aber auch das Krisenjahr 1076 ist ein Musterbeispiel solcher sich gegenseitig verschärfender Eskalationen.

Ausgangspunkt des Streites bildeten die in Mailand (1072 bzw. 1075) und in zwei mittelitalienischen Bistümern (Fermo und Spoleto 1075) vorgenommenen Bischofsernennungen durch den deutschen König. Zwar hat man gesagt, dass dieser sich damit im Rahmen des Althergebrachten bewegt habe, dennoch bedeutete das unbedingte königliche Festhalten am eigenen Kandidaten für den erzbischöflichen Stuhl in Mailand eine gezielte Provokation des Papstes. Bereits die noch von Papst Alexander II., Gregors VII. Vorgänger auf der *cathedra Petri*, 1072 ausgesprochene Bannung königlicher Räte anlässlich der ersten Kandidatenbenennung, musste ein unübersehbarer Hinweis für den deutschen Hof sein, dass man in der Mailänder Angelegenheit keinesfalls autonom, d. h. nicht ohne eine Einbeziehung des römischen Stuhles, verfahren konnte. Wie vergleichsweise beherrschbar die Situation sich aber selbst noch im Juli 1075 darstellte, zeigt ein im Grundtenor noch freundlich gehaltenes Schreiben Gregors VII. an Heinrich IV., in dem er diesem zu seinem Reformeifer gratulierte. Doch wohl ohne dass dies der Papst schon gewusst hätte, waren unmittelbar zuvor, im Juni 1075, die grundlegenden königlichen Entscheidungen gefallen, die den weiteren Gang der Dinge dann bestimmen sollten. In Wiederholung seines Verhaltens von 1072 kam es im Herbst 1075 erneut zu einer Ernennung eines Mailänder Erzbischofs durch den König und, als sollte diese Provokation nicht genügen, setzte der deutsche Hof ebenfalls im Herbst 1075 noch Bischöfe in den vakant gewordenen Bistümern Fermo und Spoleto, und damit sozusagen vor der Haustüre Gregors und seiner römischen Kirche, ein. Spätestens jetzt war die Konfrontation unvermeidlich geworden. Man kann auch nicht sagen, dass die Akteure völlig ahnungslos in die Auseinandersetzung hineingestolpert wären – nein, was jetzt Ende 1075 und dann während des Jahres 1076 ablief, glich einer Schachpartie in einem fortgeschrittenen Stadium, in dem Zug und Gegenzug in hohem Tempo aufeinander folgten und an dessen Ende nur das Matt eines der beiden Spieler stehen konnte. Beide Spieler waren bereit, alles einzusetzen, und jeder von ihnen fühlte sich auch stark genug, den Kampf siegreich zu bestehen: Heinrich IV. nach seinen glänzenden militärischen Erfolgen in Sachsen genauso wie Gregor VII., der erst vor kurzem in einem programmatisch zugespitzten Text, dem so genannten *Dictatus Papae*, 27 Thesen über die Einzigartigkeit des römischen Stuhles, des Stellvertreters Christi auf Erden, formuliert hatte.

Das Endspiel begann noch im Dezember 1075, und Gregor VII. war am Zug: Er forderte von Heinrich IV. als einem Sohn der Kirche den schuldigen Gehorsam und drohte mit der Exkommunikation des Königs, sollte dieser weiterhin Umgang mit seinen bereits exkommunizierten Räten pflegen. Heinrich IV., der, wie bereits erwähnt, demonstrativ mitten im unterworfenen Sachsenland, in Goslar, das Weihnachtsfest 1075 feierte, reagierte umgehend: Für Ende Januar 1076 berief er nach Worms eine Synode ein, die mit dem beabsichtigten Paukenschlag endete – 26 Bischöfe erklärten, nicht mehr länger den „Bruder Hildebrand" als Papst anzuerkennen. In äußerst beleidigenden Worten wurde Gregor VII. nahegelegt, vom päpstlichen Thron, den er widerrechtlich eingenommen habe, herabzusteigen. Offensichtlich wagte man es aber nicht, den Papst förmlich abzusetzen, sondern legte ihm eine Selbstabsetzung nahe.

Um den Papst noch weiter in die Enge zu treiben, lud Heinrich IV. in enger zeitlicher Abstimmung mit der Wormser Januar-Synode für Anfang Februar die lombardischen Bischöfe zu einer Synode nach Piacenza, auf der der von ihm frisch ernannte Mailänder Erzbischof Tedald die notwendigen kirchlichen Weihen erhalten sollte. Darüber hinaus konnten die italienischen Bischöfe von den kurz zuvor getroffenen Beschlüssen ihrer deutschen Amtsbrüder in Kenntnis gesetzt werden. Der enge zeitliche Rahmen, der die auf den 24. Januar 1076 einberufene Synode von Worms mit derjenigen von Piacenza verbindet, die ihrerseits auf den 5. Februar 1076 einberufen worden war, zeigt, wie überlegen Heinrich IV. seine einzelnen Züge plante. Noch im weihnachtlichen Goslar musste er zu dem Entschluss gekommen sein, alles auf eine Karte zu setzen und möglichst viele, deutsche wie italienische Bischöfe hinter sich zu sammeln. Daher setzte er schon in Goslar am Jahresende 1075 auch Boten nach Italien in Marsch, denen die Aufgabe zufiel, für Anfang Februar 1076 „alle langobardischen Bischöfe", wie es im Einladungsschreiben hieß, nach Piacenza zu laden. Die Teilnehmer an der Synode von Piacenza wurden von Boten, die innerhalb weniger Tage in Gewaltmärschen die winterlichen Alpen überquerten, über die Wormser Beschlüsse informiert. Auch die italienischen Bischöfe kündigten nun Gregor VII. den Gehorsam auf. Gesandte aus Piacenza übermittelten rechtzeitig zu Beginn der römischen Fastensynode, die für die Woche vom 14. bis zum 20. Februar angesetzt worden war, die in Worms und in Piacenza verabschiedeten Beschlüsse.

Der Papst reagierte sofort. Vermutlich hatte er noch vor Eintreffen der offiziellen Gesandten von diesen Beschlüssen auf informellem Wege Kenntnis erhalten. Darauf deutet jedenfalls die unbewegte Miene, mit der er in der offiziellen Sitzung der Fastensynode die schockierenden Nachrichten angeblich aufnahm. In äußerst spektakulärer Weise setzte er – ein bis dato unerhörter Vorgang – den „Gesalbten des Herrn", den deutschen König, ab, entband ausdrücklich alle dessen deutschen und italienischen Untertanen von ihrem Treueid und exkommunizierte den Monarchen. Damit legte der Papst die Axt an die Wurzeln der Herrschaft Heinrichs IV. Denn die kirchliche Lehre untersagte ausdrücklich jedem Christen den Umgang mit Exkommunizierten. Eine Missachtung dieses so genannten Verkehrsverbotes zog automatisch die Exkommunikation desjenigen nach sich, der sich nicht daran hielt. Damit war es den Gegnern des Königs wie vor allem auch den vielen Lauen und Unentschiedenen möglich, sich hinter einem formalrechtlichen Argument zu verschanzen und jede Unterstützung des gebannten Heinrich mit guten Gründen abzulehnen. Gleichzeitig versuchte der Papst äußerst geschickt, Keile in den so monolithisch erscheinenden Block seiner Gegner zu treiben. Auch schon exkommunizierten Anhängern des Königs wurde die Möglichkeit einer Rückkehr in den Schoß der Kirche eröffnet, wenn sie sich denn auf die Seite des Papstes schlügen und diesen bzw. seine Legaten um Aufhebung der Exkommunikation bäten.

Die Wirksamkeit dieser Strategie sollte sich schon bald erweisen. Nicht nur blieb die von Heinrich als Retourkutsche betriebene Exkommunikation Gregors völlig wirkungslos, sondern es gelang ihm auch nicht mehr, eine genügend große Zahl an Anhängern hinter sich zu bringen. Stattdessen taten sich alte und neue Feinde aus dem Reich und speziell aus Sachsen zusammen. Unter tätiger Mithilfe päpstlicher Legaten versammelten sich im Oktober 1076 in Tribur die Heinrich feindlich gesonnenen Großen des Reiches und stellten dem König ein bedingungsloses Ultimatum: Bis zum Februar des darauffolgenden Jahres müsse sich der König vom Bann befreit haben und in den Schoß der Kirche zurückgekehrt sein, andernfalls die Fürsten ihr Wahlrecht ausüben und einen neuen König wählen würden. Um den Druck auf Heinrich zu erhöhen, luden die in Tribur versammelten Fürsten zugleich den Papst ein, als Schiedsrichter zwischen ihnen und dem gebannten König zu vermitteln. In welch schwieriger, um nicht zu sagen: verzweifelter Lage der König damals im Oktober 1076 steckte, zeigte sich daran, dass er auf die für ihn als reiner Zynismus erscheinenden Vorschläge der Fürsten nicht mit den Mitteln reagieren konnte, auf die er bisher immer mit Erfolg gesetzt hatte. Er war militärisch viel zu schwach, um als Exkommunizierter den offenen Kampf gegen seine Feinde wagen zu können. Vielmehr sah sich Heinrich gezwungen, sich als ein reuiger Sünder zu präsentieren und ein schriftlich formuliertes Bußversprechen abzugeben, in dem er sein bisheriges Verhalten bedauerte und Besserung gelobte.

In dieser für ihn ausweglos erscheinenden Situation wählte Heinrich die einzig ihm verbleibende Option, wollte er sich nicht dem drohenden päpstlichen Schiedsgericht unterwerfen, an dessen ungünstigem Ausgang nicht zu zweifeln war. Es galt, durch einen vom Gegner so nicht erwarteten und ihn daher auch überraschenden Zug dem drohenden Schachmatt zuvorzukommen. Denn Gregor, in genauer Kenntnis der Triburer Oktober-Beschlüsse, hatte sich bereits Anfang Dezember 1076 auf den Weg nach Norditalien gemacht, um rechtzeitig im Februar 1077 bei dem nach Augsburg einberaumten nächsten Fürstentag anwesend sein zu können. Das Weihnachtsfest feierte Gregor bereits in Florenz. Umgekehrt hatten die deutschen Fürsten dem Papst zugesagt, ihn an den Veroneser Klausen abzuholen und sicher über die Alpen nach Deutschland zu geleiten. So entschloss sich Heinrich, mitten im Hochwinter, die Alpen zu überqueren und den Papst noch auf italienischem Boden zu treffen. Da die üblichen Wege über den Brenner bzw. den Großen St. Bernhard für ihn verschlossen blieben, musste er einen der weiter westlich gelegenen Alpenpässe wählen. Er entschloss sich, den Übergang von Savoyen nach Italien über den Mont Cenis zu wagen. Dies lag auch deshalb nahe, da Heinrich sich damit in einer Re-

gion befand, die politisch von seiner Schwiegermutter Adelheid von Turin
dominiert wurde. Nachdem er Weihnachten 1076 – nur ein Jahr nach seinem triumphalen Weihnachtsfest in Goslar – unvergleich bescheidener mit
nur wenigen Getreuen, darunter seiner Frau und dem als Thronfolger vorgesehenen Söhnchen Konrad, in Besançon gefeiert hatte, überquerte er bald
nach Weihnachten die Alpen, um schließlich Anfang Januar bereits in dem
östlich von Turin gelegenen Susa italienischen Boden erreicht zu haben.
Über Turin, Pavia, Piacenza und Reggio, entlang der alten römischen Via
Aemilia, die die Lombardei mit der Adria verband, zog er, von seinen immer
zahlreicher werdenden italienischen Anhängern begeistert begrüßt, dem
Papst entgegen. Obschon Gregor VII. bis nach Mantua gelangt war, hatte er
sich doch auf die Nachricht von Heinrichs Erscheinen in Italien eilends wieder nach Süden, nach Canossa geflüchtet. Diese stark befestigte Burg, in
den Vorbergen des Apennin, gut zwanzig Kilometer südlich von Reggio
nell'Emilia gelegen, war in ihrer Geschichte noch niemals erobert worden
und bot sicheren Schutz. Denn sie gehörte einer der treuesten Anhängerin-
nen von Gregor, der mächtigen Markgräfin Mathilde von Tuszien.

Canossa und seine Akteure

Der Winter des Jahres 1077 war ein Jahrtausendwinter. Dies galt gleicher-
maßen für die Gebiete nördlich wie südlich der Alpen. Die großen Flüsse
wie Rhein und Elbe, Rhône und Loire, Tiber und Po waren teilweise weit bis
in das Frühjahr hinein, bis nach Ostern, zugefroren. Das hatte wenigstens
den Vorteil, sie als Straßen nutzen zu können. Viele Weinstöcke waren aufgrund übermäßiger Kälte völlig ausgetrocknet, zahlreiche Tiere verendet,
die Vögel erfroren. Wegen der unmäßigen Kälte sagte man selbst in der
Weihnachts- und in der Fastenzeit die Gottesdienste ab. Und wenn man sie
denn überhaupt noch abhielt, dann mussten schon viele Feuer angezündet
und viele Kohlen aufgeschichtet werden, mit dem Ergebnis, dass einen in
den Kirchen einerseits die gewaltige Hitze schier verbrannte und andererseits einen die grimmige Kälte schier erfrieren ließ. Der erste Schnee war
schon im November gefallen, und besonders die tiefen Januartemperaturen
hatten für überreichliche Schneemengen gesorgt. Handelt es sich also nur
um literarische Phantasie eines an seinem stilistischen Vorbild, dem antiken Historiker Livius, orientierten mittelalterlichen Geschichtsschreibers,

wenn dieser das Abenteuer des königlichen Alpenüberganges in Analogie
zu Hannibals Alpenüberquerung schilderte: Rutschend, kriechend, sich auf
die Schulter ihrer Bergführer stützend, die Damen auf Ochsenhäuten sitzend, also alles andere als in königlicher Majestät und Würde hätten Heinrich und sein Gefolge den Pass bezwungen?

Der moderne Historiker, der bemüht ist, die mittelalterlichen Ereignisse
zu rekonstruieren, sieht sich vor ein Dilemma gestellt. Wie weit darf er seinen Quellen vertrauen? Dies gilt gerade auch für das Ereignis von Canossa,
denn – wenig überraschend – berichten die Hauptquellen durchaus Unterschiedliches, da sie auch jeweils Unterschiedliches interessiert. Zumeist
sind wir auch gar nicht in der Lage, die Wahrheit des Berichteten, etwa
durch Parallelberichte, zu überprüfen. Deshalb wird man auch niemals
genau bis in alle Einzelheiten hinein wissen können, was in Canossa ‚wirklich geschah‘. Von dieser frommen Illusion sollte man sich möglichst
schnell verabschieden. Und so soll es auch hier nur darum gehen, das historisch einigermaßen Gesicherte und Wahrscheinliche zu bieten. Das ist
zwar ausgesprochen ernüchternd, aber der redlichere Weg. Sicher, es würde
nahe liegen, dem Beispiel vieler mittelalterlicher und moderner Kollegen zu
folgen und seiner Phantasie die Zügel schießen zu lassen: War der Papst,
nachdem ihm Heinrich in Canossa versprochen hatte, sich seinem Urteil zu
unterwerfen und „sich mit ausgebreiteten Armen, in Kreuzesform, vor ihm
niedergeworfen [hatte]“, wirklich „zu Tränen gerührt“? Saß der König
wirklich „finster und wortkarg ... beim Mahle, rührte die Speisen nicht an
und bearbeitete die Tischplatte mit dem Fingernagel“? So und in ähnlichem
Tone sind viele moderne Beschreibungen des Canossageschehens gehalten,
die versucht haben, sich in ihre „Helden“ hineinzudenken. War Heinrich IV.
also tief deprimiert oder hatte er sich nur abgrundtief geärgert?

Man erkennt sehr rasch, in welche Abgründe populärpsycholgischen
Spekulierens man gerät, wenn man dergestalt Geschichte ‚erzählt‘. Zugege-
benermaßen: Plausibel und spannend ist es allemal, und das ist auch der
tiefere Grund, warum man solche Geschichten, die schon das Mittelalter erzählte und insofern auch ‚quellenmäßig‘ belegt und insofern auch ‚wahr‘
sind, in der Neuzeit gerne noch einmal erzählt. Dies gilt beispielsweise auch
für das überlieferte Kratzen an der Tischplatte mit dem Fingernagel eines
vielleicht missmutig gestimmten Königs, dem es den Appetit verschlagen
hatte. Dennoch wird man nie wissen, zumindest so lange nicht, wie man

nicht den Tisch gefunden hat, auf dem sich Heinrichs Kratzspuren wissenschaftlich nachweisen lassen, ob Heinrich seinen Emotionen wirklich freien Lauf gelassen hat und ob er überhaupt in Canossa von solchen Emotionen bewegt war. Gleiches gilt für die ‚Tränen' Gregors VII. Ein ausgekochter, harter, alter Kirchenkämpe, um nicht zu sagen, ein schlitzohriger christlicher Fundamentalist, nach mittelalterlichen Zeitvorstellungen bereits ein Greis, soll dann doch auf einmal emotional so tief bewegt gewesen sein, dass ihm Tränen über seine Backen gekullert sind? Gar zu gerne würde man es glauben, wüsste man es nicht besser: Schon immer hat man im Mittelalter viel und oft geweint, und oft war es Bestandteil eines Rituals, mit dem Vertragspartner öffentlich ihr Einverständnis über eine zwischen ihnen getroffene Vereinbarung signalisierten.

Genug damit, wenden wir uns endgültig den nüchternen Fakten zu und beginnen mit dem Ort des Geschehens. Auch hier muss gleich wieder mit einem weit verbreiteten Mythos aufgeräumt werden. So ist die Burg Canossa, Mitte des 10. Jahrhunderts urkundlich zum ersten Mal erwähnt, nicht der Ort gewesen, an dem die Entscheidung gefallen ist, dass nämlich der Papst die Bußleistung Heinrichs annehmen, die Exkommunikation aufheben und ihn damit auch wieder als rechtmäßigen Herrscher anerkennen werde. Die historische Forschung geht vielmehr davon aus, dass beide Seiten ein Verhandlungsergebnis erzielt haben, das außerhalb von Canossa mit Hilfe von Vermittlern zustande gekommen ist. Vermittler müssen, wenn sie denn Erfolg haben wollen, von beiden Seiten akzeptiert werden und darüber hinaus ein großes gesellschaftliches Prestige genießen. Das lehrt nicht nur die Neuzeit, sondern das war im Mittelalter nicht anders. Unter diesem Aspekt ist es nicht verwunderlich, dass die Vermittlungstätigkeit Ende Januar 1077 von Erfolg gekrönt war. Die unbestritten wichtigsten Vermittler waren Markgräfin Mathilde von Tuszien (†1115) und Abt Hugo von Cluny (1049–1109), und beide genossen sie großes Ansehen. Obwohl Mathilde, wie schon erwähnt, eine vehemente Verfechterin der Kirchenreform und engagierte Anhängerin Gregors war, schied sie, wenigstens zu diesem Zeitpunkt, keinesfalls als Vermittlerin aus. Zwar hatte sie dem Papst ihren Stammsitz Canossa zur Verfügung gestellt, doch kampierte Heinrich nicht etwa in einem notdürftig hergerichteten Feldlager vor den Burgmauern Canossas, sondern er residierte ganz standesgemäß auf Bianello, einer anderen Burg der Markgräfin auf halber Strecke zwischen Reggio und Canossa.

Mathilde hatte also dafür gesorgt, dass der König entsprechend seiner Ehre behandelt wurde und hatte mit dieser auch symbolisch gemeinten Geste zu erkennen gegeben, dass sie als Vermittlerin tätig werden wollte. Erleichtert wurde ihre Vermittlung sicher durch den Umstand, dass Mathilde mütterlicherseits mit dem salischen Hause verwandt war.

Der zweite, mindestens ebenso gewichtige Vermittler war der berühmte Abt eines ebenso berühmten Klosters: Hugo von Cluny, auch er als Taufpate Heinrichs IV. in einer geistlichen Verwandtschaft mit dem König eng verbunden, die als mindestens so wertvoll wie die leibliche galt. Das burgundische Cluny, unweit von Mâcon gelegen und in der ersten Hälfte des 10. Jahrhunderts gegründet, war im 11. Jahrhundert das renommierteste Kloster des lateinischen Westens, renommierter noch als das italienische Mutterhaus der Benediktiner, Montecassino. Cluny verkörperte den Gedanken kirchlicher Unabhängigkeit und kirchlicher Freiheit und damit das Programm der Kirchenreform in nahezu idealer Weise. Denn das Kloster war – in damaliger Zeit eher selten – vollständig unabhängig: unabhängig sowohl von der hochadligen Stifterfamilie wie auch vom normalerweise zuständigen Diözesanbischof, der im Falle Clunys im benachbarten Mâcon residierte. Der Schutzherr Clunys war die heilige römische Kirche und damit die sie repräsentierenden Päpste. Diese hatten seit dem 10. Jahrhundert in zahlreichen Urkunden die einzigartige rechtliche Stellung und die besondere Nähe zu Rom immer wieder aufs Neue bestätigt. Cluny konnte sich also vollständig und unbesorgt der Reform verlotterter Abteien, der klösterlichen Meditation und Liturgie, vor allem aber der so genannten Memorialkultur widmen, die für den gesamten europäischen Hochadel größte Attraktivität ausübte. Denn wenn die frömmsten Mönche des Abendlandes um ihres Seelenheils willen den größten Teil ihres Tages frommen Gebeten und heiligen Gesängen widmeten, dann musste dies doch auch im Falle großer Sünden helfen, die die Menschen ,draußen in der Welt' begangen hatten. Vorausgesetzt, man konnte die Mönche nur dazu bringen – und fromme Gaben, reiche Geschenke und großzügige Schenkungen konnten da sicherlich nicht schaden –, die Namen der noch lebenden und der schon toten Sünder einzutragen in ihre dicken Bücher und ihre langen Schriftrollen, auf dass sie sie nicht vergaßen bei ihren frommen Exerzitien ...

Hugo selbst war 1072, und vielleicht auch noch im Jahr der Eskalation, also 1076, im Reich gewesen, mit Sicherheit hatte er wenigstens auf schriftlichem Weg Kontakt mit dem gebannten Heinrich. Denn als der Abt kurz vor dem päpstlichen Aufbruch Anfang Dezember 1076 mit Gregor in Rom zusammentraf, musste er die päpstliche Absolution in Anspruch nehmen, hatte er doch durch seine Kontakte mit Heinrich gegen das Verkehrsverbot verstoßen. Was Hugo dem König, was Hugo dem Papst geraten hat, wissen wir nicht. Man wird nur mit einiger Wahrscheinlichkeit eine einflussreiche Rolle Hugos annehmen dürfen. Sie wird namentlich von Gregor bestätigt.

Denn in seinem Brief, den der Papst sehr bald an die deutschen Fürsten schrieb, um sie vom Canossaner Ergebnis zu informieren, erwähnte er ausdrücklich den Umstand, dass der Abt zusammen mit Mathilde und anderen hochrangigen Personen per Handschlag sich für den von Heinrich dem Papst geleisteten Eid verbürgt hatte. Auch andere zeitgenössische Geschichtsschreiber wie z. B. der Deutsche Lampert von Hersfeld haben die Bedeutung dieser Bürgschaftsleistung von Seiten Hugos betont, auch wenn der Abt unter Hinweis auf seinen Status eine Eidesleistung abgelehnt hatte.

Eine berühmte Miniatur, die sich in der Handschrift des die Canossa-Ereignisse schildernden Lokalhistorikers Donizo findet, hat die Rolle des Abtes in seiner Vermittlerfunktion gebührend festgehalten. Da findet man den König abgebildet, unverhältnismäßig kleiner, in bittender Pose, das eine Knie am Boden, das andere demütig gebeugt, sitzend hingegen in statuarischer Würde die beiden Vermittler, Abt Hugo und Markgräfin Mathilde, im Zeigegestus aufeinander verweisend. Die Bildunterschrift lautet: „Der König bittet den Abt und fleht Mathilde demütig um Hilfe an."

Die Verhandlungen selbst wurden quasi an einem neutralen dritten Ort geführt: Es handelt sich um die ebenfalls markgräfliche Burg Montezane, in deren Nikolauskapelle auch die entscheidenden Gespräche zwischen dem König und den als Vermittlern tätigen Mathilde und Hugo geführt wurden. Wie lange sie dauerten, weiß man nicht genau, vielleicht genauso lang wie die dann als Ergebnis dieser Gespräche anberaumten dreitägigen Bußleistungen. Sie begannen am Mittwoch, dem 25. Januar und endeten am Freitag, dem 27. Januar. Das Datum des 25. Januars als Beginn der königlichen Buße dürfte keinesfalls ein Zufall gewesen sein. Im Mittelalter legte man größten Wert auf symbolische Daten, und gerade der 25. Januar war ein solches, das geradezu ideal passte. Denn an einem solchen Datum hatte sich der alte Sünder und Christenverfolger Saulus – so las man es immer wieder gern in der Apostelgeschichte – zum neuen Apostel und Heidenbekehrer Paulus gewandelt und gebüßt, was ebenfalls drei Tage in Anspruch nahm, wenn auch nicht im italienischen Canossa, sondern im syrischen Damaskus. Geht man von einer vollen dreitägigen Bußleistung aus, fand die bereits erwähnte Szene der Wiederversöhnung zwischen Papst und König, eingeleitet durch einen Fußfall Heinrichs, seine vorher vertraglich vereinbarte Beschwörung, sich dem päpstlichen Schiedsgericht zwischen ihm und den deutschen Fürsten zu unterwerfen, seine Bannlösung und die darauf folgende Abendmahlsfeier und das abschließende gemeinsame Mittagessen, dann am folgenden Samstagvormittag und Samstagmittag, also am 28. Januar, statt.

Die dreitägigen Bußleistungen fanden – und darin sind sich mittelalterliche wie moderne Historiker einig – im Unterschied zum Ort der eigentlichen Verhandlungen – unmittelbar in der Burg, genauer vor der zweiten Ringmauer der von einem dreifachen Wall geschützten Anlage statt. Sicherlich wird Heinrich auch die von einem Büßer erwartete Kleidung – ein einfaches Wollgewand – während seiner Buße getragen haben. Ob er aber wirklich vom frühen Morgen bis zum Nachmittag an drei Tagen, zumal ohne Schuhe, also mit bloßen Füßen, in winterlicher Kälte ausgeharrt hat, wie der Papst es seinen Anhängern nach Deutschland berichtet, diese Nachricht wird mit Fug und Recht, weil schon aus physischen Gründen kaum vorstellbar, heutzutage nicht mehr geglaubt. Manche modernen Historiker haben auch die Vermutung geäußert, dass vielleicht nur am Tage der offiziellen Wiederversöhnung es zu diesem öffentlichen Akt gekommen ist. Nichts Genaues weiß man nicht, und Gleiches gilt auch für die von fast allen zeitgenössischen Quellenberichten überlieferte gemeinsame Abendmahlsfeier von Papst und König nach der von Gregor erteilten Absolution. Nach einem Teil der Quellen hat Heinrich nicht kommuniziert, weil er sich – so lautet eine Begründung – als unwürdig bezeichnet hat. Eine andere Quelle (Lampert von Hersfeld) baut eine ganze ‚Geschichte‘ um die angebliche Abendmahlsverweigerung des Königs. Ihr zufolge hatte Heinrich schlichtweg Angst. Denn zuvor hatte Gregor sein Kommunizieren mit einer ausdrücklichen Aufforderung an Gott verbunden: Dieser solle ihn unverzüglich mit dem Tode bestrafen, wenn er, der Papst, sich schuldig gemacht habe. Selbstverständlich blieb Gregor am Leben, auch nachdem er die Hostie hinuntergeschluckt hatte. Solche erbaulichen Geschichten erscheinen wenig glaubhaft, war doch das vollzogene Abendmahl der logische und endgültige Abschluss der von Heinrich intendierten Wiederaufnahme in die Schar der Gläubigen. Welchen Sinn hätte eine Weigerung gehabt, von der im Übrigen derjenige, der es nun am besten wissen musste, nämlich Gregor, nichts weiß, sondern im Gegenteil die gemeinsame Abendmahlsfeier ausdrücklich erwähnt. An dieser Stelle sei abgebrochen. Viel gäbe es noch zu erzählen, wie die Geschichte nach Canossa weiterging, von den Kämpfen Heinrichs in Deutschland und in Italien, vom noch im selben Jahr gewählten Gegenkönig, seinem Schwager Rudolf von Rheinfelden, von dessen unglücklichem Ende, von der zweiten Bannung Heinrichs 1080, vom Gegenpapst Clemens III., vom Unglück Heinrichs mit seinen Söhnen ... Doch das sind andere Geschichten, andere „Höhepunkte", die sich später, nach Canossa, ereignet haben. Vielleicht ist der oder die eine oder andere LeserIn auch enttäuscht, dass bei genauerer Betrachtung vom „Höhepunkt Canossa" so wenig übrig geblieben ist, genauso wenig wie von der Burg selbst, die, in späterer Zeit mehrfach zerstört, am Ende des geschichtsbegeisterten 19. Jahrhunderts wieder Gegenstand des lokalhistorischen Interesses geworden ist. Die Phantasie wird also gefordert, will der moderne Besucher sich heute noch vom Genius Loci einfangen lassen.

Die Eroberung Jerusalems auf dem Ersten Kreuzzug 1099

MARIE-LUISE FAVREAU-LILIE

Am 7. Juni 1099 erreichte das Heer des Ersten Kreuzzuges, eine „pilgernde Kirche" (Elm 2001, S. 48), Jerusalem. Die Kreuzfahrer hatten bereits einen entbehrungs- und verlustreichen Marsch mit fast ununterbrochenen Kämpfen durch Kleinasien und Syrien, den Kampf um Antiochia und den weiteren Marsch gen Süden durchgestanden. Als ihnen bewusst wurde, wie nahe Jerusalem vor ihnen lag, waren sie zutiefst bewegt. Sie vergossen, wie der Zeitgenosse und Chronist des ersten Kreuzzugs Albert von Aachen sehr anschaulich schildert, Freudentränen, weil sie dem Ziel ihrer Sehnsucht so nahe waren, jenem Ziel, um dessentwillen sie so viele Mühen, Gefahren, Tod und Hunger erduldet hatten. Rund acht Kilometer nordwestlich von Jerusalem bot sich den Kreuzfahrern von der Höhe eines Hügels, auf dem später ein Kloster gegründet wurde, unversehens ein Blick auf die Heilige Stadt. Dieser Anblick versetzte sie geradezu in Ekstase. Folgen wir dem Jahrzehnte später schreibenden und ältere Berichte zusammenfassenden Chronisten Erzbischof Wilhelm von Tyrus, so stöhnten und seufzten sie freudig und vom heiligen Geist erfüllt, und sie nannten in Erinnerung an diesen unvergesslichen Moment diesen Hügel später „Berg der Freude" (lat. *mons gaudii*, altfrz. *montjoye*). Die Sehnsucht nach der Stadt Jerusalem, dem Ziel, dem sie seit über zwei Jahren all ihre Kraft gewidmet hatten, beflügelte sie geradezu. Sie vergaßen rasch alle Anstrengungen und ihre Erschöpfung, beschleunigten ihren Marsch, den sie nun, wie Wilhelm von Tyrus erinnert, zu Fuß und fast ausnahmslos barfuß nach Pilgerart fortsetzten, bis die Stadtbefestigungen sie aufhielten. Nun weinten sie erneut vor Freude, priesen und lobten Gott, um anschließend die Belagerung der Stadt in Angriff zu nehmen.

Die Belagerung der stark befestigten Stadt

Die Befreiung Jerusalems von der Herrschaft der Muslime, d. h. von der Herrschaft der in Kairo residierenden Fatimidenkalifen, war seit dem Aufbruch der Kreuzfahrer im Herbst 1096 das Ziel dieses ungewöhnlichen Kriegszuges gewesen. Am 7. Juni 1099 begann die Belagerung Jerusalems, die fast vierzig Tage dauern sollte, bis die Stadt in die Hände der Kreuzfahrer fiel.

Betrachten wir zunächst die gesicherten Fakten: Es ist problemlos möglich, aus den Teilnehmerberichten und anderen zeitgenössischen Quellen, die durch Erzählungen heimgekehrter Kreuzfahrer angereichert wurden, alle wesentlichen Maßnahmen und Ereignisse während der Zeit der Belagerung und den Ablauf des erfolgreichen zweiten Sturmes auf die Stadt zu rekonstruieren.

Die steile Lage Jerusalems über dem Kidrontal erschwerte eine Belagerung; mit Aussicht auf Erfolg war ein Angriff allenfalls von Norden und Südwesten her möglich. Beeindruckende Mauern verliehen Jerusalem zusätzlich den Charakter einer starken Festung. Für die Verteidigung wie auch die Verwaltung war, wie bereits vor der Eroberung der Stadt durch die Seldschuken 1071, seit der fatimidischen Rückeroberung im Jahre 1098 ein durch den Kalifen eingesetzter Wesir zuständig.

Dieser hatte bereits auf die Nachricht von der bevorstehenden Ankunft des Kreuzheeres hin gründlich vorgesorgt, wobei er auf eine aus mehreren hundert Mann bestehende Garnison zurückgreifen konnte, die aus seldschukischen und fatimidischen Kriegern bestand. Man hatte die Befestigungen verstärkt, in der Stadt Lebensmittel- und Wasservorräte angelegt und in der Umgebung Jerusalems alles zerstört und unbenutzbar gemacht, was den Kreuzfahrern hätte nützen können. Da man voraussah, dass die Wasserversorgung von Mensch und Tier ein existenzielles Problem des christlichen Heeres sein würde, machte man die Trinkwasservorräte außerhalb der Stadt durch Verunreinigung der Brunnen ungenießbar und sorgte außerdem für eine Bewachung der Quellen. Vorsorglich wies man auch alle Christen aus Jerusalem aus, da man sie der Bereitschaft zur Kollaboration mit den Feinden verdächtigte. Immerhin war es in Antiochia ein (armenischer) Christ gewesen, der die Kreuzfahrer in die Stadt gelassen hatte.

Ein gravierendes Problem der Belagerer war ihre geringe Zahl; das Kreuzheer bestand aus höchstens 1 200 Rittern und 12 000 Mann Fußvolk, vielleicht sogar nur noch aus rund 10 000 Bewaffneten. Sie waren außerstande, die gut vier Kilometer langen Befestigungsanlagen der Stadt vollständig einzuschließen. Normalerweise lebten in Jerusalem auf rund dreißig Hektar Fläche nur einige tausend Menschen, im Sommer 1099 hielten sich dort wegen der vielen Flüchtlinge, die sich vor den Kreuzfahrern hierher in Sicherheit gebracht hatten, deutlich mehr Menschen auf, doch hatte die Stadt zum Zeitpunkt der Belagerung nach Schätzungen keinesfalls mehr als 20 000 Bewohner.

Die Belagerer konzentrierten sich deshalb auf die Belagerung jener Mauerabschnitte, die verwundbar schienen, und verteilten ihre Heerlager entsprechend (vgl. Übersichtskarte auf S. 113). Sie schlossen die Stadt von Norden, Nordwesten und Westen ein, während der Süden frei blieb. Der Normanne Tankred lagerte mit seinem Kontingent vor einem Turm in der Nordwestecke der Stadtmauer unweit des Davidsturmes, der beim heutigen Jaffator gelegenen Zitadelle. Die Grafen Robert von Flandern und Hugo von St. Pol ließen sich vor der Westmauer nieder. Herzog Robert von der Normandie und andere errichteten ihr Lager an der Mauer unweit des Stephanstores. Herzog Gottfried von Lothringen, der sein Lager zunächst seitlich neben dem Davidsturm aufgeschlagen hatte, und Graf Raimund von Toulouse mit zwei italienischen Bischöfen, die anfänglich mit ihren Truppen vor dem Tor des Davidsturmes lagerten, verlegten ihre Lager bald an Standorte, die geeigneter erschienen: Während der Graf von Toulouse gegen den Willen der übrigen Anführer auf den Zionsberg vor die Südwestecke der Stadtmauer zog, verlegte Gottfried sein Lager nach Norden und nahm an dem Mauerabschnitt östlich des Lagers Herzog Roberts von der Normandie und östlich der großteils zerstörten Stephanskirche Quartier.

Die Belagerung zog sich wochenlang hin, weil das zweite Problem, der Mangel an geeignetem Belagerungsgerät, nur unter Schwierigkeiten gelöst werden konnte. In diesem Zusammenhang erschien die Lösung des dritten Problems, mit dem die Belagerer zu kämpfen hatten, ihre Versorgung mit Trinkwasser und Lebensmitteln, zeitweilig unlösbar.

Der Fehlschlag des bereits wenige Tage nach der Ankunft vor Jerusalem, am 13. Juni, unternommenen ersten Sturmes auf die hohen Stadtmauern verdeutlichte den Kreuzfahrern die Grenzen ihrer Möglichkeiten: Sie besaßen nicht genügend Sturmleitern und Belagerungsmaschinen und überhaupt keine Belagerungstürme. Zwar waren unter den Kreuzfahrern aus Lothringen und Nordfrankreich einige, die sich auf den Bau solcher Geräte verstanden, doch mussten erst Einheimische ausfindig gemacht werden, die bereit waren, die ortsunkundigen Kreuzfahrer bei der Suche nach geeignetem Bauholz zu unterstützen.

Zudem demoralisierten die äußeren Umstände, vor allem die Knappheit an Lebensmitteln und Trinkwasser, bei zunehmender Sommerhitze das Heer. Der Mangel an Nahrung ließ schon nach wenigen Tagen das Schlimmste befürchten. Die Ankunft einer kleinen, aus einem halben Dutzend Schiffen bestehenden genuesischen Flotte auf der Reede vor Jaffa am 17. Juni 1099 brachte die Wende.

Bereits vor Antiochia hatten die Genuesen als Lieferanten von Lebensmitteln dem Kreuzheer gute Dienste geleistet, und auch jetzt hatten ihre Schiffe Lebensmittel geladen, die die schlimmste Not der Kreuzfahrer linderten. Außerdem besaßen die Genuesen wichtiges Werkzeug und Materialien, die für den Bau von Kriegsgerät unentbehrlich waren: Äxte und eiserne Nägel, dazu Seile und Masten. Mit diesen Dingen zogen sie von der Küste nach Jerusalem, um dort gemeinsam mit den Kreuzfahrern aus der Provence vor dem südlichen Stadtmauerabschnitt, gegen den der Graf von Toulouse seinen Angriff richtete, einen Belagerungsturm zu errichten, der am 12. Juli vollendet war, und um anschließend den zwischen der Mauer und dem Turm gelegenen tiefen Graben zuzuschütten. Unterdessen organisierten im Nordwesten der Stadt Herzog Gottfried und Herzog Robert von der Normandie den Bau zweier weiterer Türme, die erheblich höher waren als die Stadtmauern. Buschholz für die Verkleidung von Schutzvorrichtungen beschaffte man aus dem Bergland von Samaria, und Stämme größerer Bäume – Tannen, Zypressen und Kiefern –, wie man sie zum Bau der Türme und Maschinen benötigte, fanden sich wohl auf halbem Weg zwischen dem Lager der Kreuzfahrer vor Jerusalem und dem Tal Josaphat. Auf wohlversteckt gelagerte, zugeschnittene lange Balken, die bereits die ägyptischen Belagerer Jerusalems 1098 für den Bau von Belagerungsmaschinen verwendet hatten, stieß man durch einen glücklichen Zufall.

Angriff an drei Mauerabschnitten

Nachdem am 13. Juli schließlich auch der letzte der drei Belagerungstürme fertiggestellt war, begann man umgehend mit dem Angriff, der an den verschiedenen Mauerabschnitten jedoch nicht gleich rasch voranging. Obwohl es dem Grafen von Toulouse bereits am 14. Juli gelang, mit Hilfe der Genuesen den gemeinschaftlich erbauten Turm direkt an die Südwestmauer der Stadt heranzumanövrieren, erfolgte hier der Durchbruch nicht so rasch wie im Norden. Dort brachte Herzog Gottfried seinen Turm am 15. Juli dicht beim damaligen Herodestor direkt an die Mauer und ließ auf diese von oben eine Brücke hinab. An der Stelle, an der der Herzog gleich nach zwei Rittern aus seinem Gefolge zusammen mit dem Normannen Tankred in die Stadt eindrang, um mit seinen Leuten die Stadttore von innen zu öffnen, wurde zur Erinnerung ein Steinkreuz errichtet, das dort bis zur muslimischen Rückeroberung Jerusalems 1187 zu sehen war. Kurz nach Gottfried erzielten auch die provenzalischen Kreuzfahrer den entscheidenden Durchbruch, indem sie vom Zionsberg aus mit Hilfe ihres Turmes die südliche Stadtmauer überwanden und den Wesir, der den Kampf rasch verloren gegeben und sich mit seinen Mannen in die Zitadelle (Davidsturm) geflüchtet hatte, zwangen, sich zu ergeben. Er durfte nach Auslieferung der Zitadelle und der reich gefüllten Kriegskasse an den Grafen von Toulouse mit allen Bewaffneten der Garnison ungehindert nach Askalon abziehen.

Als die ersten Lothringer über die Mauer in die Stadt vorstießen, gelang es auch den Rittern aus der Normandie und Flandern, beim Stephanstor (heute: Damaskustor) eine Bresche in die Stadtmauer zu legen, sodass sie mit ihren Leuten kurz nach den Lothringern in die Stadt eindrangen. Ziel aller Invasoren, die jeden, der sich ihnen in den Weg stellte, mit dem Schwert niederschlugen, waren die wichtigsten Fluchtpunkte der muslimischen Zivilbevölkerung und der letzten Verteidiger, die beiden großen Moscheen (al-Aqsa-Moschee und Omar-Moschee/Felsendom) auf dem Tempelplatz; die Juden hingegen flüchteten sich teilweise in die Synagoge ihres Wohnviertels. Während zweier Tage erschlugen die Kreuzfahrer nicht nur die letzten hartnäckigen muslimischen Verteidiger, sondern sie töteten auch viele andere Bewohner. Die Hoffnung der Muslime, dass die Kreuzfahrer die Moscheen als heilige Orte respektieren würden, war illusorisch. Selbst ein Anführer wie Tankred war in der al-Aqsa-Moschee ohnmächtig gegenüber der Mordlust der einfachen Kreuzfahrer und nicht einmal imstande, jenen Muslimen das Leben zu retten, die sich unter dem Schutz seines Banners auf das Dach der Moschee zurückgezogen hatten. Übrigens ging dieser vergebliche Rettungsversuch Tankreds wohl weniger auf etwaige ‚humanitäre‘ Beweggründe zurück als vielmehr auf die Hoffnung, für die Gefangenen ein Lösegeld erzielen zu können. Es erscheint allerdings keineswegs als sicher, dass sich, wie ein arabischer Historiker im 13. Jahrhundert berichtet, unter den getöteten Muslimen tatsächlich auch Religi-

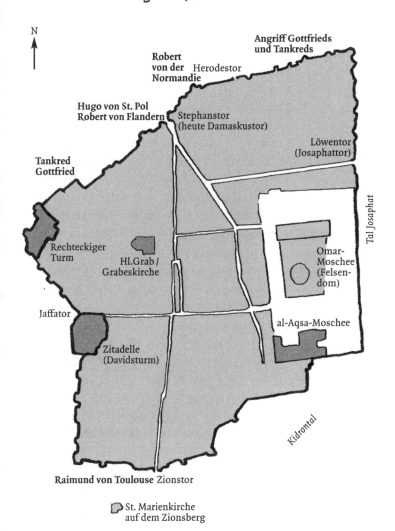

St. Stephanskirche

N

Angriff Gottfrieds
und Tankreds

Robert
von der Herodestor
Normandie

Hugo von St. Pol
Robert von Flandern Stephanstor
(heute Damaskustor)

Löwentor
(Josaphattor)

Tankred
Gottfried

Tal Josaphat

Rechteckiger
Turm Hl.Grab /
Grabeskirche

Omar-
Moschee
(Felsen-
dom)

Jaffator

al-Aqsa-Moschee

Zitadelle
(Davidsturm)

Kidrontal

Raimund von Toulouse Zionstor

St. Marienkirche
auf dem Zionsberg

Die Lager der Kreuzfahrer vor den Mauern Jerusalems während des Sturms auf die
Stadt (13.–15. Juli 1099)

onsgelehrte, fromme Männer und Asketen befanden, die angeblich aus ihren Heimatländern nach Jerusalem übergesiedelt waren, um ihre Tage in der Nähe des von den Muslimen verehrten Ortes der Himmelsreise Mohammeds zu beschließen.

Juden waren ganz gewiss unter den Opfern. Die jüdischen Einwohner der Städte Palästinas hatten sich, weil sie über die Pogrome, die sich 1096 im Rheinland ereignet hatten, informiert waren, beim Anmarsch der Kreuzfahrer in die als besonders sicher geltenden Städte, nach Jerusalem und Askalon, geflüchtet. In Jerusalem hielten sich bei der Ankunft der Kreuzfahrer daher auch jüdische Flüchtlinge aus anderen Städten auf. Angeblich waren die Juden nach dem Beginn der Belagerung für die Verteidigung der Mauern ihres Quartiers zuständig, das im Norden der Stadt zwischen Damaskustor und Löwentor gerade dort lag, wo Herzog Gottfried die Stadt am 15. Juli erfolgreich angriff. Allerdings hatte sich nur ein Teil der Juden in der Synagoge versammelt, die von den Kreuzfahrern in Brand gesteckt wurde. Diese Juden kamen im Feuer ums Leben. Ein gezieltes, allgemeines Massaker an den Juden gab es jedoch nicht, von einem Pogrom, dem die gesamte Gemeinde zum Opfer gefallen wäre, kann keine Rede sein.

Mit dem Gemetzel einher ging die Plünderung der Stadt durch die Kreuzfahrer. Diese machten reiche Beute: Gold, Silber und vieles andere. Besonders beeindruckend war wahrscheinlich die Menge an Kostbarkeiten, die ihnen in der Omar-Moschee in die Hände fielen, darunter angeblich fast zweihundert silberne Lampen. Hatte der Normanne Tankred zunächst gehofft, diesen Teil der Beute für sich zu reservieren, da er vor allen anderen Kreuzfahrern diese Moschee besetzt hatte, so zwangen ihn die übrigen Anführer doch, im Rahmen der Aufteilung der gesamten Beute vor allem unter die mittellosen Kreuzfahrer, zum Verzicht auf den gesamten Schatz. Er erhielt nur einen Teil.

Nach dem Ende des Blutbades und der Plünderungen versammelten sich die Führer der Kreuzfahrer am 17. Juli vor dem späteren Templum Domini, der Omar-Moschee, um über die Verteilung der Beute und Almosenspenden zu beschließen und die Beseitigung der Toten zu organisieren, die auf den Straßen und in den Gebäuden der Stadt lagen; man traf Entscheidungen, die zu der Gründung des Kreuzfahrerkönigsreichs Jerusalem und zur Gründung einer lateinischen Kirche in diesem Reich führten. Jerusalem gelangte unter die Herrschaft der lateinischen Christen, die keinerlei Rechtansprüche auf die Stadt besaßen, es wurde zum attraktiven Ziel westlicher Pilger-scharen. Davon soll hier jedoch nicht weiter die Rede sein. Auch die heraus-ragende Bedeutung der Eroberung Jerusalems für die weitere Kreuzzugsbe-wegung und damit für die Identität des lateinischen Europa in Abgrenzung von Byzanz und den islamischen Mächten ist hier nicht zu erörtern.

Die Eroberung Jerusalems im Urteil der Jahrhunderte

Betrachten wir nach diesem kurzen Überblick die Einschätzung der Erobe-rung Jerusalems in der Geschichtsschreibung. Wie beurteilen Historiker seit dem 18./19. Jahrhundert die Einnahme Jerusalems und vor allem das Blutbad der Kreuzfahrer an der Jerusalemer Bevölkerung? Welche ideellen und materiellen Folgen hatte die Eroberung Jerusalems für das Verhältnis zwischen den Nachfahren der lateinischen Eroberer und denen der Opfer, Muslimen wie Juden?

Die bisherige Geschichtsforschung ist den lateinischen und auch den ara-bischen Chronisten, die das Geschehen teilweise sehr detailliert schildern, weit gehend gefolgt. So glaubte man bis in die neunziger Jahre des 20. Jahr-hunderts, dass die Kreuzfahrer in Jerusalem viel schlimmer gewütet hätten als in anderen Städten Syriens und Palästinas, die ebenfalls im Sturm er-obert werden mussten. Die Vorstellung, dass sämtliche Einwohner Jerusa-lems durch die Kreuzfahrer umgebracht worden sind, hält sich selbst heute noch und dies, obwohl mittlerweile feststeht, dass zwar in der Tat sehr viele Tote zu beklagen waren, dass aber die Opferzahlen, die von den lateinischen und arabischen Chronisten genannt werden – 10 000 aus lateinischer Sicht, 70 000–100 000 aus muslimischer – in jedem Fall viel zu hoch gegriffen sind. Allenfalls die in der lateinischen Überlieferung genannte Zahl (10 000) lässt sich mit der bereits weiter oben erwähnten Schätzung der Einwohner-zahl (maximal 20 000) in Einklang bringen. Während die Kreuzzugschro-nisten und die späten arabischen Geschichtswerke generell den Eindruck erwecken, es habe niemand überlebt, erweisen andere, zuverlässigere Quel-len, vor allem hebräische Dokumente und zeitnahe arabische Dichtung, dass längst nicht alle Einwohner Jerusalems umkamen.

Zunächst einmal überlebte ein Teil der Muslime. Manche retteten sich wohl aus der Stadt nach Damaskus, wo nach Auskunft zeitgenössischer ara-bischer Quellen eigens Quartiere für sie errichtet wurden. Die in Jerusalem

Zurückgebliebenen, die die Ausschreitungen überlebt hatten, galten den Kreuzfahrern als Teil ihrer Kriegsbeute. Man verpflichtete sie nach Ende des Blutvergießens zunächst zur Beseitigung der Leichen, die – soweit aufgrund des Holzmangels möglich – zu riesigen Haufen gestapelt verbrannt wurden. Wie viele Muslime gegen eine Lösegeldzahlung freikamen oder später freigekauft werden mussten, bleibt unklar. Jedenfalls galt für sie (als „Heiden") ein Niederlassungsverbot in Jerusalem; sie mussten die Stadt verlassen. Dieses Verbot bewirkte einen massiven Bevölkerungsverlust, den weder die Rückkehr der vor der Belagerung von den muslimischen Autoritäten ausgewiesenen orientalischen Christen noch die später im 12. Jahrhundert vorgenommene Ansiedlung arabischer Christen aus dem jenseits des Jordan gelegenen Gebiet des Königreichs Jerusalem (Transjordanien) im früheren Judenviertel ausgleichen konnte.

Obwohl das Niederlassungsverbot für die wirtschaftliche Entwicklung Jerusalems sehr nachteilig war, so wurde es doch niemals aufgehoben. Nach einiger Zeit machten die Franken jedoch gewisse Zugeständnisse, indem sie muslimischen Kaufleuten ein Besuchsrecht zur Wahrnehmung ihrer Geschäfte in der Stadt bewilligten und ihnen auch den Besuch des Tempelplatzes gestatteten.

Was die Juden Jerusalems betrifft, so steht fest, dass ein Teil von ihnen ebenfalls überlebte. Jene, die mit dem Leben davonkamen, mussten sich ebenso wie die Muslime an der Beseitigung der Leichen beteiligen. Sie wurden teils gegen Lösegeld freigelassen, teils in die Sklaverei nach Süditalien oder nach Ägypten verkauft. Für ihren Freikauf oder das Lösegeld brachten verschiedene Judengemeinden in Ägypten und Europa die Mittel auf. Die Freigekauften verließen Jerusalem und gingen nach Askalon, um von dort weiter nach Ägypten zu ziehen.

Auch die Heiligen Schriften der Jerusalemitaner Gemeinde entgingen der Vernichtung, denn die Kreuzfahrer behandelten sie besser als die erbeuteten Koranhandschriften und machten sie nach Ende der Kämpfe zu Geld. Die jüdische Gemeinde zu Askalon war dank ihrer Finanzkraft imstande, sie den Kreuzfahrern abzukaufen: acht Thorarollen, 220 Handschriften des Pentateuch und einhundert Hefte mit Texten der Propheten gelangten auf diese Weise nach Askalon.

Von dem Ansiedlungsverbot für Heiden waren die Juden zwar nicht betroffen, doch kehrten sie nicht in ihr altes Stadtviertel zurück. Sie ließen sich unweit der Zitadelle beim Jaffator außerhalb der Stadt nieder und betrieben dort das Färberhandwerk, in dem sie das Monopol besaßen.

Verwirft man die Opferzahlen der Quellen als viel zu hoch, so ist es eigentlich nicht angemessen, das in Jerusalem von den Kreuzfahrern angerichtete Blutbad nicht nur als einen „Massenmord" (Mayer), sondern sogar als einen der „wichtigsten Massenmorde seit Christi Geburt" zu bezeichnen, wie man dies nach dem Ende der Nazizeit vor über 50 Jahren getan hat (so G. Ludwig 1951, S. 10 f.).

Überhaupt wurde unter dem Eindruck des Holocaust das Urteil mancher Historiker kritischer, zugleich aber auch wegen Anwendung moralischer Kategorien der Gegenwart auf das Mittelalter ahistorischer. Ist es tatsächlich angemessen, den Ersten Kreuzzug, die Eroberung Jerusalems eingeschlossen, mit dem Holocaust zu vergleichen und damit eine Parallele zu ziehen zwischen den Denkkategorien der Kreuzfahrer und der nationalsozialistischen Rassenideologie? Ebenso zweifelhaft ist, ob es dem Verständnis der Hintergründe und Motive dient, die Kreuzfahrer in Jerusalem mit KZ-Kapos zu vergleichen, wie dies Friedrich Heer getan hat (1969, S. 56), und es erscheint wenig überlegt, die blutigen Ausschreitungen gegen die Bevölkerung, zu denen es bei der Eroberung Jerusalems kam, ebenso wie die Kreuzzugsbewegung insgesamt als Ausdruck „organisierter, systematisch betriebener und ideologisch fundierter Gewalt" zu bezeichnen, die sich seither bis in die jüngste Gegenwart fortgesetzt hätte (Armanski 1995, S. X). Vollends unsinnig und ein Zeichen für die völlige Verkennung des die Kreuzfahrer zum Handeln treibenden geistigen Hintergrundes ist es, die Eroberung Jerusalems als „Präludium der Nazizeit" zu verurteilen (Deschner 1999, S. 358–361).

Die überspitzten negativen Urteile der letzten Jahrzehnte überraschen aber im Grunde nicht, denn die Kreuzzüge insgesamt und damit auch speziell die Vorgänge bei der Eroberung Jerusalems sind je nach geistigem und politischem Horizont der Autoren seit dem Zeitalter der Aufklärung ganz verschieden beurteilt worden. Sie schwanken im 19. und 20. Jahrhundert zwischen dem positiven, idealistischen Ansatz eines Friedrich Schlegel (1810/1811) und eines Adolf Waas (1956) und dem Zynismus eines Friedrich Nietzsche (Der Antichrist, 1895), der in dem Blutbad, das die Kreuzfahrer in Jerusalem anrichteten, nichts weiter sah als die Manifestation eines sich jeglicher moralischen Bewertung entziehenden Machtwillens.

Ansonsten stand das Urteil der englischen, französischen und deutschen Kreuzzugsforschung und der allgemeinen Geschichtsschreibung – genannt seien hier nur Edward Gibbon, François J. Michaud, Heinrich von Sybel, Bernhard Kugler, Reinhold Röhricht, René Grousset – über die Eroberung Jerusalems und den Ersten Kreuzzug wie auch über die Kreuzzüge allgemein bis in die Zeit des Zweiten Weltkrieges ganz im Zeichen nationalstaatlichen Denkens, das den von den europäischen Kolonialmächten ausgehenden Imperialismus billigte.

Nach dem Zweiten Weltkrieg wird das allgemeine Urteil über die Eroberung Jerusalems bis heute maßgeblich bestimmt durch das Verdikt, das Steven Runciman nach oberflächlicher Lektüre der erzählenden Quellen in seiner bis heute viel gelesenen und in zahlreiche Sprachen übersetzten Kreuzzugsgeschichte über das Verhalten der Kreuzfahrer in Jerusalem am 15./16. Juli 1099 gefällt hat: „It was the bloodthirsty proof of Christian fanaticism that recreated the fanaticism of Islam." (1951, S. 287)

Motive für die Ausschreitungen der Kreuzfahrer

Nach gegenwärtigem Forschungsstand gibt es drei Gründe, die das Ausmaß der Ausschreitungen der Kreuzfahrer am 15. und 16. Juli 1099 erklären können. Zu nennen ist als Erstes die enorme religiöse Begeisterung über die Eroberung der Stadt, die, wie eingangs erwähnt, von den Kreuzfahrern so sehr verehrt wurde – die Begeisterung über den Sieg, der vielen wie ein Wunder erschien und in der Tat keineswegs das Ergebnis rationaler Kriegsplanung war. Dazu kam der religiös und materiell fundierte Wunsch der Kreuzfahrer, an den Muslimen Rache zu nehmen, einerseits weil diese nach allgemeiner Auffassung die heiligen Stätten der Christenheit entweiht hatten, andererseits weil man sich nur allzu gut an die Entbehrungen und Verluste erinnerte, die die Muslime den Kreuzfahrern während des langen Marsches durch Kleinasien und Syrien, vor Antiochia und an anderen Orten zugefügt hatten. Religiös begründet war auch die Rache, die man an den Juden nahm, durch Brandstiftung im Judenviertel. Auch hier, wie schon zuvor im Rheinland, hielten Kreuzfahrer sich für befugt, die Juden als Nachfahren der Mörder des Gottessohnes Jesus von Nazareth zu töten.

Besonders bedeutsam für das Verständnis von Hintergründen und Motiven ist aber die Erkenntnis, dass die Kreuzfahrer sich in die Tradition bestimmter Vorbilder stellten, denen sie nacheiferten und durch die sie sich in all ihrem Handeln legitimiert sahen. Zu diesen gehörten die beiden römischen Kaiser Vespasian und Titus, die nach dem Urteil der Kirchenväter, das die mittelalterliche römische Kirche übernommen hatte und das ihre Priester den Kreuzfahrern vermittelten, als Werkzeuge Gottes an den Juden als den Mördern des Gottessohnes Jesus dieses Verbrechen mit der Zerstörung des Tempels und der Stadt Jerusalem und der Vertreibung der Juden gerächt hatten. Sie orientierten sich auch an den jüdischen Makkabäern, die als Befreier und Reiniger des Tempels und Erneuerer des wahren Kultes in die Geschichte eingingen, und des Weiteren an jenen, die den Auszug der Juden aus Ägypten in das Gelobte Land anführten, dieses eroberten und dort eine eigene Herrschaft errichteten – Moses und Josua, die Könige Saul, David und Salomo. Ja, die Kreuzfahrer betrachteten sich selbst als das auserwählte Volk Gottes. Infolgedessen haben sich die Kreuzzugschronisten, insbesondere jene, denen es auch um eine theologische Deutung und Rechtfertigung des Geschehens ging, nicht auf eine dürre Faktenschilderung beschränkt. Sie verfügten vielmehr, wie zuletzt Kaspar Elm gezeigt hat, dank ihrer Kenntnis der literarischen Tradition über ein Reservoir an Bildern und Worten, das es ihnen erlaubte, die Ereignisse mit eben diesen Bildern und Worten zu beschreiben und damit gleichzeitig die Bedeutung des Geschehenen zu verdeutlichen. Das passende Reservoir boten vor allem die Offenbarung des Johannes, der Bericht des Flavius Josephus über den Jüdischen Krieg und das Alte Testament, namentlich die in den Fünf Büchern Moses enthaltenen Berichte über die Gewalttaten, die die Juden bei der Eroberung des Gelobten Landes begangen hatten.

Auch wenn die Kreuzfahrer in Wirklichkeit keineswegs „bis an die Knöchel im Blut" wateten (so Fulcher von Chartres) und das Blut der Hingemordeten den Pferden keinesfalls bis an die Zügel reichte (so Le Liber de Raymond d'Aguilers), auch wenn weder jene schrecklichen Kindermorde stattfanden noch auf der Suche nach verborgenem Gold Toten der Leib aufgeschlitzt worden war, so suchten gerade die geistlichen Berichterstatter durch die Verwendung solcher Bilder ein Gefühl für die Dimension jener Vorgänge zu vermitteln, die zwar schrecklich, aber aus der theologischen Sicht heraus doch durchaus gerechtfertigt schienen. Unbestritten ist in jedem Fall, dass Mitte Juli 1099 die Bevölkerung Jerusalems einen sehr hohen Blutzoll zahlte.

Dennoch: Kriegsgeschichtliche Untersuchungen von John France (1994, S. 325–366) haben ergeben, dass die Kreuzfahrer bei den Übergriffen gegen die Bevölkerung Jerusalems und bei der Plünderung der Stadt durchaus die Regeln geltenden Kriegsrechtes respektierten. Das rücksichtslose Vorgehen beim Sturm auf Jerusalem und das Verhalten in der Stadt, das die Zivilisten nicht schonte, entsprach dem Kriegsrecht, das im damaligen Europa praktiziert wurde. Da die Kämpfe in der Stadt auch nach der Übergabe der Zitadelle an den Grafen von Toulouse und nach Abzug der fatimidischen Garnison weitergingen und die Verteidiger bis zuletzt auch den Tempelbezirk mit den beiden Moscheen mit Waffengewalt zu halten suchten, war das Verhalten der Kreuzfahrer nach den damals geltenden Maßstäben durchaus legitim.

Die Auswirkungen in der islamischen Welt

Welche Bedeutung die Eroberung Jerusalems für das Verhältnis zwischen der islamischen Welt und den Eroberern haben sollte, wurde erst allmählich, nach einigen Jahrzehnten erkennbar. Die arabische und türkische Geschichtsforschung hat bisher zur Klärung der Fragen, die mit diesem Aspekt verbunden sind, leider noch keinen konstruktiven Beitrag geleistet. So wie im 19. Jahrhundert das Urteil der westlichen Geschichtsschreibung über die Eroberung Jerusalems und den Ersten Kreuzzug, ja über die Kreuzzüge insgesamt, durch ideelle und politische Überzeugungen der Gelehrten bestimmt war, verhält es sich gegenwärtig mit der modernen arabischen bzw. muslimischen Geschichtsforschung, die teilweise geprägt ist durch die negative Beurteilung der westlichen (europäischen) Kolonialmächte, durch arabisch-nationalistische Grundüberzeugungen sowie durch die Gründung des Staates Israel, durch ihr Einverständnis mit der Forderung nach einer Befreiung Palästinas von der israelischen Besetzung und durch ihr Verhältnis zum islamischen Fundamentalismus. So wurde es möglich, Verbindungslinien zu ziehen von den Kreuzfahrern zu den europäischen Kolonialherren, vom Kreuzfahrerkönigreich Jerusalem und den anderen Kreuzfahrerstaaten zu dem von jüdischen Einwanderern gegründeten Staat Israel, vom Kampf der islamischen Mächte in Syrien und Ägypten gegen die fränkischen Invasoren (Dschihad) zu dem gewünschten Kampf der arabischen Welt für die Befreiung Palästinas und gegen Israel. Arabische und türkische Historiker, denen es mehr um eine möglichst objektive Würdigung der Kreuzzüge geht, beschränken sich bis heute bestenfalls auf die Rezeption der westlichen Kreuzzugsforschung. Eigenständige Beiträge, kritische Studien zu den noch ungedruckten arabischen Quellen, speziell quellenkritische Untersuchungen zur Geschichte des Ersten Kreuzzuges und damit auch zur Eroberung Jerusalems gibt es von ihrer Seite bis jetzt noch nicht.

Zunächst einmal versetzte die Grausamkeit der Kreuzfahrer gegenüber der Zivilbevölkerung Jerusalems die noch nicht besetzten muslimischen Städte in Syrien und Palästina in Furcht und Schrecken und stärkte deren Entschlossenheit, sich den Franken nicht widerstandslos oder allenfalls gegen Zusicherung freien Abzuges zu ergeben. Die Besetzung vor allem der Küstenstädte verzögerte sich dadurch vermutlich um einige Jahre.

Die islamischen Mächte, das Fatimidenkalifat und die Bagdad kontrollierenden Seldschuken, die Herren von Damaskus und Aleppo verharrten zunächst in Sprachlosigkeit. Erst seit etwa 1160 wurde in arabischen Geschichtswerken zunehmend detaillierter über die Vorgänge bei der Einnahme Jerusalems im Juli 1099 berichtet, immer stärker die Grausamkeit und Beutegier der Eroberer hervorgehoben, die selbst vor nichts und niemandem Halt gemacht hätten. Man nimmt schon seit längerem übereinstimmend an, dass die arabischen Quellen stark überhöhte Opferzahlen nennen, und vereinzelt wird seit einiger Zeit auch auf die Parteilichkeit der späten arabischen Berichte hingewiesen. Diese Darstellungen wurden im Zeitalter des gegen die Kreuzfahrerstaaten propagierten Heiligen Krieges verfasst und sollten den Lesern das Bild von der alle Tabus der Muslime verletzenden Grausamkeit und Gier der Kreuzfahrer vor Augen führen, um sie für die Teilnahme am Krieg gegen die Kreuzfahrerstaaten zu gewinnen bzw. die Offensive gegen die Franken zu legitimieren.

Nicht die Erinnerung der islamischen Welt an eine sich im üblichen Rahmen bewegende grausame Behandlung der muslimischen Bevölkerung Jerusalems wurde folgenreich für das Verhältnis zwischen Muslimen und lateinischen Eroberern. Folgenreich wurde vielmehr die bewusste Pflege der Erinnerung daran, dass die Kreuzfahrer in Jerusalem nicht nur wahllos gemordet, sondern alles das entweiht hatten, was Muslimen heilig war.

Erst Jahrzehnte später, als die politische Einigung der islamischen Welt unter Imad ad-Din Zengi und vor allem Nur-ad-Din Fortschritte machte, wurde der Wunsch, die Stadt Jerusalem zurückzuerobern, zur Triebfeder für die Neubelebung der im Vorderen Orient an und für sich seit Jahrhunderten erloschenen Idee des Dschihad, des Krieges gegen die Ungläubigen, an dem jeder gläubige Muslim teilnehmen müsse. Erst Jahrzehnte nach dem Fall Jerusalems verbreiteten sich die Ideen, die einige wenige Dichter und Rechtsgelehrte bereits zu Beginn des 12. Jahrhunderts formuliert hatten.

Der zu jener Zeit lebende Chronist des Königreichs Jerusalem, Wilhelm von Tyrus, der auch politische Aufgaben übernahm und durchaus als Real-politiker gelten kann, wusste, dass die Franken auf ein Arrangement mit den benachbarten islamischen Mächten angewiesen waren. In seinem Ge-schichtswerk verurteilte er das Blutbad, das die Kreuzfahrer im Juli 1099 in Jerusalem angerichtet hatten, und zwar zweifellos deshalb, weil es *ex eventu* gesehen zu der Einigung der islamischen Mächte in Syrien und Ägypten bei-getragen hatte und letztlich mit verantwortlich war für den Aufbau einer zentral gesteuerten Gegenoffensive, deren Krönung die Erfolge Sultan Sala-dins im Sommer 1187 mit der Rückeroberung Jerusalems als Schlusspunkt werden sollten.

Die Vorstellung von einer besonderen Bedeutung Jerusalems als Ort, von dem aus sich der Himmelsritt des Propheten ereignete, hat der Islam erst in diesem Kontext entwickelt, nachdem der Verlust Jerusalems an die Chris-ten, die aus muslimischer Sicht Anhänger einer Vorstufe des Islam waren, das islamische Geschichtsbild erschüttert hatte. Als Reaktion auf den Ver-lust der al-Aqsa-Moschee und des Felsendoms entstand im Verlaufe weni-ger Jahrzehnte eine islamische Jerusalem-Theologie, die zur Stütze der Kriegspropaganda gegen die Kreuzfahrerstaaten wurde.

Tatsächlich ist kaum daran zu zweifeln, dass die Eroberung Jerusalems durch die Kreuzfahrer, die keine materiellen Gründe hatte, sondern fast ausschließlich aufgrund spiritueller Überzeugungen und sich daran an-schließender religiös fundierter Emotionen ins Werk gesetzt worden war, fast notwendig eine entsprechende Reaktion auf der Gegenseite hervorru-fen musste. Allein schon die Eroberung Jerusalems mit dem Ziel, dort eine christliche Herrschaft zu errichten, führte zur fortdauernden Isolation der neu errichteten Kreuzfahrerstaaten in einer feindlichen Umwelt und setzte so den Keim zu dem unausweichlichen Ende, das knapp zwei Jahrhunderte später eintreten sollte.

Das Werden der mittelalterlichen Stadt

FERDINAND OPLL

Städte als Voraussetzung einer der Moderne im globalen Kontext überaus adäquaten Lebensform ziehen das Interesse der Gesellschaft wie auch des Historikers in besonderer Weise auf sich. Seit wann gibt es Städte und städtisches Leben? Dürfen wir überhaupt in allzu unkritischer Weise von dem heute vertrauten Begriff ausgehen und ihn unreflektiert in frühere Zeiten zurückverfolgen, gar zurückprojizieren?*

Wollte man vorweg eine Definition der Stadt geben, die auf einen möglichst großen Teil der mittelalterlichen Epoche anwendbar wäre, könnte sie so lauten: Die mittelalterliche Stadt in ihrer chronologisch jeweils unterschiedlichen Ausformung ist eine nichtagrarische Groß- bzw. größere Siedlung mit differenzierten wie organisierten Strukturen in ökonomischer, rechtlicher, sozialer und topographischer Hinsicht und mit zentralen Funktionen.

Die antike Stadt als Ausgangspunkt

Beim Versuch eines Überblicks über die Entstehung der Stadt des Mittelalters im europäischen Kontext muss man sich im Hinblick auf den Terminus „Entstehung" der Vielfalt der Möglichkeiten, von der (eher seltenen) regelrechten Gründung *ex nihilo* (= die eigentliche Stadtgründung) bis hin zum evolutiven Prozess in Form einer „Stadtwerdung" auf der Basis von Vorhandenem und über einen längeren Zeitraum bewusst sein. Vorab gilt es, nach der Basis, also dem, was zu Beginn der mittelalterlichen Epoche an städtischen Siedlungen und Lebensformen existierte, nach dem Erbe der Antike zu fragen. Dabei ist eine recht klare Untergliederung des politisch-geographischen Rahmens für die hier vorgelegte Skizze möglich, nämlich in die Gebiete des Imperium Romanum wie die außerhalb von dessen Einflussbereich.

Römisch-antike Städte – von der griechischen Polis wie den ältesten städtischen Hochkulturen seit dem 7. vorchristlichen Jahrtausend im Vorderen Orient kann und soll hier nicht die Rede sein – waren insbesondere wegen ihrer Bedeutung als *das* Organisationsprinzip des öffentlichen Lebens wie auch wegen ihrer untrennbaren Verbindung mit dem Umland eine Lebensform, die sich von den mittelalterlichen Gegebenheiten grundlegend unterschied. Gleichwohl bildeten sie für einen beträchtlichen Teil Europas Siedlungskonzentrationen und ein überregionales Netzwerk, an die bzw. das spätere Epochen anzuknüpfen vermochten und dies tatsächlich auch taten. Freilich ist das hier anklingende Phänomen der Kontinuität – ein Grundproblem der Geschichte überhaupt – regional höchst unterschiedlich ausgeformt und auch unterschiedlich zu bewerten; es reicht von bloßer, gleichwohl bedeutsamer „Kontinuität der Ruinen" bis hin zum Fortleben ökonomischer Funktionen wie auch von Institutionen. Dass dabei topographische Elemente eine Rolle spielten, dass etwa die angesichts der unruhiger werdenden Zeiten des 2. und 3. Jahrhunderts errichteten Ummauerungen Bedeutung erlangten wie andererseits auch Schwerpunktverlagerungen eintreten konnten, wenn etwa Friedhofskirchen außerhalb der Mauern als wichtige Anknüpfungspunkte der mittelalterlichen Siedlung (z. B. Bonn) dienten, all das zeigt bereits bei oberflächlicher Betrachtung beides: sowohl die Rolle der antiken Stadt als Ausgangspunkt wie auch die Veränderung des Städtewesens im Frühmittelalter.

Ebenso markante Bezüge zur antiken Stadt lassen sich im Zusammenhang mit dem Stellenwert der Stadt innerhalb des Christentums verfolgen. Dieses brachte einerseits das Wertesystem der antiken Stadt mit ihren durch kultische Opfer begangenen Festen zum Einsturz, knüpfte andererseits mit der Bistumsorganisation ganz bewusst an die römische *civitas* an. Nach kanonischem Recht kann der Bischof nur in einer *civitas* residieren, und diese untrennbare Verknüpfung konnte letztlich sogar dazu führen, dass eine Bischofsresidenz während des frühen Mittelalters zur *civitas* (Stadt) wurde. Ein Kontinuitätsstrang von der Antike ins Mittelalter lässt sich somit an der Bischofsstadt, der *civitas* des Kirchenrechts, erkennen. Wortgeschichtlich lässt sich hier eine gerade Linie zu den Stadt-Bezeichnungen im Italienischen, Spanischen oder Englisch-Amerikanischen (*città, ciudad, city*) ziehen. Verfolgt man die sprachgeschichtliche Spur weiter, zeigt sich, dass moderne Stadt-Bezeichnungen im Deutschen, in den slawischen Sprachen und auch im Englischen (*Stadt, grod/gorod/grad, town*) andere Entwicklungsstränge dokumentieren, denen es nachzugehen gilt.

Die historische Kontinuitätsforschung im Bezug auf den Übergang von

der Antike ins Mittelalter ist – gerade was die Stadt anlangt – maßgeblich
von den Positionen von Alfons Dopsch mit seiner Betonung einer ungebro-
chenen Entwicklung, Henri Pirenne, der insbesondere der arabischen Invasion die Bedeutung einer Zäsur beimessen wollte, und Maurice Lombard,
der wiederum die Rolle der ökonomischen Nachfrage seitens der muslimischen Welt hervorstrich, geprägt worden.

Die Forschung nach dem Zweiten
Weltkrieg hat hier eine Reihe von Korrekturen vornehmen können, hat insbesondere auf die Notwendigkeit einer differenzierten Beurteilung aufmerksam gemacht: So kann man etwa archäologisch deutlich Gebiete mit
Münzprägeorten von solchen mit einem massierten Auftreten von Gold-
waagen voneinander unterscheiden und auf dieser Grundlage Einblicke in
unterschiedliche Formen des Handelsverkehrs gewinnen. Das Gebiet der
Iberischen Halbinsel bzw. das dort vorhandene antike und in westgotischer
Epoche fortlebende Städtewesen erfuhr infolge der machtpolitischen Veränderungen im Zuge der arabischen Expansion ab dem frühen 8. Jahrhundert zwar einen deutlichen Rückschlag, zugleich wurde aber der bis tief ins
späte Mittelalter hinein muslimische Süden durch das für diesen Kultur-
kreis so wesenhafte eigenständige Städteleben geprägt.

Generell ist in der Forschung ein Umdenken im Hinblick auf die Bewertung von Invasion, Eroberung und Zerstörung zu vermerken: Zwischen den
Extrempositionen eines absoluten Negierens jeglichen Rückschlags und der
absoluten Katastrophe in Form der totalen Vernichtung des Vorhandenen
bleibt Raum genug, um herauszustellen, welch ungeheuren Anstoß für neue
Anfänge und z. B. auch Verteidigungsmaßnahmen derartige Zerstörungen
darstellen konnten. Mit Fug und Recht sind solche Überlegungen sowohl im
Hinblick auf die Auswirkungen der arabischen Expansion des 8. Jahrhunderts wie auch die Übergriffe der Normannen im 9. Jahrhundert anzustellen.
Wenn auch der eine oder andere Siedlungsplatz tatsächlich vernichtet wurde
und dann später nicht mehr oder eben an anderer Stelle fortlebte, lässt sich
doch die gegenteilige Entwicklung häufig belegen: dass Katastrophen wie
Invasion, Eroberung und Zerstörung vielfach zu Neuem führten.

Was Siedlungsbezeichnungen aussagen

Die Quellenarmut des frühen Mittelalters macht es nicht immer einfach,
den im Zentrum unseres Interesses stehenden nichtagrarischen Groß- bzw.

größeren Siedlungen mit differenzierten Strukturen in rechtlicher, topographischer und sozialer Hinsicht und mit zentralen Funktionen ausschließlich auf der Grundlage von schriftlichen Zeugnissen nachzuspüren. Verwirrend wie höchst aussagekräftig zugleich sind dabei schon die so unterschiedlichen Siedlungsbezeichnungen, die nicht nur zeitgenössische Sehweise und Verständnis der Gegebenheiten, sondern durchaus auch den Bildungsstand des Verfassers (antike Reminiszenzen) spiegeln konnten. *Civitas* und *urbs* bzw. *suburbium*, *castrum*, *burgus* und *oppidum*, *villa*, *vicus* und *locus* sowie *forum*, *burg* und *stat* – um hier zunächst bei den lateinischen und deutschen Bezeichnungen (nur für die Siedlung selbst, nicht deren Bewohner) zu bleiben –, *grod/gorod/grad*, *town* und *burhs* wie *boroughs* – um slawische und angelsächsisch/englische Termini einzubeziehen –, schließlich Begriffe wie das altnordische *wik* und die lateinischen *portus* und *emporium*: Insgesamt ist die Fülle der Siedlungsbezeichnungen groß. Der Versuch, Licht ins Dickicht zu bringen, erscheint beinahe unmöglich. Die Verbindung zwischen der Auswertung archäologischer Erkenntnisse einerseits und dem europaweit durchgeführten Vergleich der Gegebenheiten andererseits hat hier dennoch beachtliche Erkenntnisfortschritte erbracht.

Bleiben wir zunächst beim Begriff *civitas*, in vieler Hinsicht eine Brücke von der Antike bis in die Gegenwart, und versuchen wir, den Gehalt dieser Bezeichnung im frühen Mittelalter zu eruieren, so lassen sich sehr rasch grundlegende Veränderungen gegenüber der Antike nachweisen. Zwar lebte die Bezeichnung im Hinblick auf den Bischofssitz weiter, zielte aber – vielleicht in Entsprechung zur Situation der Spätantike – zusehends auf den Charakter als Festung/Befestigung ab. Besonders deutlich wird dies etwa am Beispiel der Schilderung von Dijon durch Gregor von Tours, der nicht recht verstehen kann, warum man den ebenso wehrhaften (Bezeichnung *castrum*) wie durchaus größeren Ort nicht *civitas* nennt („Quae cur non civitas dicta sit, ignoro.").

In der Tat kann es kaum wundernehmen, dass man in den Jahrhunderten einer sich erst nach und nach wieder ausbildenden quasi-staatlichen Organisation der Schutzfunktion (Befestigung) einen besonders hohen Stellenwert beimaß. Eindrucksvoll nachzuzeichnen ist dies an Bezeichnungen in Verbindungen mit dem deutschen Wort -*burg*, wenn etwa das antike *Argentorate* zu Straßburg, das antike *Augusta Vindelicum* zu Augsburg und das antike *Iuvavum* zu Salzburg wurden, wenn Köln von den Franken als *Kolnaburg*,

Enns 901 als *civitas*, 977 als *Anesipurch* und 1064 als *Ensiburc* bezeichnet wurde und selbst die im Anschluss an das gleichnamige Augustinerchorherrenstift im 12. Jahrhundert aufblühende babenbergische *civitas nova* (1136; 1156: *Nivwenburcg*) bis heute Kor- bzw. Klosterneuburg heißen. Die im Unterschied dazu völlig farblose deutsche Bezeichnung *stat*, eine ursprünglich nicht weiter qualifizierende Bezeichnung für einen Siedlungsplatz („Stätte"), beginnt sich erst im 11. Jahrhundert als Begriff für die städtische Siedlung im Sinne unserer Definition durchzusetzen. Sie tritt als Stadtbezeichnung im Annolied des späten 11. Jahrhunderts noch alternierend mit dem traditionellen *burg* auf, dominiert dagegen hundert Jahre später in der Servatiuslegende des Heinrich von Veldeke absolut. Ihren Siegeszug markiert beispielsweise der Name (Wiener) Neustadt, der *nova civitas* der österreichischen Herzöge vom Ende des 12. Jahrhunderts, die im Unterschied zu Kor-/Klosterneuburg aus dem frühen 12. Jahrhundert nun sofort als *stadt* verstanden und bezeichnet wurde.

Welche Aspekte der *civitas*-Begriff im Frühmittelalter umfassen konnte, zeigt sich unter anderem an seiner in Annalen des 8./9. Jahrhunderts bezeugten Verwendung für so unterschiedliche Siedlungsplätze wie Salzburg, Pavia und Reims, also Bischofssitze, zugleich aber für die *Sigiburch*, eine Fliehburg in Sachsen. – Von einer Stelle in der *Translatio S. Liborii* (Ende 9. Jahrhundert) über die Verhältnisse in Sachsen zur Zeit der Bistumspläne des heiligen Bonifatius ausgehend („civitates, in quibus more antiquo sedes episcopales constituerentur, illi penitus provinciae deerant" = *civitates*, in denen nach antikem Brauch Bischofssitze errichtet wurden, fehlten in dieser Provinz völlig), gelang Walter Schlesinger der Nachweis, dass im Wort *civitas*, das hier weder Bischofssitz (solche sollten erst gegründet werden) noch Befestigung/Burg (solche gab es in Sachsen durchaus) meinen kann, eine weitere Bedeutungsschicht mitschwingt: nämlich die einer stadtähnlichen Siedlung als Mittelpunkt eines zugehörigen Landbezirks (derartige nichtagrarische Siedlungen gab es in Sachsen um diese Zeit tatsächlich nicht).

Die vielfach belegbare Anwendung frühmittelalterlicher Siedlungsbezeichnungen wie *urbs* und *castrum* bietet neben der Bedeutungsspezifizierung von *civitas* einen weiteren wichtigen Hinweis auf die zentrale Rolle, die dem Element der Befestigung für diese Epoche zukam. (Die Unterscheidung von der frühmittelalterlichen Flucht- oder Herrenburg bedarf neben der terminologischen Analyse der Beachtung weiterer Indizien zur jeweili-

gen Siedlungsausformung.) Was im Hinblick auf den Prozess der Heraus-
bildung, der Entstehung der Stadt ab dem 11./12. Jahrhundert hier von
grundlegender Bedeutung ist, bleibt der Umstand, dass der Stellenwert des
Festungscharakters auch in Bezeichnungen wie dem slawischen *grod/gorod/
grad*, dem englischen *town* (beide können auf eine Bedeutungswurzel „Um-
zäunung" zurückgeführt werden) und natürlich dem deutschen Wort für
den Stadtbewohner „Bürger" fassbar wird.

Frühmittelalterliche Benennungen als *oppidum, villa, vicus* und *locus* dagegen können im Regelfall nur bei eingehenderer Untersuchung im Hinblick
auf die Charakterisierung des jeweiligen Siedlungsplatzes Präzisierung erfahren. Nicht selten sind damit einzelne Siedlungskerne innerhalb eines
größeren lokalen Siedlungskomplexes gemeint. Hinter diesen Bezeichnungen können sich auch Hinweise auf die Ansiedlung von Kaufleuten, Händlern bzw. jedenfalls auf einen sich in sozialer wie ökonomischer Hinsicht
von der Umgebung abhebenden Ort verbergen. So schenkte etwa Herzog
Theodo dem heiligen Rupert um 700 sowohl das *oppidum Salzburch* als auch
das *castrum superius*, und in diesem *oppidum* konnte wenig später der heilige
Bonifatius einen Teil seiner bayerischen Bistumspläne verwirklichen. So
manche Verbindungen lassen sich vom *oppidum*- zum *vicus*-Begriff ziehen,
verbirgt sich doch auch in Letzterem recht häufig die Bezeichnung eines
Siedlungskerns neben anderen, bei dessen Bewohnern man vielfach mit ge-
werblich-handwerklichen Tätigkeiten rechnen darf. Das Wort *villa* weist im
Regelfall auf eine ländliche Ansiedlung, ein Dorf, hin, doch wird es durchaus im Frühmittelalter ohne genauer abzulesende Qualifikation, im Hochmittelalter dann für bescheidenere, durchaus stadtartige Siedlungen verwendet. (Im Französischen wird mit dem Wort *ville* die Stadt bezeichnet!)
Beispiele sind in diesem Zusammenhang die Nennung der Grabeskirche
des heiligen Lambert in der *villa* Lüttich, der Ausgangspunkt für das Bistum,
weiter die auch als *forum/fora* bezeichneten *villae* zwischen Rhein und Elbe
oder auch die Stadtwerdung des bescheidenen, gleichwohl bereits als Kö-
nigs- und Bischofssitz fungierenden aragonischen Jaca, wo König Sancho
Ramirez (1063–77) erklärte: „Volo constituere civitatem in mea villa, que di-
citur Jaca." (Ich will in meiner *villa*, die Jaca heißt, eine *civitas* einrichten.)

Eine der interessantesten und schillerndsten Siedlungsbezeichnungen
liegt mit dem erstmals in den *Formulae Turonenses* im frühen 8. Jahrhundert
fassbaren *burgus* vor. Das Wort weist auf dichtere Bebauung und eine Viel-

zahl von Hausplätzen hin, fand vielfach Verwendung für Siedlungen bei einer *civitas* (die Vorstadt von Lyon heißt 855 *burgus Lugdunensis*), einem bekannten Heiligtum oder Kloster und ist dabei öfters als Kaufleute- und/oder Gewerbesiedlung (z. B. die Friesensiedlungen am Rhein) zu fassen. Ebenso konnten geschlossene Viertel innerhalb einer *civitas* (z. B. in Vienne) als *burgus* bezeichnet werden; das Wort kann auch in rein ländlichen Gebieten begegnen, ist dann schwer von *villae* abzugrenzen. Für Liutprand von Cremona (10. Jahrhundert) war darunter eine „domorum congregatio, que muro non clauditur" (Ansammlung von Häusern, die nicht von einer Mauer umschlossen sind) zu verstehen. Es hat durchaus den Anschein, als habe sich die Bezeichnung vom Süden (Südwestfrankreich, spanisches Gebiet) nach Norden ausgebreitet, wobei ab dem 11. Jahrhundert mit der Bedeutung „gefreite, privilegierte Siedlung" eine weitere wichtige Facette hinzukam, die letztlich den Weg zu *burgensis* (Bürger) öffnete.

Aus den wortgeschichtlichen Analysen lässt sich ableiten, dass schon während des Frühmittelalters eine breite Vielfalt siedlungsmäßiger Gegebenheiten zu fassen ist. Vor allem der Archäologie ist es zu verdanken, dass diese aus den Begriffen nur unklar erkennbaren Gegebenheiten mehr Kontur gewinnen konnten.

Bischofssitze, Abteien und Händlersiedlungen

Bleiben wir zunächst im römisch geprägten Teil Europas, so sind mit Ausnahme Italiens wie der wirklich bedeutenden *civitates* der Antike, etwa Triers, Rückschlag und Niedergang unverkennbar. Selbst in Italien, zumal in dessen Süden, sind viele Städte im Frühmittelalter untergegangen, insgesamt beherrschen mehr oder minder starke Reduktionen des jeweiligen städtischen Siedlungsraumes das Bild. Und wenn auch in merowingischer Zeit nicht selten die Verwendung antiker Einrichtungen und Bauten (wie z. B. der römische Statthalterpalast in Köln als merowingische Residenz) nachzuweisen ist, so war doch das eigentliche staatliche Gefüge mit seinen Einheiten in Form der *civitates* brüchig geworden und sollte dies vor allem im Norden Galliens mit dem Aufstieg von auf dem Lande gelegenen Pfalzen noch mehr werden. Bischofssitze behielten freilich ihren städtischen Charakter, ja der Bischof selbst sollte immer mehr zum Repräsentanten und Kristallisationspunkt von Herrschaft vor Ort werden. Bereits in der Mitte des 8. Jahrhunderts waren die Bischöfe aufgefordert, für den städtischen Nahmarkt Sorge zu tragen, hundert Jahre später war es abermals der Bischof, der im Angesicht normannischer Gefahr wie auch der mangelnden Aktivitäten der lokalen Grafen weitere öffentliche Aufgaben, diesmal im Hinblick auf die städtische Befestigung, übernahm. Das Modell der bischöflichen Stadtherrschaft sollte viele Jahrhunderte weiterleben, ab dem 11. und vor allem im 12. Jahrhundert aber zusehends zum Reibepunkt für die politischen Partizipationsbestrebungen der Städter werden.

Wenngleich Bischofssitze unzweifelhaft eine gerade im kanonischen Recht ausformulierte, ganz besondere Affinität zum Stadtcharakter aufweisen, sind sie doch zugleich in das allgemeine Umfeld von Herrschaftssitzen einzugliedern. Dabei ist der auf den Prozess der Stadtwerdung gerichtete Blick durchaus zu weiten: So spielten Abteien als Zentren nicht nur des geistigen, sondern auch des wirtschaftlichen Lebens im 7. und 8. Jahrhundert eine wichtige Rolle. Klöster konnten zu dieser Zeit über weit gespannte Handelsverbindungen verfügen. Vom Anfang des 8. Jahrhundert sind beispielsweise Warenlieferungen von Marseille nach Corbie und St. Denis nachweisbar, 779 werden Händler der Abtei St.-Germain-des-Prés genannt. Abteien im Stadtgebiet selbst fungierten nicht selten als regelrechte städtische Siedlungskerne. Welche Bedeutung Abteien in diesem Prozess zukommen konnte, zeigt das Beispiel von Arras, wo nach dem im Gefolge der Abwanderung des Bischofssitzes einsetzenden Verfall der *civitas* die Abtei St. Vedast zum neuen Kern der mittelalterlichen Stadtentwicklung wurde. Dass es dabei immer wieder zu (kleinräumigen) Verlagerungen des Siedlungsschwerpunktes kommen konnte, musste nicht nur wirtschaftliche Gründe haben, auch religiöse Gründe, insbesondere die Bedeutung von Märtyrer- und Coemeterialkirchen (Bonn), konnten eine Rolle spielen. Neben den geistlichen lassen sich auch weltliche Herrschaftsmittelpunkte in ihrer stadtbildenden Wirkung gut erkennen, man denke nur an Flandern mit seinen gräflichen Burgen (Brügge, Gent), freilich auch seinen archäologisch gut nachgewiesenen Verbindungen zu antiken Siedlungswurzeln.

Zu den städtischen Zentralfunktionen als befestigter, geschützter Platz wie als Sitz von Administration und Herrschaft tritt die als Handelsplatz. Zum städtischen Siedlungsgefüge gehören somit nicht nur funktional, sondern auch topographisch voneinander abgehobene Zonen von Kaufleuten und Gewerbetreibenden. Sie können als *burgus* oder *portus*, als *vicus*, als *sub-*

urbium oder ähnlich bezeichnet werden, in jedem Fall sind sie sowohl für die Siedlungsdichte wie -intensität als auch für die nichtagrarische Prägung von Städten wesentlich. Zu unterscheiden ist zwischen Händler- und Handwerkersiedlungen, die in Verbindung mit vorhandenen Siedlungsplätzen in Form von Bischofsstädten oder Abteien entstanden (z. B. Gent, wo sich der Handelsplatz des 9. Jahrhunderts etwa fünfhundert Meter stromaufwärts von der zwei Jahrhunderte zuvor in den Ruinen eines im 4. Jahrhundert verlassenen castellum gegründeten Abtei St. Bavo/Sint-Baafs entwickelte; portus-Nennungen für Maastricht und Namur, Brügge, Antwerpen, Huy und Dinant), und den Handelsemporien nahe der Meeresküste des nordwestlichen/nördlichen Europa.

Diese Emporien oder Seehandelsplätze, belegbar mit Beispielen wie Quentowic an der Canche (im französischen Pas-de-Calais), Dorestad (neben dem heutigen Wijk bij Duurstede an der Verzweigung von Rhein und Lek), Haithabu (am Südufer der Schlei bei Schleswig) und Birka im Mälarsee, wurden früher gerne als Wike bezeichnet, womit aber eine unzulängliche Verengung des vermeintlichen Siedlungscharakters auf nur sporadisch aufgesuchte Treffpunkte von Fernhändlern verbunden war. Insbesondere die archäologische Forschung hat gezeigt, dass es sich hier um dauernd bewohnte, topographisch (markante Straßengrundrisse, teilweise Befestigungen) wie sozial (nicht nur Kaufleute, sondern auch Handwerker; eingebunden in den lokalen Marktverkehr) differenziert organisierte Großsiedlungen nichtagrarischer Prägung mit kirchlichen wie auch weltlichen Herrschaftsträgern handelte. Welche Bedeutung ihnen zukam, ist etwa an einer Bezeichnung für Utrecht als vetus Trajectum subtus Dorestad (Alt-Utrecht unterhalb Dorestad; 777) ablesbar. Wenngleich die Gründe für ihren Untergang bis heute nicht völlig geklärt sind – mit den Normanneneinfällen allein lässt sich dieses Phänomen keinesfalls begründen –, so bleibt dennoch zu unterstreichen, dass mit diesen Handelsplätzen erstmals auch für das nichtrömische Europa ein stadtgleicher Siedlungstypus für das frühe Mittelalter zu belegen ist. Genauso wie das aus dem westfränkischen Bereich bekannt ist, kam es auch jenseits des Rheins zur Ausbildung emporienartiger Händlersiedlungen in Anlehnung an bischöfliche Befestigungen. Neben manchen anderen ist Hamburg dafür ein gutes Beispiel, wo die einzeilige Händlersiedlung bei der zum Schutz der Tauf- und Missionskirche Erzbischof Ansgars angelegten Hammaburg die Zerstörung durch die Wikinger (845) überdauerte, während die Burg danach wüst blieb und der Bischofssitz nach Bremen verlegt wurde.

Tatsächlich zeigte sich die stadtgeschichtliche Forschung lange Zeit bestrebt, Städte auf möglichst klare, wenige, einfache, deutlich voneinander zu unterscheidende Wurzeln zurückzuführen, und dies galt in topographischer Hinsicht ebenso wie im Hinblick auf die rechtliche, soziale und ökonomische Ausformung der Siedlungen. Ein Paradebeispiel dafür bietet etwa das lange Zeit vehement verteidigte Modell des so genannten topographischen Dualismus (Burg und suburbium): „Die Stadtentwicklung zwischen Loire und Rhein kann, wie wir durch Beispiele veranschaulichen, auf die Formel des topographischen Dualismus zwischen altstädtischem Kern und früher Kaufmanns- oder Marktsiedlung gebracht werden, ..." (Ennen, [3]1979).

Die jüngere Forschung hat sich davon in vieler Hinsicht gelöst und unter konsequenter Auswertung archäologischer Erkenntnisse die größere Vielfalt früher städtischer Topographie und Ausformung, die eben nicht in die simplifizierende Formel eines Dualismus zu pressen ist, herausgearbeitet. Mit Recht wird heute unterstrichen, dass wir in der überwiegenden Zahl der Fälle eben nicht von zwei Siedlungskernen, sondern von mehreren derartigen Keimzellen ausgehen müssen, ja man wird richtigerweise von einer Polynuklearität der frühen Großsiedlungen nichtagrarischer Prägung sprechen müssen.

Die früher als so mächtig und bestimmend angesehene Rolle von Händlern und Kaufleuten andererseits wird heute im Licht der Bedeutung des Nahmarktes und der Einbindung dieser Siedlungen in ein regionales Netzwerk von ökonomischen Gegebenheiten zusehends differenziert gesehen. Man registriert auch (von neuem) den Anteil der Herren (Bischöfe oder Grafen) an diesen Prozessen, der sich nicht zum Wenigsten in Burgen, Residenzen und Verwaltungsgebäuden in der Großsiedlung zeigt. Dass etwa die These von der Entwicklung der städtischen Gemeinde aus der Kaufleutegilde (Planitz) ihre große und anregende Bedeutung eingebüßt hat, hat keineswegs allein mit der Erkenntnis zu tun, dass von der Gilde als exklusivem Personenkreis, dem es zudem an der Beziehung auf einen bestimmten Ort mangelt, kein geradliniger Weg zur Stadtgemeinde führen kann. Eine höchst eindrucksvolle Vielfalt an rechtlichen wie sozialen Wurzeln ist also für die Ausformung der städtischen Gemeinde des hohen Mittelalters ins Kalkül zu ziehen.

Stadtentwicklung außerhalb des Imperium Romanum

Bevor wir uns dem Thema der Stadtwerdung im rechtlich-sozialen Sinn zu-
wenden, ist freilich das außerhalb des Imperium Romanum gelegene Gebiet des Kontinents noch eingehender in den Blick zu nehmen. Bereits mit
den Handelsemporien des Typus Dorestad-Haithabu-Birka war ja ein erster
Schritt in diese vom römischen Städtewesen völlig unberührten Zonen Europas getan. Auch hier müssen wir von der Existenz nichtagrarischer Großsiedlungen im Sinne der von uns vorgelegten Definition der mittelalterlichen Stadt ausgehen.

So haben etwa die Stadtkerngrabungen in Dublin gezeigt, dass durchaus
im wikingischen Umfeld mit derartigen Siedlungen in Form von Seehandelsplätzen zu rechnen ist, und auch die irischen Klosterstädte erinnern an
manche vom Kontinent her bekannte Phänomene. Dass dabei die für nichtrömische Zonen verwendeten Bezeichnungen nicht zuletzt in Beziehung zu
den jeweiligen Historiographen zu setzen und letztlich Fremdbezeichnun-
gen sind, dass also etwa das dänische Roskilde 860 *civitas maxima, sedes regia
Danorum* („Groß-*Civitas*, königlicher Sitz der Dänen") heißt und damit
schon zwei Jahrhunderte vor seiner Erhebung zum Bischofssitz und seiner
um die Jahrtausendwende zu erkennenden Bedeutung als Handelsplatz den
civitas-Namen erhält, kann im Vergleich mit dem 901 gleichfalls so bezeichneten Enns nicht weiter verwundern.

Ganz generell ist es in den nicht-römischen Teilen Europas neben der
Rolle als lokales/überregionales Herrschaftszentrum die Position einer
Siedlung als befestigter Platz, welche ganz offensichtlich auch Zeitgenossen besonders ins Auge sprang. Auf die namengeschichtliche Bedeutung
der slawischen Stadtbezeichnung als *grod/gorod/grad* wurde schon mehrfach
aufmerksam gemacht, im ost- wie im westslawischen Gebiet spielte – erkennbar vor allem ab dem 9./10. Jahrhundert – die Wechselwirkung zwischen Fürstenburg und *suburbium* mit Gewerbe und Handelsverkehr eine
durchaus den Verhältnissen im Westen vergleichbare Rolle. Wenn auch im
slawischen Bereich die Forschung für die Frühzeit noch im Fluss ist, hat
man dennoch erst vor wenigen Jahren herausgefunden, dass unter den hier
fassbaren Tendenzen eben nicht nur die Ausbildung von Seehandelsplätzen
in Form der Emporien (etwa das 808 genannte Reric im Obodritenland),
sondern auch die Ausprägung von Zentralorten mit Befestigungen, Kult-

stätten, gewerblichen und handwerklichen Siedlungsteilen und wahrscheinlich auch Märkten (etwa Arkona auf Rügen ab dem 9. Jahrhundert) den Verhältnissen im Westen vergleichbare Entwicklungen auf dem Wege hin zur Stadt erkennen lassen.

Auch das Gebiet zwischen Rhein und Elbe, das mitteldeutsche Gebiet, ist ein Siedlungsraum, dem jegliche römisch-antike Tradition fehlt. Ausgehend von den bonifatianischen Bistumsgründungen der ersten Hälfte des 8. Jahrhunderts ließ sich hier nachweisen, dass bei den Planungen des neu zu schaffenden Bistumsnetzes sehr wohl eruiert werden musste, wo die Voraussetzungen für einen Bischofssitz gegeben waren. Um mit dem Verfasser der bereits zitierten Translatio S. Liborii vom Ende des 9. Jahrhunderts zu sprechen, ging es dem heiligen Bonifatius um „loca ..., quae et naturali quadam excellentia et populi frequentia prae ceteris opportuna videbantur".

Günstige naturräumliche Lage und optimale Verkehrsver- bzw. -anbindungen (Voraussetzung für eine populi frequentia) sollten diese Plätze also vor allen anderen auszeichnen. Diese Gegebenheiten sah man in Erfurt, Würzburg und Büraburg/Fritzlar gegeben, und tatsächlich zeigt eine eingehende Analyse der örtlichen Verhältnisse, dass wir es hier mit überaus verkehrsgünstig gelegenen, bereits in heidnischer Zeit mit zentralen Funktionen ausgestatteten Plätzen zu tun haben, deren hochmittelalterliche Stadtentwicklung dann auch auf die Gunst der Voraussetzungen rückschließen lässt. Von diesen drei bonifatianischen Gründungen ist Würzburg ja auch durch den -burg/-stadt-Begriff ausgezeichnet, und bezeichnenderweise meinte schon Notker der Stammler zu Ende des 9. Jahrhunderts: „in pago Austriac, id est Novae Franciae, castro, immo civitate, ut teutonico nomine prodit, Wirciburg vocata, iuxta Moin fluvium sita" (im Gau Austria, das ist Neu-Franken, eine Befestigung, besser civitas, wie der deutsche Name verrät, Würzburg genannt, am Fluss Main gelegen). Scharfsinnig hat Walter Schlesinger aus der Verwendung der auf das deutsche Wirciburg bezogenen civitas-Bezeichnung geschlossen, dass hier bereits städtischer Charakter zum Ausdruck kommt.

Wir halten nochmals fest: Auch außerhalb der zum römischen Imperium gehörenden Landstriche gab es den Typus der nichtagrarischen Großsiedlung als Kern späterer Entwicklungen zur Vollstadt, und derartige Fälle waren keineswegs auf Seehandelsplätze beschränkt, sie sind auch für das Binnenland nachweisbar.

Vom Markt zur Stadt

Neue, nunmehr rechtliche wie sozialgeschichtliche Elemente im Rahmen der Entstehung mittelalterlicher Städte sollten ab dem 9./10. Jahrhundert fassbar werden: einerseits das der Privilegierung, andererseits das der Ausbildung einer städtischen Gemeinde. Dass in diesem Zusammenhang der institutionellen Durchbildung der Königsherrschaft seit den Karolingern entscheidende Bedeutung zukam, ist evident, lässt sich auch außerhalb des mittelalterlichen Reichsgebietes erkennen: León erhält etwa 1020 sein ausführliches Stadtrecht, sein *fuero*, in dem vor allem der Wochenmarkt festgelegt wird. Lange bevor es zur Ausformung eines umfassenden Stadtrechts kam, war es die seit dem 9. Jahrhundert zu beobachtende Durchsetzung des königlichen Marktregals, die hier im Umfeld bischöflicher Städte (Bremen, Osnabrück, Würzburg), aber auch außerhalb dieser Sphäre (Corvey, Herford, Esslingen) wesentliche ökonomische Voraussetzungen (in enger Verbindung zwischen den Elementen Markt, Münze und Zoll) für die Stadtentwicklung schuf bzw. verstärkte. Ein Höhepunkt dieser Entwicklung ist unter Otto III. um die Jahrtausendwende zu verzeichnen. Zentrale Bedeutung kam dem stets siedlungsgebundenen Wochenmarkt zu, während der Jahr- bzw. Fernmarkt des frühen Mittelalters auch außerhalb fester Siedlungsstrukturen funktionieren konnte und in seiner städtefördernden Wirkung erst später klarer fassbar wird.

Das Königtum vermochte sich im Zuge dieser neuen Politik verstärkt Einflusszonen als regelnde, organisierende obere Instanz zu schaffen, zugleich begann freilich der Prozess einer Aufwertung der lokalen Privilegierten – des Bischofs oder des Abtes, später auch weltlicher Herren – und deren zunehmende Verfügung über königliche Rechte. Dass sich in diesem Zusammenhang auch eine Aufwertung der eigentlich Betroffenen, der Kaufleute und Gewerbetreibenden ergeben konnte (etwa in Magdeburg), sollte dazu beitragen, dass lokale Kräfte einen Aufschwung nahmen, der letztlich für die Stadtwerdung im Sinne der bürgerlichen, mitspracheberechtigten Gemeinde von Bedeutung war. Zunächst lag der Hauptakzent auf der vom Königtum durch Privilegierungen eingeleiteten Aufwertung geistlicher wie weltlicher (Landes)Herren, die aufgrund ihrer regionalen Integration viel eher um die Notwendigkeiten und Bedürfnisse wussten, als dies dem Reichsoberhaupt je möglich war.

Verstärkt ab dem 11. Jahrhundert haben sich Nachweise für eine fürstliche Gründungspolitik erhalten, wobei Märkte wie Städte in einer ganz eigentümlichen Gemengelage aufblühten. Ein Beispiel ist etwa die Gründung eines Marktes beim Kloster Siegburg durch den Kölner Erzbischof Anno im Jahre 1069, der uns um 1180 als voll ausgebildete Stadt Siegburg begegnet. Ähnliche Initiativen lassen sich ab der Jahrtausendwende quer durch Europa nachweisen; neben dem nordspanischen León sind etwa Aversa bei Neapel als frühe normannische Plananlage oder auch Caen in der Normandie zu nennen. Besonders rasch lief die Entwicklung vom Markt zur Stadt im Fall von Chemnitz ab: Konrad III. verlieh dem dortigen Benediktinerkloster das Recht zur Gründung eines *forum*, worauf bei der Nikolauskirche eine kaufmännische Niederlassung entstand und Friedrich I. – das Reich brachte sich somit abermals direkt ein – kurz nach 1170 die Stadt ins Leben rief. In das räumliche wie auch rechtliche Umfeld früher klösterlicher Marktgründungen (Allensbach 1075, Radolfzell 1100; in beiden Fällen stellt der Abt von Reichenau die Urkunde aus) gehört die wohl bedeutendste und auch besonders frühe Stadtgründung eines weltlichen Fürsten in Deutschland, nämlich die des herzoglich-zähringischen Freiburg im Breisgau. 1120 gründete Herzog Konrad an dem ihm gehörenden und bereits besiedelten *locus* Freiburg einen Markt in Form der Erweiterung des vorhandenen Siedlungsbestandes durch einen Straßenmarkt und verlieh in einer durch Eid beschworenen Übereinkunft mit den von allen Seiten herbeigerufenen Kaufleuten den neuen Bewohnern (*burgenses*) wesentliche Rechte, darunter freies Erbrecht, Befreiung vom Marktzoll usw.

Städteausbau – Städtegründung

Vor allem das 12. Jahrhundert sollte dann nicht nur zum Zeitalter des Städteausbaus, sondern tatsächlicher Städtegründungen werden, und die Reihe der anzuführenden Beispiele ist lang. Zu nennen sind etwa das deutsche Lübeck (ab 1143 bzw. 1158/59), Leipzig (1156/70), München (1158), Stendal (um 1160), Lippstadt (1185), Wiener Neustadt (1194). Und mit diesen Gründungen sind ihre Initiatoren aus den Reihen der Landesfürsten, der Welfen, der Markgrafen von Meißen, der Askanier oder der Babenberger, aber auch die mit ihnen zusammenwirkenden Städter zu erwähnen, die ihren rechtlichen wie sozialen Status aufwerten konnten oder im Zuge solcher Gründungen erst erlangten. Die Gründung selbst konnte dabei sehr unterschiedlich vonstatten gehen: vom Regelfall der in vorhandenen Siedlungen städtische Entwicklungen fördernden Maßnahmen bis hin zur tatsächlichen Gründung „auf grüner Wiese".

Und diese Bewegung setzte sich weiter fort, erfasste immer breitere Kreise von Herrschaftsträgern, ja konnte sogar von Städten selbst getragen werden, wenn etwa in den 1180er-Jahren südlich der Alpen neue Siedlungen zum Ausbau der kommunalen Einflusssphäre von Städten im Umland ins Leben gerufen wurden (Villafranca bei Verona) oder auch im deutschen Bereich das Lübecker Bürgertum um die Mitte des 13. Jahrhunderts mit freilich geringem Erfolg Neugründungen im Samland an der Ostsee wie auch bei Brügge plante.

Welcher Entwicklungsstand dabei bereits in der zweiten Hälfte des 12. Jahrhunderts erreicht war, zeigen Beispiele wie das welfische Lübeck oder die magdeburgische Gründung Jüterbog (1174): Der Lübecker Siedlungsraum war zunächst durch das slawische Alt-Lübeck (bei Schwartau) bestimmt, eine Residenzburg der Obodritenfürsten des 11. und frühen 12. Jahrhunderts, zu der ein Hafen mit Kaufleutesiedlung und ein Handwerkersuburbium (somit eine für die Frühzeit nachgerade typische mehrkernige, nichtagrarische Anlage) gehörten. 1138 im Zuge innerslawischer Auseinandersetzungen zerstört, erfolgte ein Jahrfünft später durch Graf Adolf II. von Holstein sechs Kilometer traveaufwärts am Zusammenfluss mit der Wakenitz unter Aufgreifen der bereits gegebenen ökonomischen Grundlagen wie Verwendung des slawischen Ortsnamens eine Neugründung. Diese sollte anderthalb Jahrzehnte später durch den damals auch in Bayern (1158 München) als Städtegründer tätigen welfischen Landesherrn Heinrich den Löwen einen entscheidenden weiteren Gründungsimpuls erhalten.

Begegnen wir mit Lübeck, wo 1160 unter Verlegung von Oldenburg her ein Bistum entstand und spätestens um die Wende zum 13. Jahrhundert der städtische Rat als höchster Ausdruck bürgerlich-politischer Mitbestimmung zu fassen ist, einem städtischen Zentrum oberster Ordnung, so dürfen bescheidenere Städtegründungen in ihrem Stellenwert gleichwohl nicht übersehen werden. Ein signifikantes Beispiel für die Initiativen geistlicher Landesfürsten bildet etwa Jüterbog, über dessen Gründung durch Erzbischof Wichmann von Magdeburg es in der erzbischöflichen Chronik heißt: „fundamenta cuiusdam opidi prope claustrum Czennense ... posuit, cui civitatis iura dedit, nomen Juterbock ei imponens, que hodie in ista parte

terre metropolis habetur." (Er legte die Fundamente einer Siedlung beim
Kloster Zinna, der er das Stadtrecht verlieh, und nannte sie Jüterbog; diese
gilt heute in dieser Gegend als Hauptort.)

Die Bürger gewinnen Einfluss und Rechte

Damit ist das Stadium der voll ausgebildeten Stadt des hohen Mittelalters erreicht, das sich ja in ganz besonderer Weise durch die Formierung einer bürgerlichen Gemeinde wie das Phänomen bürgerlicher Partizipation an der
Gestaltung des öffentlichen Lebens auszeichnet und von der Ratsverfassung,
dem Konsulat, beherrscht ist. Diese Entwicklungen sind nun ganz wesentli-
cher Bestandteil des Prozesses der Stadtwerdung, ohne ihre Berücksichtigung ließe sich das Neuartige an der mittelalterlichen Stadt weder in sozialer noch in rechtlicher Hinsicht verstehen. Wann setzte das Bemühen der
Städter um politische Mitwirkung ein, auf welche Grundlagen konnte man
dabei aufbauen und wie vollzog sich dies in den unterschiedlichen Gebieten?
Maßgebliche Einflüsse kamen von der sich seit dem späten 10. und dann
vor allem im 11. Jahrhundert von Südfrankreich aus verbreitenden Friedens-
bewegung, die anfangs in besonderer Weise von geistlichen Herrschaften
gefördert wurde und im Hinblick auf.ihre Umsetzung dem eidlichen Zusammenschluss der Bevölkerung, einem für die bürgerliche Gemeinde zentralen Phänomen, erhöhten Spielraum verschaffte (man denke hier auch an
die spätere Bezeichnung von Kommunen als *pax civitatis*, ebenso an den
Begriff für das städtische Hoheitsgebiet als „Burgfried").
    Etwa ab der Jahrtausendwende und im Lauf des 11. Jahrhunderts sollten
es dann verschiedentlich, gut nachweisbar in Oberitalien (Mailand), in
Frankreich (Le Mans) und im Raum der Grafschaft Flandern wie des Herzogtums Brabant, das Agieren von Volksversammlungen wie die Ausbreitung neuartiger eidgenossenschaftlicher Zusammenschlüsse sein, die den
Weg zur Teilhabe der Städter an der Gestaltung des eigenen Lebensrahmens
vorbereiten halfen. In manchem parallele Entwicklungen lassen sich dabei
auch bei der Rolle der Schöffen als wesentliche Beteiligte an der Hochge-
richtsbarkeit erkennen. Sowohl in den Reihen der Geschworenen (*iurati*;
früheste Zeugnisse aus Cambrai, Beauvais, Noyon, Köln, Laon, Soissons)
wie auch denen der Schöffen (*scabini*) konnten bürgerliche Gemeinden
wichtige Kristallisationspunkte finden. Bekannt ist in dieser Hinsicht der

zeitliche Vorsprung des westlichen, insbesondere des flandrischen Städtewesens, wenn etwa in Dinant schon 1080 ein *consilium Deonensium* beim Bau
einer Brücke als bürgerlicher Kontrahent von Graf und Bischof erwähnt
wird oder in Huy die ansässigen *burgenses* bereits 1066 ein Privileg des Bischofs von Lüttich mit der Gewährung von Freiheitsrechten erwerben.

Wie sehr die Dinge in Fluss geraten waren, erkennt man aber auch daran,
dass in mitteldeutschen Städten ab etwa 1100 bischöfliche Stadtherren
ihren *cives videlicet forenses* (Halberstadt, 1105) Rechte im Hinblick auf den Le-
bensmittelmarkt zuzubilligen bereit waren, womit diese ein ganz entscheidendes Mitspracherecht, zugleich ein eminent politisches Betätigungsfeld
erhielten. Die freie städtische Erbleihe, in ihren frühen Anfängen etwa in
Köln schon ab dem 10. Jahrhundert fassbar, trug parallel dazu bei, den Kreis
der Städter in dieser Epoche in sozialer Hinsicht entscheidend auszuweiten,
konnten doch damit zusehends auch *Zensualen* (Zinspflichtige) der günstigen städtischen Freiheiten teilhaftig werden. Das Ergebnis dieser Entwicklung, die die Attraktivität von Städten als Ziel der Zuwanderung maßgeblich
förderte, waren nicht nur Benennungen wie etwa Freiburg im Breisgau (frühes 12. Jahrhundert) oder Freistadt in Oberösterreich (13. Jahrhundert),
sondern war insbesondere der mit dem Diktum „Stadtluft macht frei" präg-
nant umschriebene Rechtszustand. Um 1160 wurde er für die Braunschwei-
ger Hagenstadt geradezu klassisch formuliert: „Quicumque annum et diem
in civitate manserit sine alicuius impeticione de cetero liber permanebit."
(Wer auch immer ohne Einspruch eines anderen Jahr und Tag in der Stadt
geblieben ist, soll fortan frei bleiben.)

Dass diese Entwicklungen keinesfalls immer friedlich abliefen, machen
Nachrichten über die *coniurationes* bzw. *conspirationes* in Städten ab dem
11. Jahrhundert ebenso deutlich wie Aussagen von anderen sozialen Kreisen
angehörenden Zeitgenossen, etwa des Benediktiners Guibert de Nogent
(„Kommune, neues Wort, abscheuliches Wort!"; Ende 12. Jahrhundert) oder
des Chrétien de Troyes in seinem *Perceval* (hier bezeichnet ein Adelsfräulein
die meuternden Städter, die eine Kommune bilden wollen, als: „Gesindel,
tolles Pack, gemeines Volk! Welche Teufel haben euch aufgefordert zu kommen?"). Verachtung, ja Angst treten zu Tage, wenn man etwa die 1191 durch
Johann ohne Land anerkannte Londoner Eidgenossenschaft als „tumor ple-
bis, timor regni, tepor sacerdotii" (ein Geschwür am Volkskörper, ein
Schrecken für das Reich, ein Schauder für die Geistlichkeit) bezeichnet.

Und dennoch: Gerade derartige Aussagen machen deutlich, dass nunmehr ein „... erstens nach der wirtschaftlichen Bewegungsfreiheit, zweitens nach der inneren Verfassung auf dem Wege zu rechtlicher Autonomie, drittens nach dem nunmehr eng zusammengefügten baulichen Körper von Grund auf durchgebildetes, bürgerliches Gemeinwesen [vorhanden ist], das der jeweilige Ortsherr entweder selbst gewollt oder gefördert hat, mit dem er sich, gegebenenfalls Verdienste belohnend, vertraglich geeinigt oder das er, oft erst nach längerer Gegenwehr, unter dem Druck einer bestimmten Zwangslage endlich hingenommen hat" (Stoob, in: Jarnut/Johanek, 1998). Die voll ausgebildete Stadt, wie sie uns somit im 12. Jahrhundert begegnet, hat sich als dominantes Siedlungs- wie Ordnungsmodell durchgesetzt, die „nichtagrarische Groß- bzw. größere Siedlung mit differenzierten wie organisierten Strukturen in ökonomischer, rechtlicher, sozialer und topographischer Hinsicht und mit zentralen Funktionen" war endgültig zu dem Lebensrahmen geworden, der uns – mit freilich tief gehenden Veränderungen – bis in die Gegenwart prägt.

* Stadtgeschichtsforschung als eigene wissenschaftliche Disziplin war lange Zeit vom rechtshistorischen Zugang wie der rechtlichen Präzisierung der mittelalterlichen Stadt und ihrer Wurzeln geprägt und hat dann verstärkt die sozial- und wirtschaftshistorischen Facetten städtischen Werdens in den Blick genommen. Erst in der zweiten Hälfte des 20. Jahrhunderts resultierten aus dem europaweiten Vergleich durchaus beachtliche weitere Präzisierungen des analysierenden Zugriffs. Intensiv diskutiert wird seit langem die Frage einer Definition von Stadt (Stoob; Haase; Reynolds, in: Mayrhofer, 1993; dies., in: Jarnut/Johanek, 1998; jüngst: Irsigler, in: Johanek/Post, 2004). Der von der aktuellen Forschung zunehmend und mit guten Gründen kritisierte Ausgangspunkt von einem zu wenig kritisch reflektierten Stadtbegriff, gar das Bemühen, etwa die als Kommune ausgebildete hochmittelalterliche Stadt möglichst weit zurückverfolgen zu können, die im selben Atemzug erhobene Forderung, Begriffe wie „Vor- und Frühformen der mittelalterlichen Stadt", „Protostadt", „Städte älteren Typs" oder ähnlich zu meiden, zwingen auch aktuell wieder zu neuerlicher Reflexion über den Gegenstand des Interesses: die Stadt. Dabei ist mit großer Reverenz vor der Nachbardisziplin auf die bahnbrechenden Erkenntnisse der Archäologie (Steuer, in: Mayrhofer, 1993; jetzt Steuer, in: Johanek/Post, 2004) hinzuweisen. Ihr haben wir es zu verdanken, dass unser Wissen um die Großsiedlung des frühen Mittelalters (6./7. bis 10./11. Jahrhundert) entscheidend erweitert wurde.

Der Hoftag von Mainz 1235

ANDREA SOMMERLECHNER

„Ein festlicher Hoftag wurde in Mainz für den Tag von Mariä Himmelfahrt ausgerufen. Dort wurden in Anwesenheit fast aller Fürsten Deutschlands der Friede beschworen, alte Gesetze gefestigt und neue erlassen und in deutscher Sprache auf Pergament für alle aufgezeichnet. Die Vergehen des Königs (Heinrich) gegen den Kaiser wurden allen offenbar gemacht. Otto von Lüneburg, Enkel Herzog Heinrichs, wurde zum Herzog und Fürsten erhoben: Der Kaiser regte an, diesen Tag, den Vorabend von St. Timotheus (21. August), an dem er das Römische Reich mehrte, indem er mit Zustimmung aller Fürsten einen neuen Fürsten kreierte, in alle Annalen einzutragen. Am Tag des heiligen Timotheus, d. h. an der Oktav von Mariä Himmelfahrt, glänzte der Kaiser, wie es sich gebührt, mit der Kaiserkrone geschmückt, in Gegenwart fast aller Fürsten in der Kirche von Mainz; nach der Messe lud er alle Fürsten und deren ganzes Gefolge zu einem Festmahl, das auf einer Wiese mit großem Prunk bereitet war."

So lautet die umfassende und einzige ausführlichere Beschreibung des kaiserlichen Hoftags in Mainz in den Annalen aus dem Benediktinerkloster St. Pantaleon in Köln, einer Quelle, die das Itinerar Friedrichs II. in Deutschland genau verfolgt und gut informiert und – in dieser Phase der friedlichen Koexistenz zwischen Papst und Kaiser – wohlwollend sachlich über seine Taten berichtet. Von den anderen, überwiegend deutschen Geschichtsschreibern, ergänzen zum Mainzer Hoftag die Marbacher und Schäftlarner Annalen den Auftakt zum Lombardenkrieg (Friedrich „verlangte von den Fürsten Beistand gegen die Lombarden" bzw. „beschließt mit den Fürsten die Heerfahrt nach Italien"), und die Sächsische Weltchronik bringt Ornamente zur Ausstattung des Festes an; die übrigen, Jean de Mailly (Metzer Weltchronik), Alberich von Troisfontaines, Albert von Stade, die Annalen der Erfurter Dominikaner, die Annalen von Neresheim und die Salzburger *Annales S. Rudperti* treffen eine Auswahl oder liefern ein knappes Resümee. Der Hoftag, den die Zeitzeugen sachlich in seiner Zusammensetzung als Regierungs- und Festakt wiedergeben und den sie in die ihn umgebenden

Geschehnisse einbetten, wurde von der Geschichtsschreibung des 20. Jahrhunderts gern isoliert und emphatisch zum Höhepunkt von Friedrichs Herrschaft, zum „letzten großen Reichsfest des alten weiten adeligen deutsch-römischen Kaisertums", zur „Verwirklichung der besseren Natur der Deutschen" (Ernst Kantorowicz) stilisiert oder, der entgegengesetzten Tendenz folgend, auf eine Art Werbeveranstaltung des ausnahmsweise Deutschland besuchenden Herrschers reduziert (David Abulafia: „His purpose here was simple: to communicate"). Abseits von einer Pointierung in die eine oder andere Richtung, die der Beschäftigung mit dem weniger spektakulären als vielmehr komplexen Ereignis im Wege steht, scheint es lohnender, im Gefolge der zeitgenössischen chronikalischen Eintragungen zu versuchen, den Hoftag von 1235 in seinen Komponenten und im Handlungsgeflecht, in das er gestellt ist, zu schildern.

Das Jahr der drei großen Ereignisse

Der Hoftag von Mainz ist zunächst als wichtiger Punkt in das Itinerar des Kaisers einzutragen. Friedrich II., der 1194 in Jesi in den Marken geboren wurde und 1250 in Castel Fiorentino in Apulien starb, hielt sich nur dreimal in Deutschland auf: 1212 kam er in das Reich als vom Papst lancierter Thronprätendent gegen Kaiser Otto IV. und blieb, nach Sieg, Konsolidierung der Herrschaft und Königskrönung, bis zur Abreise 1220 nach Rom zur Kaiserkrönung kontinuierlich dort. Die wesentlich kürzeren Aufenthalte vom April 1235 bis August 1236 und, nach dem Auftakt der Lombardenkriege, vom Dezember 1236 bis zum September 1237 galten der Neuregelung der Angelegenheiten des Reichs; danach kehrte er nicht mehr zurück. Für Friedrich II. regierten in Deutschland seine Söhne Heinrich und Konrad bzw. deren Vormünder und Regentschaftsräte; von deutschen Beobachtern aus gesehen erscheint der Kaiser als hauptsächlich abwesender, und in den Jahren vor 1235 zum Schaden des Landes abwesender, Souverän.

Vorrangiges Problem und hauptsächlicher Grund der Reise, als Friedrich II. nach 15-jähriger Abwesenheit wieder das deutsche Reich betrat, war der eskalierende Konflikt mit König Heinrich (VII.), der 1228 begonnen hatte selbständig zu regieren und rasch in Widerspruch zur fürstenfreundlichen Politik des Kaisers geraten war. Er kam den 1232 bei einem letzten Treffen zwischen Vater und Sohn in Cividale eingegangenen Verpflichtungen nicht nach, wählte, als er von Friedrichs geplanter Deutschlandreise erfuhr, den Weg des offenen Widerstands, für den er im September 1234 in Boppard Rückhalt suchte, wobei er selbst mit der Lombardischen Liga ein Bündnis schloss, verlor aber rasch fast alle Anhänger an den Kaiser, der im Mai 1235 mit kleinem Gefolge über Kärnten und Steiermark nach Norden zog. Heinrich ergab sich am 2. Juli in Wimpfen dem Vater und wurde nach einer demütigenden Zeremonie der Unterwerfung in Worms als eidbrüchig abgesetzt und in der Folge in Gefangenschaft gehalten. Er starb 1242 in Kalabrien, nach wie vor in Haft, wahrscheinlich durch Selbstmord.

Aus dynastischem Interesse eng verbunden mit der Absetzung des ältesten Sohnes, die Friedrich II. mit nur mehr einem legitimen Erben, Konrad, dem Sohn aus der zweiten Ehe mit Isabella von Jerusalem († 1228), lässt, ist die dritte Heirat des Kaisers: Isabella, die Schwester König Heinrichs III. von England, die feierlich eingeholt worden war und seit Ende Mai in Köln auf den Kaiser wartete, wurde ihm in Worms zur prunkvollen Hochzeit am 15./16. Juli zugeführt. Die neue Verbindung, die auch von Papst Gregor IX., der Heinrich (VII.) exkommuniziert hatte, betrieben wurde, brachte dem Kaiser darüber hinaus als diplomatischen Erfolg die Annäherung an das welfenfreundliche England, ohne das gute Einvernehmen mit dem kapetingischen Frankreich zu trüben.

Der Sturz König Heinrichs, die ‚englische Heirat' und der Hoftag von Mainz prägen als Trias von herausragenden Ereignissen Friedrichs ‚Deutschlandjahr' 1235/1236: Sie werden von den Chronisten als Höhepunkte skandiert (Annales Neresheimenses, Alberich von Troisfontaines, Albert von Stade), manchmal auch in der Chronologie oder Topographie – die Marbacher Annalen lassen die Heirat auf den Hoftag folgen; Albert von Stade verlegt die Absetzung König Heinrichs auf den Hoftag – verschoben; gelegentlich bleibt der Hoftag angesichts des Sensationsgehaltes von Vater-Sohn-Konflikt und illustrer Hochzeit allerdings auch unerwähnt.

Die drei dicht aufeinander folgenden Geschehnisse stellen für die Zeitgenossen und für die spätere Historiographie drei einprägsame Bilder: die beklemmende Szene, in der sich Heinrich dem Vater zu Füßen wirft und dieser stumm verharrt; die Hochzeit mit vorangehendem Festzug der Braut durch Deutschland, deren Aufwand und Prunk auch die englischen Chronisten zufrieden stellt; und den feierlich die Krone tragenden Kaiser auf dem Hoftag von Mainz.

Das Programm der Mainzer Versammlung

Die Mainzer Versammlung brachte eindrucksvolle politische Ergebnisse, die von den Beobachtern erkannt und mehr oder weniger vollständig aufgezählt wurden und auf die auch der Kaiser selbst in seinen Schreiben des öfteren Bezug nahm. *Pro reformatione tocius terre status*, zur Neuordnung des ganzen Landes, wurden die Fürsten vom Kaiser Mitte Juni 1235 von Nürnberg aus nach Mainz einberufen. Im Zentrum steht der dort – in Latein und Deutsch – erlassene Landfriede. Das Reichsgesetz, das wohl auf die Bestimmungen des Landfriedens vom Februar 1234 und auf das Fürstenprivileg (*Statutum in favorem principum*) von 1232 zurückgreift, handelt in 29 Kapiteln von der Freiheit der Kirche und von Vogteirechten, beschränkt den Handlungsspielraum der Städte, ordnet das Gerichtswesen, reklamiert Zölle und Münze, Geleit und Ungeld (steuerliche Abgabe auf Waren) als Kronrechte und schließt mit der Einsetzung eines Reichshofgerichts, das vielleicht nach dem Vorbild des sizilischen Großhofrichters konzipiert ist; es postuliert und legitimiert die Durchsetzung hoheitlicher Gewalt und führt die Rechte der Fürsten grundsätzlich auf königliche Hoheitsrechte zurück. Der Landfriede von 1235 wurde viel und in letzter Zeit eher als „Ordnungsvision" denn als Neuordnung von unmittelbar praktischer Bedeutung und als Gesetz, das erst in nachstaufischer Zeit seine Wirkung entfaltete, interpretiert. Das Gesetz enthält auch, wie die Sächsische Weltchronik herausgreift, ausführliche Bestimmungen über aufständische Söhne und deren Anhänger; der Passus sollte allerdings wohl weniger das Verfahren gegen Heinrich (VII.), das eindeutig und abgeschlossen war, rechtlich untermauern als vielleicht eher die ‚Öffentlichkeit' sensibilisieren.

Zweiter wichtiger und auch spektakulärer Programmpunkt des Mainzer Hoftages war die Belehnung des Welfen Ottos des Kindes mit dem neu geschaffenen Herzogtum Braunschweig und Lüneburg. Begünstigt durch die geplante Verschwägerung Friedrichs II. mit Heinrich III. von England, dem traditionellen Rückhalt der Welfen, führten die im September 1234 begonnenen Verhandlungen mit dem Neffen Kaiser Ottos IV., der anders als sein Onkel 1229 abgelehnt hatte, sich als Gegenkandidat zu Friedrich im Reich aufstellen zu lassen, zu einer für alle Seiten befriedigenden Einigung. Der Kaiser verzichtete auf seine Ansprüche auf Braunschweig, Otto übertrug dem Kaiser und dieser dem Reich den Lüneburger Allodialbesitz, und aus

beiden wurde ein neues Reichsfürstentum konstituiert. Die Wiederaufnahme der Welfen in den Reichsfürstenstand, den sie verloren hatten, als
1180 auf dem Reichstag von Gelnhausen Ottos Großvater, Heinrich dem
Löwen, die Herzogtümer Sachsen und Bayern entzogen worden waren, bedeutet die endgültige Aussöhnung zwischen Welfen und Staufern; sie zeigt
den Kaiser – wie die Kölner Annalen festhalten – souverän als „Mehrer des
Reichs" und außerdem als großzügig gegenüber allen, die sich um Verstän-
digung mit ihm bemühen. Sinnbild für all dies ist die feierliche Zeremonie,
in der Otto am 21. August vor dem Kaiser aller Feindschaft abschwor, seinen
Besitz übergab und neu erhielt, den Treueid leistete und die Lehensfahne
entgegennahm.

Während die Einigung mit Otto von Lüneburg die Beilegung eines alten,
nicht mehr sehr virulenten Konfliktes besiegelt und einen Handlungsstrang
schließt, eröffnen die Vorbereitungen zum Reichskrieg gegen die Kommunen der lombardischen Liga eine neue Front, die den Kaiser für die letzten
15 Jahre seiner Regierung binden wird. Der von Friedrich I. Barbarossa
‚ererbte', seit der Deutschlandreise Friedrichs II. 1212 schwelende Konflikt
erhielt nach dem Scheitern des Reichstags von Cremona 1226 und der Neugründung des Lombardenbunds seine determinierenden Konturen und trat
nun nach vergeblichen Verhandlungen, in denen sich nach Beendigung des
Kreuzzugs und der Aussöhnung zwischen Friedrich II. und Gregor IX. der
Papst die Mittlerrolle zuschrieb, 1235 in die letzte Phase. An deren Anfang
steht unbestritten ein diplomatischer Erfolg Friedrichs II.: Er forderte und
bekam von den versammelten Fürsten die Zusage, den Krieg gegen die Lombarden zu unterstützen; „eine Vielzahl von Fürsten und anderen Großen,
wie sie seit Menschengedenken nicht mehr zusammengekommen ist", mel-
dete Friedrich zwei Tage nach Ende des Festes dem Papst, hätte mit ihm die
Heerfahrt zur Wiederherstellung der Reichsrechte in Italien für das Frühjahr 1236 beschlossen, falls die Lombarden nicht, auf päpstliche Vermittlung, bis Weihnachten 1235 einlenkten. Der neuerliche Bruch mit Papst
Gregor IX., der noch am 28. Juli die deutschen Fürsten ermahnt hatte, Friedrich II. zu bewegen, sich dem Heiligen Land zu widmen und die Lombarden-
frage in die Hände des Papstes zu legen, ist hiermit vorprogrammiert; der
vom Kaiser mit großem propagandistischen Aufwand vorbereitete Feldzug
gegen die rebellischen Untertanen in Oberitalien setzte spektakulär mit der
Eroberung Vicenzas im November 1236 ein, um dann mit wechselseitigen

Erfolgen, etlichen Wendepunkten und offenem Ausgang bis zum Tod Friedrichs II. anzudauern. Die Teilnahme der deutschen Fürsten verlor sich in der Folge: Bei der vergeblichen Belagerung von Brescia 1238 hatte der Kaiser noch ein prominentes deutsches Kontingent unter König Konrad und unter anderen die Erzbischöfe von Köln und Mainz in seinem multinationalen Heer; im Großen und Ganzen jedoch begleitete hauptsächlich die staufische Ministerialität aus Schwaben Friedrichs italienische Feldzüge.

Schließlich wurden in Mainz 1235 wohl auch Verhandlungen über die Nachfolge im Reich geführt, kamen aber zu keinem Abschluss; später warf Friedrich II. dem Papst vor, die Wahl des siebenjährigen Konrad, der den Kaiser auf der Fahrt nach Deutschland begleitete, bei den Fürsten hintertrieben zu haben. Erst auf dem Hoftag von Wien im Februar 1237 setzte der Kaiser, nach dem ersten Sieg in Oberitalien und nach der Vertreibung Herzog Friedrichs II. von Österreich auf einem neuen Gipfel, die Königswahl des jüngeren Sohnes, diesmal ohne jeglichen Widerspruch, durch.

Der Festzug unter der Krone

Dem politischen untrennbar verbunden ist der festliche Teil des Hoftags. Er besteht 1235 in Mainz aus einer Sequenz mit zwei Höhepunkten, dem Kronentragen Friedrichs II. nach der feierlichen Messe und dem anschließenden Festmahl in der Zeltstadt auf einer Wiese vor den Toren: Jean de Mailly und Alberich von Troisfontaines, die ,auswärtigen' Chronisten, datieren den Hoftag nach diesem Festakt auf die Oktav nach Mariä Himmelfahrt und legen den Akzent somit auf die Schlussveranstaltung. Anders als beispielsweise bei den viel beschriebenen und bestens dokumentierten großen Hoftagen und -festen Friedrichs I. Barbarossa, der in Mainz 1184 die Schwertleite seiner beiden ältesten Söhne und 1188 die Kreuznahme (curia Dei, „Hoftag Jesu Christi") feierlich begeht, begnügen sich die Chronisten diesmal allerdings mit einer knappen Nennung der Bestandteile des Festes und verzichten auf Schilderungen, Epitheta und Vergleiche. Es muss letztlich offen bleiben, ob es auf eine lückenhafte Überlieferung zurückzuführen ist, dass das Fest Friedrichs II. keine weitere Beschreibung erfahren hat, oder ob es wenig zu beschreiben gab.

Die Festkrönung, das Unter-der-Krone-Gehen des Herrschers zu festlichen Anlässen, meist zu Weihnachten, Ostern und Pfingsten, ist eine zuerst in England und Frankreich, in Deutschland seit Otto I. bekannte Tradition, die nach Friedrich II. sukzessive erlischt. Der Kaiser zeigt sich allerdings als Virtuose im Einsetzen des Kronentragens an wichtigen Stationen seiner Laufbahn; ganz unterschiedliche „Maiestas-Auftritte" sind auf das Bild des gekrönten Herrschers zugeschnitten: So schritt Friedrich II. am 18. März 1229 in Jerusalem unter der Krone, die er vorher selbst vom Altar der Grabeskirche genommen und sich aufgesetzt hatte, und schloss den Festakt mit der Verlesung seines triumphalen „Jerusalem-Manifests" *Letentur in Domino*, ambivalenter und vielfach missverstandener szenischer Höhepunkt des Kreuzzugs des gebannten Kaisers. Der Festzug unter der Krone am Ostersonntag 1239 in Padua wandte sich ursprünglich an die Bürger der Kommune und wollte potentielle Anhänger der kaiserlichen Sache in der Trevisanischen Mark beeindrucken, erhielt jedoch zusätzliche Bedeutung, als kurz darauf bekannt wurde, dass Papst Gregor IX. Friedrich II. am Gründonnerstag erneut exkommuniziert hatte; im Kommunalpalast *in sua maiestate* thronend, präsidierte der Kaiser darauf der feierlichen Entgegnung an den Papst durch den Logotheten (Großhofrichter, „Sprecher" des Kaisers) Petrus de Vinea und hoffte durch diese ‚Verlängerung' des Auftritts als gekrönte Majestät die Wirkung der Nachricht abzuschwächen. Auf das feierliche Kronentragen Friedrichs II. am Weihnachtstag 1231 beschränkte sich für die zeitgenössischen Beobachter der Ertrag des Hoftags von Ravenna 1231/1232, wo der Kaiser vergeblich auf das Eintreffen König Heinrichs (VII.) wartete und die Verhandlungen mit der Lombardischen Liga und die Vermittlung der päpstlichen Legaten scheiterten.

Die Festkrönung von Mainz erscheint gleichsam als Antwort darauf: Die Frage der Thronfolge und Ordnung in Deutschland und die Beziehungen zu den oberitalienischen Kommunen wurden – so wird es vermittelt – diesmal im Sinne Friedrichs II. geregelt. Den Hoftag Friedrichs I. Barbarossa 1184 in Mainz hatte die Festkrönung des Kaisers, der Kaiserin Beatrix und des Sohnes und römischen Königs Heinrich VI. eröffnet. Ganz abgesehen davon, dass der Platz des designierten Nachfolgers unbesetzt ist, schied bei Friedrich II. auch die neu angetraute Gemahlin Isabella aus der Repräsentation im kaiserlichen Fest aus. Heinrich III. von England soll nach dem – unverbürgten – Zeugnis des Chronisten Matthew Paris fünf Jahre später auf Vorwürfe des Kaisers wegen seiner Parteinahme für den Papst geantwortet haben, dass er seinerseits befremdet sei, dass seine Schwester noch nirgends im Reich die Krone getragen habe. In der Selbstinszenierung Friedrichs II. als Herrscher bleibt kein Platz für Co-Protagonisten. Das Licht fällt allein auf den Kaiser, dessen Auftritt unter der Krone sich den Zeugen auch als wichtigster Moment des Hoftags einprägt: „Der Kaiser beging einen feierlichen Hoftag und schritt dort unter der Krone" (Annalen der Erfurter Dominikaner).

Das Festgelage in der Zeltstadt

Das Festmahl auf einer Wiese, *in der wormlage* (Sächsische Weltchronik), möglicherweise in Maaraue vis à vis von Mainz am rechten Rheinufer wie 1184, hat ebenfalls Tradition. Friedrich II. lud seine Gäste allerdings nicht in eine hölzerne Feststadt mit Kirche und Pfalz, die die Kulisse für die Festlichkeiten von 1184 bildete, sondern in eine Zeltstadt. Die Bewirtung durch den Kaiser ist konstituierender Bestandteil des Hoftags und höfischer Feste, der Fürst wird an der Freigebigkeit gegenüber den Gästen gemessen. Die Kölner Annalen und die Sächsische Weltchronik attestieren dem Kaiser einen angemessenen Aufwand. Mehr Erzählfreude heftete sich an das Auftreten Friedrichs II. als Gastgeber auf den oberitalienischen Hoftagen von 1238 und 1245: Das festliche Gelage auf dem Marsfeld bei Verona, mit dem Friedrich II. zu Pfingsten 1238 eine *magna curia* anlässlich der Vermählung seiner natürlichen Tochter Selvaggia mit seinem prominentesten norditalienischen Verbündeten Ezzelino da Romano feierte, fand Eingang in die Lokalchronik des Parisio de Cerea und reihte sich ein in die ritterlich glänzenden Feste der Trevisanischen Mark, wie sie bald darauf in nostalgischer Verklärung beschrieben und beklagt wurden. Ein Schwank um Herzog Friedrich II. von Österreich im Fürstenbuch des Jans Enikel hat den Hoftag von Verona 1245 als Kulisse und zeigt den Kaiser in der selbstverständlichen Rolle des gastlich und großzügig Einladenden.

Der Verfasser der Sächsischen Weltchronik (die allerdings erst 1260/1275 kompiliert wurde) fügt als Detail zum Mainzer Festmahl hinzu, dass die Prunkzelte ein Geschenk des Sultans waren (*dar waren upgeslagen selcene pavlune, de de soldan deme keisere gesant hadde*): Konkret wurde hier wohl der Bericht über eine Sendung von Geschenken des Sultans al-Kāmil an Friedrich II. 1232 in Apulien – die Kölner Annalen widmen dem Ereignis einen Passus, in dem sie über die Ausgestaltung des Zeltes mit dem Abbild von Sonne und

Mond, den Wert von 20 000 Mark und die Aufnahme in den königlichen Schatz in Venosa berichten – auf die Schilderung des Mainzer Hoftags übertragen. Die Beschreibung von Prunkzelten gehört daneben zum Standardrepertoire der literarischen und historiographischen Darstellung von Hoffesten. Das vom friedlichen Ausgang des Kreuzzugs 1229 datierende gute Einvernehmen zwischen dem Kaiser und dem Sultan von Ägypten stellt ein kontinuierliches Thema der Geschichtsschreibung um Friedrich II. dar; die Chronisten schwanken dabei zwischen der Verurteilung Friedrichs II. wegen seiner zweifelhaften Orthodoxie und seinen Kontakten zu den Assassinen einerseits und dem Lob des Fürsten, der illustre Freundschaften unterhält und wertvolle Gaben tauscht, andererseits.

Der orientalische Rahmen, in dem sich der Kaiser gefällt, ist außerdem viel beachtetes Charakteristikum der Herrschaft Friedrichs II.: Dazu gehört die Menagerie exotischer Tiere – insbesondere der Elefant des Kaisers bringt es zu Berühmtheit unter den Chronisten –, das sarazenische Gefolge und das Zurschaustellen von Reichtümern. 1245, zeitgleich mit dem Konzil von Lyon, auf dem Papst Innozenz IV. die Absetzung des Kaisers proklamierte, eröffnete Friedrich II. den Fürstentag von Verona (der nach Aussage italienischer Chronisten trotz prominenter Besetzung und Aufwand keinerlei Ergebnisse zeitigte) mit einer Entrée mit seinem Tierpark. Wie eine kaiserliche Entrée ist zum Teil auch die Reise nach Deutschland 1235 angelegt. Das orientalische Gepränge dient als Herrschaftszeichen und wird auch als solches rezipiert. Auf der bewundernden und viel zitierten Schilderung des Aufzugs in einer chronikalischen Eintragung aus der Zisterzienserabtei Eberbach in Hessen gründet die Vorstellung von Friedrich II., der als Sagenfigur, „Weisheitskönig der Bibel" und Endkaiser erscheint und dadurch den Sieg erringt (Ernst Kantorowicz), der primär durch seine Prachtentfaltung „die naiven Gemüter der Deutschen beeindruckt" (Odilo Engels). Mehrfach jedenfalls wird 1235 die Einreise des Herrschers mit großem Gefolge und reichen Schätzen (Kölner Annalen, Sächsische Weltchronik) als angemessen vermerkt, und in Colmar beispielsweise bestaunen Volk und Chronist die Kamele des Kaisers; erst später wird in der kurialen Propaganda, in dem Pamphlet Iuxta Vaticinium, denunziert, dass das Mitführen von Schätzen und der orientalische Aufzug bezeichnend für den Vorläufer des Antichristen sind und Friedrich II. als solchen entlarven.

Was im Zusammenhang mit dem Mainzer Hoftag nirgends anklingt, ist das Motiv des „ritterlichen Festes". Turnier und Ritterschlag im Zentrum der Veranstaltung, das Zusammenfallen von ritterlicher und höfischer Gesellschaft am Stauferhof, machen den Mainzer Hoftag von 1184 unter anderem zum Thema der Dichtung in Heinrich von Veldekes *Eneid* und in der Geschichtswissenschaft zum verklärten Höhepunkt in der Geschichte des deutschen Kaisertums, wenn nicht des Mittelalters überhaupt (Wilhelm von Giesebrecht). Nachrichten zu ritterlichem Zeitvertreib und feierlich begangener Schwertleite finden sich wohl im Umkreis Friedrichs II., sie spielen bei seinen Hoftagen aber keine Rolle.

Es fehlen auch Nachrichten über ein begleitendes ‚Unterhaltungsprogramm': Einerseits sind die Berichte über den Hoftag wohl zu knapp gehalten, um dem Auftreten von Schauspielern, Musikanten und anderen, das ansonsten zum Repertoire der Festschilderung gehört, Raum zu geben, andererseits enthalten die Kölner Annalen eine schwer einzuordnende Notiz zu den Hochzeitsfeierlichkeiten Friedrichs II., die einen Monat zuvor in Worms begangen wurden: Der Kaiser habe den Fürsten abgeraten, den Spielleuten wie sonst üblich große Geschenke zu machen, weil er es für unsinnig hielte, Hab und Gut an Schauspieler zu verschwenden. Die Ablehnung der Gaukler oder die Weigerung, sie zu entlohnen, ist wohl ein Bestandteil der Lebensbeschreibung frommer Herrscher – das Motiv findet sich beispielsweise in der Geschichtsschreibung zu Ludwig dem Frommen, Kaiser Heinrich III. oder Philipp II. August von Frankreich –, passt aber in diesem Sinnzusammenhang weder zu Friedrich II., dem lustfeindliche Frömmigkeit von keiner Seite jemals nachgesagt wurde, noch zur Quelle, die vor allem Reichs- und Landesbelange vor Augen hat und nicht daran interessiert ist, aus Topoi und Textbausteinen die Herrscherfigur Friedrichs II. zu modellieren. Es bleibt, falls man die Nachricht für glaubwürdig halten will, die Spekulation, ob die zum Fest herbeigeströmten *iocolatores* (Gaukler, Spielleute) dem Raffinement der kaiserlichen Hofhaltung nicht Genüge tun konnten oder ob die Zurschaustellung von Freigebigkeit durch andere als den Herrscher selbst Friedrich II. nicht genehm war.

Der Erfolg eines Hoftags – der Herrscher beruft die Großen seines Reiches – drückt sich für die Beobachter auch im Rang der Teilnehmer, im vollständigen Erscheinen der Geladenen und vor allem in Zahlen aus: So findet für Alberich von Troisfontaines ein Hoftag „aller deutschen Fürsten" statt, betont der Kölner Annalist geflissentlich, dass „fast alle Fürsten" den Entscheidungen zustimmten und am Fest teilnahmen, bleibt die Sächsische Weltchronik bei „vielen Fürsten und vielen anderen Herren" und beziffern die Salzburger Annalen die Anwesenden als siebzig Fürsten und die Marbacher Annalen als 12 000 Ritter; auch Friedrich II. spricht dem Papst gegenüber von einem „unerhörten" Zulauf. Die Angaben zum Mainzer Hoftag von 1184 – Otto von St. Blasien berichtet von einer unglaublichen Menge von Menschen verschiedener Länder und Sprachen, der nüchternere Augenzeuge Gislebert von Mons von 70 000 Rittern und 45 Reichsfürsten, die Sächsische Weltchronik von 40 000 Rittern – offenbaren wohl die Willkürlichkeit von Schätzungen, aber auch den Abstand zwischen den beiden Ereignissen. Dem Mainzer Hoftag Friedrichs II. fehlen auch ‚Glanzlichter', wie beispielsweise die ins Auge fallende Teilnahme des Kaisers Balduin von Konstantinopel am Fürstentag von Verona 1245, dafür ist die Zielgruppe der Reichsfürsten und deutschen Großen homogen und stark vertreten.

Der Hoftag von 1184 erschien den Zeitgenossen als Fest der Superlative, *de groteste hochtit en, de ie an Dudischeme lande ward* (Sächsische Weltchronik), eine Veranstaltung, die den Dichter Guiot von Provins in seiner *Bible* zu Vergleichen mit König Artus (als Inbegriff höfisch-ritterlicher Festkultur), Alexander und Caesar (Macht und Größe) und Ahasver (für orientalischen Pomp) greifen ließ. Demgegenüber brachte es die Fürstenversammlung von 1235 nur zweimal auf das Epitheton *celeberrima* (hochberühmt: Kölner Annalen, Alberich von Troisfontaines) und auf die Klassifizierung als *einen groten hof* (Sächsische Weltchronik).

Ein historisches Ereignis

Der Mainzer Hoftag von 1235 ist nach der Königskrönung in Aachen am 25. Juli 1215 das zweite große Schauspiel, das Friedrich II. den Deutschen bietet. Seine Herrschaft in Deutschland wird nicht durch eine zyklische, regelmäßige Abfolge von Hoftagen und Festen gekennzeichnet, sondern er trifft von auswärts zu wichtigen Zusammenkünften ein. Die Zeremonie in Aachen umfasste die neuerliche Beisetzung Kaiser Karls des Großen, unter dessen Schutz sich gleichsam die Krönung des Nachfolgers vollzieht, und die spontane Kreuznahme des jungen Königs und seiner Großen, in welcher der Aufstieg Friedrichs II. kulminiert und die die Verschwisterung von römisch-deutschem Kaisertum, ritterlicher Gesellschaft und Kreuzzugsidee, wie vorher nur der „Hoftag Jesu Christi" Friedrich Barbarossas, deutlich macht. Nach absolvierter Fahrt des Kaisers ins Heilige Land spricht 1235 nur noch der Papst das Kreuzzugsthema an, während Friedrich II. die Beschäftigung mit den Problemen Outremers nach der Befriedung Reichsitaliens in Aussicht stellt. Der Hoftag von Mainz stellt den Herrscher und seine Staatskunst in den Mittelpunkt.

Der Hoftag von 1235 ist zudem das – für den Kaiser nunmehr erfolgreiche – Pendant zur missglückten curia sollempnis, zu welcher er für Ostern 1226 deutsche Fürsten und Vertreter Reichsitaliens nach Cremona gerufen hatte, um dort über Reichsreform und Kreuzzug zu tagen; sie wurde durch die Neukonstituierung und Gegnerschaft des Lombardenbundes verhindert. Der Mainzer Hoftag erinnert schließlich an die Hoftage von Capua und Messina 1220 und 1221, auf denen die Assisen (Gesetze) für das Königreich Sizilien erlassen wurden und Friedrich II. die rechtlichen Grundlagen für die Neugestaltung des süditalienischen Regno schuf: Nach der Festigung seiner Herrschaft zeigt sich der Kaiser als Gesetzgeber und Garant für Frieden und Gerechtigkeit. Allerdings verzichtete Friedrich II., ganz anders als in Sizilien, in Deutschland weitgehend darauf, die im Mainzer Landfrieden festgelegten Rechte und Ordnungen einzufordern.

Wenn im Hoftag für die zeitgenössischen Beobachter oft Politik und Fest verschmelzen, so liegt in der Mainzer Veranstaltung das Gewicht doch eindeutig auf den politischen Ergebnissen und Errungenschaften des Kaisers: Bleibenden Eindruck machen den meisten der Landfriede, die Aussöhnung mit den Welfen und das neue Herzogtum, die Zustimmung der so gut wie vollständig gekommenen Fürsten zur kaiserlichen Italienpolitik und die Regelung der Thronfolge im Reich (oder zumindest deren Vorbereitung) nach dem Wunsch Friedrichs II.; dazu kommt die glänzende Verbindung mit Isabella von England. Die festlichen Elemente des Hoftags, das ‚traditionelle' Kronentragen und Festgelage mit den der Herrscherpersönlichkeit Friedrichs II. eigenen individuellen Zügen, unterstreichen lediglich das souveräne Auftreten und Agieren des Kaisers.

Abschließend sei gefragt, inwieweit der Hoftag von Mainz, der von der Historiographie in Folge über- und unterbewertet wurde und dessen Positionierung nunmehr zur Debatte steht, einen Höhepunkt darstellt. Eingetragen in die Regierungszeit Friedrichs II. zeigt der Hoftag von 1235 den Staufer auf einem Höhepunkt seiner Macht oder zumindest während einer

Phase von Erfolgen, die die anfänglichen Siege in Oberitalien bis zum Triumph über Mailand in der Schlacht von Cortenuova im November 1237 mit einschließt, allerdings auch auf dem Weg in eine Konfrontation mit Kommunen und Papsttum, die nicht zu gewinnen sein wird. Er präsentiert sich, anders als Friedrich I. Barbarossa, nicht als ‚ritterlicher‘ König inmitten eines ritterlichen Hofs, sondern als Universalkaiser mit fremdländischer Aura und findet, wohl auch, weil er ohne konkrete Forderungen umzusetzen bald darauf wieder abreist, in Deutschland uneingeschränkte Anerkennung in dieser Rolle. Er steht somit sicher auf dem Gipfel seines Ansehens im Reich. Zum Höhepunkt, wobei der Zenit der Hoftagsherrlichkeit mit den Festen Friedrich Barbarossas sicher überschritten ist, macht die Mainzer Zusammenkunft in der Retrospektive auch die Tatsache, dass sie am Ende von manchem steht: am Ende des ‚rituellen‘ Kronentragens, am Ende der traditionellen Hoftage und Feste in Mainz, aber auch am Ende der Präsenz des Kaisers im Reich.

Die Schlacht bei Dürnkrut 1278

KARL-FRIEDRICH KRIEGER

„Hier peitschten die kriegsgewohnten Ritter mit dem Lärm klirrender Schwerter den Himmel, und wo Schwerter und Streitkolben, Lanzen und Äxte auf gezierte Helme trafen, dort sprangen Funken wie Blitze ab ..." Mit diesen Worten schilderte ein unbekannter zeitgenössischer Chronist eine Ritterschlacht, die am 26. August 1278 auf der sich westlich der March und östlich der Dörfer Jedenspeigen, Dürnkrut und Waidendorf – ungefähr 55 Kilometer nordöstlich von Wien – erstreckenden Ebene tobte. Kontrahenten des blutigen Geschehens waren die Heere des römisch-deutschen Königs Rudolf von Habsburg, unterstützt von einem ungarischen Aufgebot, auf der einen und des böhmischen Königs Ottokar II. Přemysl mit seinen deutschen und polnischen Verbündeten auf der anderen Seite.

Die politische Vorgeschichte

Wie kam es zu dieser mörderischen Auseinandersetzung? Nach der langen Zeit des so genannten Interregnums, in der die königliche Autorität daniederlag, wurde am 1. Oktober 1273 endlich wieder – so schien es – einmütig ein König von den Kurfürsten des Reiches gewählt und entsprechend freudig von der Bevölkerung begrüßt. Es handelte sich um den mittlerweile bereits 55-jährigen Grafen Rudolf von Habsburg, der zwar über ansehnlichen Besitz vor allem im Nordschweizer Raum sowie im Elsass und Südschwarzwald verfügte, der aber noch nicht einmal dem exklusiven Kreis der Reichsfürsten angehörte, geschweige denn mit einer der bisherigen Königsfamilien verwandt war.

Wenn auch manche Zeitgenossen nach den Erfahrungen der Vergangenheit diese Wahl geradezu als ein göttliches Wunder priesen, so war sie doch in Wirklichkeit keineswegs so einmütig verlaufen, wie es die Kurfürsten in ihrem Empfehlungsschreiben zu Gunsten des Gewählten an den Papst behaupteten und wie es den unbeteiligten Außenstehenden erschien. Denn um die Königskrone hatte sich neben anderen Kandidaten auch der mächtige König Ottokar II. Přemysl von Böhmen beworben, der die Voraussetzungen für das hohe Amt in geradezu idealer Weise zu erfüllen schien: Er war nicht nur ein leibhaftiger Enkel des Stauferkönigs Philipp von Schwaben, sondern gebot auch über eine imponierende Ländermasse, die neben dem eigentlichen Königreich Böhmen die Herzogtümer und Länder Österreich, Steiermark, Kärnten und Krain mit der Windischen Mark im östlichen Alpenraum umfasste und ihm nach der Vorstellung der Zeitgenossen politischen Einfluss von der Ostsee bis an die Adria garantierte. Dazu kam ein geradezu sagenhafter Reichtum, der ihm den Beinamen „der goldene König" einbrachte. Endlich gehörte er als mächtiger weltlicher Reichsfürst zur exklusiven Gruppe der sieben Kurfürsten, die im Interregnum die Anerkennung als allein berechtigte Königswähler erlangt hatten, sodass er auch in der Lage war, besonderen Einfluss auf die anstehende Wahl zu nehmen und als Kandidat eigentlich kaum übergangen werden konnte. Dass es am Ende anders kam, lag zum einen an dem grundsätzlichen Misstrauen, das die Kurfürsten einem Mann wie Ottokar entgegenbrachten, dessen schon jetzt übermächtige Stellung durch die römisch-deutsche Königswürde noch weiter aufgewertet würde. Zum anderen hatte Ottokar die gesamten österreichischen Länder nicht von seinen Vorfahren ererbt, sondern, begünstigt durch den Zusammenbruch der Stauferherrschaft und unter Ausnutzung der besonderen Verhältnisse im Interregnum, an sich gebracht, ohne für diese Erwerbungen überzeugende Rechtstitel vorweisen zu können.

Verantwortlich für das Scheitern der böhmischen Kandidatur waren aber nicht zuletzt auch schwer wiegende Fehleinschätzungen, die sich Ottokar und seine Berater leisteten. Dazu gehörte zunächst, dass der Böhmenkönig seine Mitkurfürsten nach den Erfahrungen der Doppelwahl von 1257 und angesichts der bestehenden Interessengegensätze nicht für fähig hielt, sich auf einen gemeinsamen Kandidaten zu einigen und deshalb glaubte, dem Kölner Erzbischof und Kurfürsten Engelbert II., der gleich zu Beginn der anstehenden Thronvakanz (Sommer 1272) nach Prag gereist war, um mit dem Böhmenkönig die Möglichkeiten eines gemeinsamen Vorgehens bei der Königswahl zu sondieren, die kalte Schulter zeigen zu können. Ottokar scheint darüber hinaus der Meinung gewesen zu sein, dass die Königswahl überhaupt nicht von den in seinen Augen heillos zerstrittenen Kurfürsten, sondern von der päpstlichen Kurie in Rom entschieden werde, die nach dem Sturz der staufischen Dynastie zur beherrschenden Führungsmacht in der

abendländischen Christenheit aufgestiegen war. Nur so ist zu erklären, dass
er keinerlei Anstalten traf, seine Mitkurfürsten für die eigene Thronkanidatur zu gewinnen, sondern es vielmehr seinen Gesandten in Rom überließ,
gegenüber dem neu gewählten Papst Gregor X. und seinen Beratern die böhmische Thronkandidatur zu artikulieren und deren Vorteile für die Kirche
und den vom Papst geplanten Kreuzzug zur Rettung des hart bedrängten
Restbestandes christlicher Herrschaft im Heiligen Land ins rechte Licht zu
setzen.

Bald mussten Ottokar und seine Berater allerdings erkennen, dass sie mit
dieser Einschätzung ziemlich daneben lagen. In Wirklichkeit beanspruchte
man zwar in Rom seit Innozenz III. ein päpstliches Zustimmungsrecht (*approbatio*) zur Wahl des deutschen Königs (und künftigen Kaisers), war im
Übrigen aber bereit, das Wahlrecht der Kurfürsten grundsätzlich zu respektieren. Hinzu kam, dass es den übrigen sechs Kurfürsten – im Gegensatz
zur böhmischen Prognose – nach langen Verhandlungen und unter dem
Druck eines päpstlichen Mahnschreibens doch gelang, sich auf einen Kandidaten, nämlich Rudolf von Habsburg, zu einigen, sodass Ottokar, der sich
ostentativ von allen Vorverhandlungen fernhielt, am Ende völlig isoliert
war.

Allerdings mussten die sechs Kurfürsten, als sie sich zur eigentlichen
Wahlhandlung in Frankfurt einfanden, erkennen, dass – angesichts der
schroff ablehnenden Haltung des Böhmenkönigs – von der angestrebten
‚einmütigen‘ Wahl, die auch sehnlichst von der Bevölkerung sowie von der
römischen Kurie erwartet wurde, keine Rede sein konnte. In dieser Situation griffen sie zu einem durchaus anfechtbaren Mittel, indem sie die fehlende siebte Kurstimme dadurch zu ersetzen suchten, dass sie an Stelle des
Böhmen den Bruder des Pfalzgrafen und Kurfürsten Ludwig, Herzog Heinrich von Niederbayern bzw. dessen Gesandtschaft, zur Wahl hinzuzogen,
obwohl Heinrich seit der Landesteilung von 1255 zwar zusammen mit seinem Bruder die pfälzisch-bayerische, nicht aber eine zusätzliche Kurstimme führen konnte. Dass das fragwürdige Manöver nicht sofort durchschaut wurde, ist nicht zuletzt auch darauf zurückzuführen, dass es Ottokar
nicht für nötig gehalten hatte, persönlich am Wahltag in Frankfurt zu erscheinen, sondern den Bischof von Bamberg mit der Vertretung seiner Interessen beauftragt hatte. So musste er es hinnehmen, dass sein Gesandter von
der eigentlichen Wahlhandlung ausgeschlossen wurde, was man ihm, wenn

er anwesend gewesen wäre, wohl kaum hätte zumuten können. Obwohl Ottokar bereits unmittelbar nach der Wahl bei der römischen Kurie gegen das Ergebnis protestiert hatte und auch während des nun anstehenden päpstlichen Approbationsverfahrens alles versuchte, um eine für Rudolf günstige Entscheidung zu torpedieren, sprach Papst Gregor X. am 26. September 1274 auf dem Konzil von Lyon die förmliche Approbation Rudolfs als König aus. Als Ottokar sich nach wie vor weigerte, Rudolfs Königsherrschaft anzuerkennen und es weiterhin ablehnte, diesem die im Interregnum erworbenen österreichischen Länder als dem Reich heimgefallene Reichslehen herauszugeben, entschloss sich Rudolf, im Herbst 1274 auf dem Hoftag in Nürnberg gegen ihn ein förmliches Rechtsverfahren einzuleiten, das im Jahre 1275 für Ottokar mit der Aberkennung aller seiner Reichslehen – auch des Königreichs Böhmen – und der Verurteilung in die Reichsacht endete. Da der Přemyslide auch nach diesen Urteilssprüchen nicht bereit war einzulenken, mussten die Waffen entscheiden.

Der (erste) Krieg und ein brüchiger Frieden

Als im Jahr 1276 der Krieg begann, suchte Rudolf die militärische Entscheidung in den österreichischen Ländern, indem seine engen Bundesgenossen, die Grafen Albrecht und Meinhard von Görz-Tirol, in Kärnten und Krain eindrangen, was dazu führte, dass Ottokars Herrschaft hier wie ein Kartenhaus zusammenbrach und unter diesem Eindruck auch zahlreiche Adlige in der benachbarten Steiermark von Ottokar abfielen. Zur gleichen Zeit rückte der Habsburger mit seinem Heer nach Regensburg vor, wo er mit Herzog Heinrich von Niederbayern zusammentraf, der nach der Königswahl spürbar auf Distanz zu Rudolf gegangen war und sogar damit geliebäugelt hatte, ein Waffenbündnis mit dem Böhmenkönig zu schließen. Unter dem Druck des mitgeführten Heeres gelang es Rudolf jetzt, allerdings gegen entsprechende Zugeständnisse, den unsicheren Kantonisten voll auf seine Seite zu ziehen und zur militärischen und logistischen Unterstützung des Feldzugs zu veranlassen, sodass das Heer von nun an auf der Donau, dem schnellsten Weg in Richtung Österreich, geführt werden konnte. Während Ottokar den Hauptangriff Rudolfs auf Böhmen erwartet hatte und jetzt versuchte, mit seinem Heer in Eilmärschen vor seinem Gegner nach Österreich zu gelangen, war dieser jedoch schneller und stand bereits am 18. Oktober 1276 vor den Mauern der Stadt Wien, die allerdings – von Ottokar großzügig privilegiert – nicht zur Übergabe bereit war und somit belagert werden musste. Obgleich wenig später König Ottokar mit seinem Heer auf dem südlichen Marchfeld eintraf und bei Groissenbrunn lagerte, war der Krieg für ihn im Grunde bereits verloren, da er zu spät kam, um den allgemeinen Abfall noch aufhalten oder von der erreichten Position aus der bedrängten Stadt Wien, für die die Versorgungslage immer prekärer wurde, wirksam Hilfe bringen zu können. Dazu kamen beunruhigende Nachrichten aus Böhmen, wo einzelne Adelsgruppen die Gunst der Stunde zum Aufstand gegen die als drückend empfundene Přemyslidenherrschaft zu nutzen suchten, während umgekehrt Rudolfs Heer laufend Verstärkung durch Adlige aus den österreichischen Ländern erhielt, die sich auf seine Seite schlugen.

Schließlich sorgte der Umstand, dass das von Rudolf bereits sehnlichst erwartete Heer seines ungarischen Bundesgenossen heranrückte, dafür, dass der stolze Přemyslide sich zu Verhandlungen bequemen musste, die auf der Grundlage eines Schiedsspruches hochrangiger Parteigänger Rudolfs und Ottokars am 24. November 1276 auch zu einem Friedensschluss führten. Dieser sah vor, dass König Ottokar „klar und eindeutig" auf alle Rechte in den österreichischen Ländern verzichtete. Außerdem musste Ottokar Rudolfs Königtum anerkennen und für seine übrigen Lehen, Böhmen und Mähren, die Reichsbelehnung empfangen, wobei alle gegen ihn ergangenen Urteile und Kirchenstrafen aufgehoben wurden. Der Friede sollte für die Zukunft durch eine Doppeleheverbindung zwischen den bisher verfeindeten Familien abgesichert werden, wonach Ottokars Tochter einen Sohn König Rudolfs und außerdem eine Tochter Rudolfs den Sohn und Nachfolger Ottokars, Wenzel (II.), heiraten sollten. Als Aussteuer waren für das erste Paar 40 000 Mark Silber vorgesehen, für die Rudolfs Sohn österreichische Eigengüter Ottokars südlich der Donau als Pfandbesitz erhalten sollte. Das zweite Paar sollte ebenfalls mit 40 000 Mark Silber bedacht werden, die durch eine Verpfändung entsprechender Eigengüter nördlich der Donau aufzubringen waren. Da sowohl Ottokars Tochter als auch Rudolfs Sohn an den ihnen zugewiesenen Besitzungen kein Vererbungsrecht haben sollten, bedeutete die getroffene Regelung faktisch, dass die Güter nördlich der Donau auf Dauer an Böhmen, die südlich des Flusses gelegenen Besitzungen dagegen an Österreich fallen sollten.

Wenn auch für den Augenblick beide Parteien am Frieden interessiert waren, war jedoch eine dauerhafte, beide Seiten befriedigende Lösung von dem ausgehandelten Kompromiss kaum zu erwarten. Es gehört nicht viel Phantasie dazu, sich vorzustellen, wie demütigend der stolze Böhmenkönig den jähen Sturz von der Höhe der Macht in eine deprimierende Niederlage empfunden haben muss. Auch die Zeitgenossen waren sich der spektakulären Bedeutung des Ereignisses wohl bewusst, als Ottokar am 25. November 1276 „mit gebeugtem Sinn und gekrümmten Knien" im Heerlager Rudolfs vor Wien seine Lehen empfing. Nach späteren, anekdotenhaft ausgeschmückten Berichten soll Rudolf dabei noch eine besondere Demütigung für seinen Gegner parat gehabt haben. Während Ottokar zum Belehnungsakt mit prunkvollen Gewändern im Königsornat erschienen sei, habe Rudolf die Huldigung seines königlichen Vasallen mit einem schlichten, grauen Lederwams bekleidet und auf einem einfachen Holzschemel sitzend entgegengenommen. Folgt man dieser Überlieferung, war die Provokation nicht zu übersehen: Der große Böhmenkönig musste seine Knie vor dem bisher verspotteten ‚armen Grafen' im Alltagsgewand beugen. Auch wenn es sich bei dieser Episode um eine spätere Erfindung handeln sollte, verwundert es kaum, dass der in seinem Stolz tief getroffene Přemyslide nicht bereit war, sich mit dem Verlust der Hälfte seines gesamten Besitzstandes auf Dauer abzufinden. Dazu kam, dass Rudolf auch nach dem Friedensschluss fortfuhr, die gegen Ottokars Herrschaft in Böhmen opponierenden Adelsgruppen zu unterstützen, was von Ottokar als eine zusätzliche Bedrohung seiner Herrschaft empfunden wurde. Doch auch für Rudolf waren die Friedensbedingungen keineswegs ideal. Zwar hatte er sein Kriegsziel, die Anerkennung als König und die Revindikation der dem Reich entfremdeten österreichischen Länder weit gehend erreicht; dennoch enthielt das Abkommen einen gewichtigen Schönheitsfehler, da die Masse der nördlich der Donau gelegenen österreichischen Besitzungen auf Dauer ja an Böhmen fallen sollte, wodurch das Herzogtum in seinem Bestande beträchtlich vermindert würde. Die Folge waren Streitigkeiten über die Auslegung unklarer Bestimmungen des Vertrages, die von begrenzten militärischen Konflikten zwischen den Anhängern beider Kontrahenten begleitet wurden. Als im Jahre 1277 der Versuch, die konträren Interessen in der Form neuer Vereinbarungen zwischen Ottokar und Rudolf auszugleichen, scheiterte, mussten wieder die Waffen – und dieses Mal endgültig – entscheiden.

Vorbereitung und Ablauf der Schlacht

Im Vergleich zu 1276 hatte sich jetzt allerdings die politische und militärische Situation für Rudolf erheblich verschlechtert. Zwar war es der habsburgischen Diplomatie gelungen, für die bevorstehende militärische Auseinandersetzung sowohl die uneingeschränkte moralische Unterstützung des Papstes zu erlangen, als auch – wie 1276 – ein enges Waffenbündnis mit dem ungarischen König Ladislaus IV. zustande zu bringen. Auf der anderen Seite hatte Rudolf aber – im Gegensatz zu 1276 – nicht mehr die Zeit, ein allgemeines Reichsheer aufzubieten und konnte weder auf die militärische Hilfe der Kurfürsten noch auf die seines wichtigsten Anhängers im Krieg von 1276, des Grafen Meinhard von Tirol, setzen, während es Ottokar gelungen war, neben dem brandenburgischen Kurfürsten Otto dem Langen und dem Markgrafen von Meißen die benachbarten schlesischen und polnischen Herzöge als militärische Bündnispartner um sich zu scharen. Dazu kam, dass der militärstrategische Vorteil zunächst eindeutig bei Ottokar lag. Während Rudolf zunächst nichts anderes übrig blieb, als mit verhältnismäßig geringen Kräften in der Stadt Wien, in der immer noch Sympathisanten Ottokars erheblichen Einfluss ausübten, auf seine vor allem im Südwesten des Reiches angeworbenen Truppen sowie auf das Aufgebot des ungarischen Bundesgenossen zu warten, hatte Ottokar bis Mitte Juli 1278 bereits ein kampfstarkes Heer gesammelt und war so in der Lage, die militärische Initiative zu ergreifen. Doch seltsamerweise hat der Böhmenkönig die sich ihm bietende Chance, durch einen schnellen Vorstoß auf Wien eine frühe Entscheidung des Krieges zu erzwingen, nicht genutzt, sondern vergeudete kostbare Zeit mit der Belagerung der beiden Städte Drosendorf und Laa, die von den habsburgischen Besatzungen beherzt verteidigt wurden. So gelang es Rudolf, der bereits beim Eintreffen der ersten Truppenteile das unsichere Wien verlassen hatte, unter dem Schutz der einst von Ottokar zur Festung ausgebauten Stadt Marchegg seine Streitmacht mit weiteren Kontingenten aus den österreichischen Ländern und dem Reichsgebiet sowie dem nun ebenfalls heranrückenden ungarischen Heer zu vereinen. Nachdem eine starke Einheit der beweglichen kumanischen Reitertruppen, die die ungarischen Rittereinheiten begleiteten, bei Laa die Stärke des gegnerischen Heeres erkundet hatte, war man im gemeinsamen Kriegsrat zur Überzeugung gelangt, die offene Feldschlacht wagen zu können. So verließ das habsburgisch-ungarische

Heer am 23. August Marchegg und rückte entlang der March in nördlicher Richtung in zwei Etappen bis zum nördlichen Plateau des Haspelberges südlich von Waidendorf vor, wo am Abend des 25. August das letzte Lager vor der Schlacht aufgeschlagen wurde – bereits in Sichtweite des nur wenige Kilometer entfernten Heeres König Ottokars, der seinen Gegner hier, in der Nähe des Dorfes Jedenspeigen, bereits seit einigen Tagen erwartete.

Die Schlacht, die am nächsten Morgen begann, lässt sich angesichts widersprüchlicher Quellen nur bedingt rekonstruieren. Die Schwierigkeiten beginnen schon, wenn man die Frage nach den Kräfteverhältnissen stellt. So neigten die Zeitgenossen, die über die Schlacht berichteten, meist dazu, die Zahl der Gegner zum Teil maßlos zu übertreiben, um – je nach Standpunkt – den Sieg der Partei, mit der man sympathisierte, entsprechend zu glorifizieren oder die eigene Niederlage zu entschuldigen. In Wirklichkeit waren die Kräfteverhältnisse zwischen den beiden Heeren wohl ziemlich ausgeglichen. Zwar schien das böhmische Heer im Vorteil gewesen zu sein, da Ottokar im Vergleich zu seinem Gegner über mindestens doppelt so viele schwere Panzerreiter gebot, die auf ‚verdeckten Rossen‘, das heißt auf Pferden, die mit gefütterten Lederdecken ‚gepanzert‘ waren, kämpften, und denen die Zeitgenossen schlachtentscheidende Bedeutung zuerkannten. Andererseits verfügte Rudolf mit den ungarischen Kumanentruppen über mehrere tausend zusätzliche Reiter, die zwar fast ausschließlich mit Pfeil und Bogen bewaffnet und für den eigentlichen Nahkampf mit Schwert und Lanze kaum tauglich waren, die aber – geschickt eingesetzt – durchaus ins Gewicht fallen konnten.

Am frühen Morgen des 26. August 1278 wurden die letzten Vorbereitungen zur Schlacht getroffen. Dies bedeutete nicht nur, dass Messen gelesen und Schlachtrufe sowie Parolen ausgegeben wurden, sondern vor allem, dass sich beide Heere in der für mittelalterliche Schlachten üblichen Ordnung, d. h. tief gestaffelt in mehreren Treffen, aufstellten.

Gegen neun Uhr wurde die Schlacht von den beweglichen Kumanenverbänden, gefolgt vom ungarischen Ritteradel, eröffnet, denen Rudolf damit die besondere Ehre des ‚Vorstreits‘ überließ. Die Attacken der Kumanen, die in Schwärmen von zehn bis fünfzehn Mann an die feindlichen Linien heranritten, ihre Pfeile abschossen und sich dann, bevor es zum Nahkampf kam, so schnell, wie sie gekommen waren, wieder zurückzogen, sorgten nicht nur für Verluste, sondern auch für einige Verwirrung im gegnerischen Heer,

sodass es den nachfolgenden ungarischen Rittern gelang, das erste böh-
misch-mährische Treffen zu durchbrechen und in die Flucht zu schlagen.
Doch während die Ungarn in Hoffnung auf Beute die fliehenden Gegner ver-
folgten, entbrannte der Hauptkampf in voller Wucht, als nun die jeweils
zweiten Treffen, und damit die Masse der Panzerreiter der beiden Heere,
aufeinanderprallten. Jetzt schien sich das Blatt zu Gunsten Ottokars zu wenden, der persönlich diese meist aus deutschen Hilfstruppen bestehende Einheiten führte, da sich nun die Überlegenheit an schweren Panzerreitern aus-
zuzahlen begann und Rudolfs Ritter im erbitterten Nahkampf immer weiter
in Richtung Süden bis über den Waidenbach zurückgedrängt wurden. In
dieser Situation entschloss sich Rudolf, sein drittes und stärkstes Treffen
unter seiner persönlichen Führung einzusetzen. Der Ausgang der Schlacht
stand dabei auf des Messers Schneide, als der mittlerweile sechzigjährige
Habsburger beim Überqueren des Waidenbaches im Kampf mit einem
gegnerischen Ritter aus dem Sattel geworfen wurde. Rudolf überstand die
lebensbedrohliche Situation nur dadurch, dass er sich mit dem Schild so
lange schützen konnte, bis es dem Ritter Walter von Ramschwag, einem
Ministerialen des Klosters St. Gallen, gelang, ihn im Kampfgewühl auf ein
neues Pferd zu setzen.

Noch bevor Ottokar sein drittes Treffen einsetzen konnte, wurde die
Schlacht jedoch durch eine Reserveeinheit entschieden, die sich auf Befehl
Rudolfs in einem der kleinen westlichen Seitentäler versteckt gehalten hatte
und nun in der kritischen Phase der Schlacht Ottokars Ritter plötzlich von
der Flanke her angriff. Obwohl es sich nur um eine relativ kleine Gruppe von
Panzerreitern mit ihren Knappen, insgesamt wohl ungefähr 250 Mann,
handelte, war die Wirkung ungeheuer. Durch die Wucht des Aufpralls
wurde das Heer Ottokars in zwei Teile gerissen, wobei die nun einsetzende
allgemeine Verwirrung nicht zuletzt auch damit zu erklären ist, dass die
damaligen Topfhelme der Panzerreiter nur über einen schmalen Sehschlitz
nach vorne verfügten. Dies bedeutete für die von der Seite her Angegriffenen
nicht nur, dass sie kaum eine Möglichkeit hatten, die neue Situation rechtzeitig zu erkennen, sondern dass sie auch, um überhaupt Gegenwehr leisten zu können, ihre Pferde entsprechend wenden mussten. Dies erweckte
wiederum bei den in unmittelbarer Nähe Kämpfenden den Anschein, als
wolle man die Flucht ergreifen, wobei die nun entstehende Panik durch den
Ruf aus dem Heere Rudolfs „Sie fliehen, sie fliehen!" noch zusätzlich gestei-

gert wurde. Das dritte böhmische Treffen, das sich bereits formiert hatte, hatte somit keine Chance mehr, das Blatt noch zu wenden, sondern wurde von der jetzt einsetzenden Massenflucht mitgerissen. Für den Großteil der Fliehenden wurde nun zum Verhängnis, dass sich durch den Flankenangriff die allgemeine Fluchtrichtung nach Osten und Nordosten verschob, was zur Folge hatte, dass die meisten am Ufer der March erschlagen wurden oder in den Fluten des Flusses ertranken. Auch die, die sich nach Norden zur Flucht gewandt hatten, wurden unerbittlich verfolgt, sodass bis zum Abend das böhmische Heer völlig zerschlagen wurde und schätzungsweise 10 000 Anhänger Ottokars als Tote auf dem Schlachtfeld blieben oder als Gefangene in die Hände der Sieger fielen.

Es war ein glänzender Sieg, den Rudolf mit seinen Verbündeten errungen hatte, allerdings getrübt durch gewisse ‚Schönheitsfehler‘, die vor allem in den Augen der Zeitgenossen leichte Schatten auf das Ergebnis warfen. Dabei wurde seltsamerweise weniger der Umstand moniert, dass Rudolf seinen Erfolg zum Teil den unzivilisierten Kumanenverbänden, die noch nicht einmal den christlichen Glauben angenommen hatten, sondern nach ihren alten, heidnischen Gebräuchen lebten, verdankte. Als problematischer wurde vielmehr Rudolfs taktische Maßnahme, im entscheidenden Moment der Schlacht eine Reserveeinheit einzusetzen, empfunden, was zwar heute durchaus als ein Zeichen von überlegener Übersicht gewertet würde, was aber kaum den mittelalterlichen Vorstellungen von Ritterlichkeit und fairem Kampf entsprach. Der Befehl Rudolfs, unbemerkt vom Gegner eine Reserve zurückzuhalten, die nach Stunden untätigen Wartens plötzlich aus dem Hinterhalt heraus angreifen sollte, wurde auch von Rudolfs eigenen Gefolgsleuten als eine beträchtliche Zumutung gegenüber ihrer Ritterehre empfunden, sodass die für diese Aufgabe ausgewählten Kommandeure nur widerwillig gehorchten und es für nötig hielten, sich bei den anderen Herren im Lager für ihr Verhalten ausdrücklich zu entschuldigen. Wenn sich Rudolf hier auch über die ritterlichen Spielregeln seiner Zeit hinwegsetzte, konnte er doch darauf verweisen, dass er nicht der erste ‚Spielverderber‘ war, der auf diese Weise einen entscheidenden Sieg in einer mittelalterlichen Ritterschlacht errungen hat. Vor ihm hatte dies bereits unter anderen Karl von Anjou in der Schlacht von Tagliacozzo (1268) demonstriert, in der ebenfalls eine unbemerkt zurückgehaltene Reserveeinheit die Schlacht entschieden und das Schicksal des letzten Staufers Konradin besiegelt hatte. Einen weiteren Schönheitsfehler an Rudolfs Sieg konnte man schließlich in der Art und Weise sehen, wie der Böhmenkönig Ottokar in der Schlacht ums Leben kam. Ottokar, der, wie Rudolf später selbst in einem Schreiben an den Papst rühmte, noch lange mit beeindruckender Tapferkeit inmitten seiner Truppen gefochten hatte, war schließlich von den in Richtung Norden Fliehenden mitgerissen, dann eingeholt, vom Pferd gezerrt und gefangen genommen worden. Der wertvolle Gefangene wurde jedoch nicht vor König Rudolf geführt, sondern von aufgebrachten österreichischen Adligen, wahrscheinlich unter der Führung Bertholds und Offos von Emmerberg, die Ottokar für die Hinrichtung eines Verwandten verantwortlich machten, getötet. Natürlich entsprach ein solches Verhalten weder dem ritterlichen Ehrenkodex noch dem materiellen Interesse der anderen an der Gefangennahme beteiligten Ritter, die sich um ihren Anteil an dem potenziellen Lösegeld geprellt sahen. Wenn Rudolf auch für die Tat seiner Gefolgsleute nicht persönlich haftbar gemacht werden kann, so dürfte ihm der Tod seines Gegners doch nicht ungelegen gekommen sein, da er nun hoffen konnte, den Sieg auf dem Schlachtfeld auch in dauerhafte territoriale Zugewinne ummünzen zu können.

Die historische Bedeutung der Schlacht

Während Rudolf und seine Anhänger die so eindeutig entschiedene Schlacht als ein Gottesurteil werteten, sahen spätere Historiker ihre Aufgabe darin, aus der Rückschau die Tragweite und historische Bedeutung dieses Ereignisses für die nachfolgenden Generationen zu beurteilen. Dabei stellte sich zunächst die Frage, wie vereinzelte Hinweise in der habsburgischen Quellenüberlieferung, die etwa vom verdienten Sieg „deutscher Waffen" über den „Hochmut der Slawen" sprechen, zu deuten sind. Verstanden die Zeitgenossen die Schlacht bei Dürnkrut als eine nationale Auseinandersetzung zwischen Deutschen und Slawen, die am Ende zu Lasten slawischer Traditionen und Wertvorstellungen entschieden wurde? Wenn auch auf beiden Seiten nationale Ressentiments nicht auszuschließen sind, wird man den Konflikt schon deshalb nicht als ‚deutsch-slawische' Auseinandersetzung charakterisieren können, weil gerade König Ottokar als ein besonderer Förderer von deutscher Sprache und Kultur in Böhmen galt und weil in seinem Heer neben slawischen Kontingenten auch zahlreiche deutsche Ritter aus Böhmen, Brandenburg, Sachsen, Thüringen und Bayern kämpften. Andererseits deutet auch nichts darauf hin, dass Rudolf ‚national-deutsche' Emotionen bewusst in seinem Sinne genutzt hat.

Wie die beiden Kriegsparteien ihren Standort in dem Konflikt sahen, wird wohl eher an dem jeweiligen Schlachtruf deutlich, mit dem sie in den Kampf zogen. Während die Böhmen mit „Praha, Praha" antraten, wurde im Heere Rudolfs die Losung „Rom, Rom, Christus, Christus" ausgegeben, wobei die einzelnen Kämpfer, selbst die heidnischen Kumanen, als Erkennungszeichen – wie die Teilnehmer an früheren Kreuzzügen – ein rotes Kreuz an ihre Kleidung hefteten. Dies alles deutet darauf hin, dass Rudolf den Konflikt nicht als ‚deutscher', sondern als römischer König und künftiger Kaiser des christlich-römischen Universalreiches mit Rückgriff auf alte Kreuzzugstraditionen führte. Liegt somit die historische Bedeutung der Schlacht auch kaum in einer Entscheidung zu Gunsten eines nebulösen ‚Deutschtums' gegenüber slawischen Traditionen und Wertvorstellungen, so hat sie doch andererseits die Basis für bedeutsame, weit in die Zukunft reichende politische Veränderungen in Mitteleuropa geschaffen. Denn sie schuf die wesentliche Voraussetzung dafür, dass es Rudolf vier Jahre später nach harten Verhandlungen gelingen konnte, die Herzogtümer Österreich und Steiermark mit den Ländern Krain und der Windischen Mark seiner eigenen Familie zuzuwenden, indem er Ende des Jahres 1282 seine beiden Söhne Albrecht und Rudolf feierlich damit belehnte und sie zugleich in den Fürstenstand erhob. Wenn die Zeitgenossen damals auch kaum die künftige Entwicklung voraussehen konnten, ist aus der Rückschau des Historikers dennoch festzuhalten, dass sich auf der Grundlage dieses denkwürdigen Doppelereignisses im Südosten des Reiches eine neue Königsdynastie etablierte, die später als europäische Großdynastie mit Weltgeltung die Geschichte in Europa und darüber hinaus entscheidend geprägt hat. Vor diesem Hintergrund erscheint es verständlich, dass auch die moderne Forschung der Schlacht bei Dürnkrut geradezu ‚welthistorische Bedeutung' zugemessen hat.

Die Pest in Europa 1347–1349

KLAUS BERGDOLT

Der schwarze Tod, der seit 1347 die Länder Mittel- und Westeuropas heim-
suchte, gilt bis heute als eine der größten und einschneidendsten Katastrophen der Geschichte. Mehr als ein Viertel der Europäer dürfte ihm zum
Opfer gefallen sein! Die tödliche Seuche traf die spätmittelalterliche Gesellschaft völlig unvorbereitet – offensichtlich war im 14. Jahrhundert die kol-
lektive Erinnerung an die kaum weniger aggressive *Pest des Justinian* erlo-
schen, die 541 von Äthiopien aus das Mittelmeer und 542 Konstantinopel
erreicht hatte (und beunruhigenderweise in vielen Hafenstädten des Mittel-
meers bis zum 8. Jahrhundert immer wieder aufflackerte).

Bereits die Fama der nahenden, „unerhörten" (Petrarca) Epidemie
musste die Obrigkeiten alarmieren: Furchterregend klangen die Berichte
von Reisenden und Chronisten, deren Phantasie von der Angst beflügelt
wurde. Über den Ursprung des *Sterbens*, den man in Indien vermutete,
schrieb so ein flämischer Geistlicher, es habe dort Frösche, Schlangen, Ei-
dechsen, Skorpione und giftige Tiere vom Himmel geregnet, und Mensch
und Tier seien tags darauf durch einen furchtbaren Hagelschlag vernichtet
worden. Die Überlebenden hätte schließlich am dritten Tag ein aus den
Wolken fallendes Feuer verbrannt. Durch den Gestank ihrer Leichen seien
die gesamte Region, alle Nachbarländer sowie die Küsten des Schwarzen
Meeres mit einem *Pesthauch* überzogen worden.

Sicher ist, dass die *mortalitas magna* im Frühjahr 1347 erstmals eine europäische Stadt erreichte: Caffa (das heutige Feodosia) auf der Krim, damals
eine Handelsniederlassung der Genuesen, die hier mit tartarischen und
asiatischen Händlern ihre Waren tauschten. Seit 1346 wurde die kleine Ansiedlung von den Tartaren belagert. Nachdem unter diesen unversehens die
Pest ausgebrochen war, wurde der in der Stadt aufleuchtende Hoffnungs-
schimmer durch ein frühes Beispiel ‚bakteriologischer Kriegsführung'
zunichte gemacht. Gabriele de Mussis, ein junger Notar aus Piacenza, der
die Krim bereist hatte, berichtet: „Als die nunmehr von Kampf und Pest ge-
schwächten Tartaren bestürzt und völlig verblüfft zur Kenntnis nehmen

mußten, daß ihre Zahl immer kleiner wurde und erkannten, daß sie ohne irgendeine Hoffnung auf Rettung dem Tod ausgeliefert waren, banden sie die Leichen auf Wurfmaschinen und ließen sie in die Stadt Caffa hineinkatapultieren, damit dort alle an der unerträglichen Seuche zugrundegehen sollten. Man sah, wie sich die Leichen, die sie so hineingeworfen hatten, zu Bergen türmten!" Die Bewohner ergriffen entsetzt die Flucht. Auf ihren Schiffen gelangten aber auch infizierte Pestflöhe (von deren Gefährlichkeit natürlich niemand etwas ahnte), versteckt im Fell von Hausratten, in menschlicher Kleidung sowie in Pelzen, Stoffen und Getreidefässern, nach Süden und Westen. Trapezunt an der Südküste des Schwarzen Meeres war wie Konstantinopel, Alexandria oder Zypern noch 1347 betroffen.

Ursachen, Symptome und Therapieversuche

Nach der byzantinischen Chronik des Johannes Kantakuzenos war die Pest so schlimm, „daß weder eine bestimmte Lebensweise noch starke Körpersäfte gegen sie ankamen. Sie befiel nämlich jeden Körpertypus, ob schwach oder stark. Wer sich behandeln lassen konnte, kam ebenso um wie die Allerärmsten ... Manche starben noch am gleichen Tag, an dem sie erkrankt waren, ja einige bereits nach einer Stunde. Wer aber zwei oder drei Tage überlebt hatte, wurde zunächst von einem heftigen Fieber und, nachdem die Seuche den Kopf befallen hatte, von einer Sprachlähmung und Wahrnehmungstrübung gegenüber allem, was um ihn herum geschah, befallen, worauf eine tiefe Bewußtlosigkeit folgte. Erwachte er und wollte er reden, war ihm die Zunge gelähmt und das meiste ... unverständlich, da die Nerven im Nacken abgestorben waren. Und er starb dann sehr bald."

Ohne die Pathomechanik der Pest zu kennen, unterschied der Autor des 14. Jahrhunderts aufgrund reiner Beobachtung die Lungen- von der Beulenpest, wobei vor allem seine Beschreibung der Symptome der Hirnhaut- und Gehirnentzündung beeindruckt. Tatsächlich führte die durch Tröpfcheninfektion, aber auch durch Blutvergiftung infolge einer Beulenpest hervorgerufene Lungenpest in wenigen Stunden zum Tode.

Die mittelalterlichen Ärzte glaubten, dass die Seuche, wie es Hippokrates und Galen gelehrt hatten, durch faulige, verdorbene Lüfte (Miasmen) verbreitet würde. Ein feucht-schwüles Klima, Südwinde, die Luft über stehenden Gewässern und Sümpfen, aber auch der Atem sowie Ausdünstungen bereits Erkrankter förderten – so die Lehrmeinung – die ‚Luftverpestung‘ ebenso wie bestimmte Nahrungen oder der Gestank eines verdorbenen Fischs. Nach der Viersäftelehre beruhten Krankheiten allgemein auf Fehlmischungen (Dyskrasien) der *humores* Blut, Schleim, gelbe und schwarze Galle. Wie ein Überwiegen der kalten und trockenen schwarzen Galle (*mélaina cholé*) zur Melancholie oder zum Aussatz prädisponierte, bedeutete ein Überschuss des feuchtwarmen Blutes die Gefahr der *Fäulnis* innerer Organe, die nach Meinung der Fachautoritäten den eigentlichen Pestvorgang darstellte. Man versuchte deshalb zu Epidemiezeiten, durch Aderlass die Menge des vermeintlich schädlichen Blutes zu verringern und durch Einläufe bzw. Brechmittel Fäulnisgase oder faulige Speisereste aus dem Körper zu eliminieren. An klimatisch ungünstigen Orten, aber auch in Krankenzimmern reinigte man die Luft zudem durch den Rauch von Holzfeuern. Gesicht und Hände wurden mit Essigwasser desinfiziert, die Atemluft durch Kräuter gefiltert. Da bekannt war, dass in Wohnräumen warme (und somit pestfördernde) Luft nach oben steigt, wurden die Kranken selbst hoch gelagert, damit sie die tiefere, von Angehörigen und Pflegern eingeatmete Luftschicht nicht verderben konnten.

Auch die bereits 1345 beobachtete ungünstige Konstellation der drei oberen Planeten Mars, Jupiter und Saturn im Zeichen des Wassermanns wurde von den meist astrologiegläubigen Doktoren als Vorzeichen der Katastrophe gewertet. Ein vom französischen König Philipp VI. im Herbst 1348 bei der Pariser Medizinischen Fakultät in Auftrag gegebenes „Pestgutachten", das für unzählige Ärzte richtungweisend war, unterstrich jedenfalls den unheilvollen Einfluss der Sterne und gab den berühmten Rat zur Flucht *longe et cito* (weit weg, und zwar schnell!). Auch eine vorsichtige, alle Extreme vermeidende Lebensweise wurde hier empfohlen. Nicht zuletzt wurden auch Erdbeben mit dem Ausbruch der Seuche in Zusammenhang gebracht. Man glaubte, dass aus den Erdspalten heißfeuchte Miasmen aus dem Erdinnern (nahe der Hölle!) freigesetzt würden, welche die Pest hervorriefen.

Vom Laien verlangten die Ärzte ein hohes Maß an Selbstverantwortung. Fenster sollten prophylaktisch nur nach Norden geöffnet, die eingeatmete Luft zu Epidemiezeiten mit Kräutern (etwa in Pestmasken) gereinigt werden. Körperliche Anstrengungen, aber auch der Geschlechtsverkehr, waren zu meiden, um nicht die Einatmung gefährlicher Miasmen zu forcieren. Eine Diät, wie sie die Pariser Ärzte vorschlugen, erschien den Dogmatikern der Humoralpathologie durchaus sinnvoll (obgleich sie objektiv natürlich nutzlos war und das Verhalten der Flöhe mitnichten beeinflussen konnte!): Von Geflügel und allem, was heiß und feucht erschien, sollte man absehen und tagsüber auf Schlaf verzichten, dafür aber etwas Wein zu sich nehmen. Als bestes Prophylaktikum galt – neben der Flucht – der ebenso berühmte wie teure Theriak, jenes Sammelsurium von toten Substanzen, Opiaten, Schlangenfleisch, Vipernextrakten und Krötenpulver, das als Allheilmittel gepriesen wurde. Ein Professor aus Montpellier empfahl sogar, den Augenkontakt mit Kranken zu meiden, denn auch Dämonen und der ,böse Blick' standen im Verdacht, für die Pest verantwortlich zu sein. Das Fehlen einer wirksamen Therapie und Prophylaxe untergrub allerdings langsam das Vertrauen in den Ärztestand, dessen Image in der zweiten Hälfte des 14. Jahrhunderts, nicht zuletzt wegen der engen Verzahnung des Medizinstudiums mit den langsam außer Mode kommenden scholastischen Bildungsinhalten, auf einem Tiefpunkt angelangt war.

Auswirkungen auf das soziale Leben

Der Triumphzug des schwarzen Todes von Caffa aus nach Westen schien so unaufhaltsam. „Es geschah nun", berichtet die *Historia Siculorum* des Michele da Piazza, „daß im Jahre der Menschwerdung des Herrn 1347, ungefähr Mitte Oktober, zwölf genuesische Schiffe vor der göttlichen Rache flohen, die der Herr über sie kommen ließ und den Hafen von Messina erreichten. Sie trugen bereits eine so schlimme Form der Pest mit sich, daß, wer auch immer mit einem Mitglied der Besatzung sprach, von dem tödlichen Leiden dahingerafft wurde und dem Tod auf keine Weise mehr entgehen konnte." Die Schreckensbilder glichen sich in Ost und West, in Caffa, Byzanz, Messina oder Genua. Nicht nur die klinischen Symptome waren stets identisch, auch die Verzweiflungsreaktionen der Betroffenen entsprachen sich. Man begegnete sich mit Angst und Misstrauen. Nicht nur Handel und Lebensmittelversorgung waren bedroht, sondern ebenso Freundschaften und familiäre Bindungen. Nächstenliebe, Mitleid und Rücksicht schwanden. „Das Verhältnis unter den Menschen verrohte, so daß ein Vater, wenn sein Sohn krank darniederlag, sich weigerte, bei ihm zu bleiben. Hatte er freilich den Mut, sich ihm zu nähern, wurde er von der Krankheit befallen ... Und nicht nur er gab seinen Geist auf, sondern alle Familienmitglieder, die in seinem Haus wohnten. Selbst die Katzen und übrigen Tiere, die im Haushalt lebten, folgten ihm in den Tod." An anderer Stelle beklagt Michele da Piazza die Furchtsamkeit der Amtspersonen und Geistlichen: „Die Priester und Notare weigerten sich, in die Häuser zu gehen. Betrat einer von ihnen dennoch ein Haus, um ein Testament ... aufzusetzen, konnte auch er dem baldigen Tod nicht entgehen. Die Minderbrüder, Dominikaner und andere Ordensleute, die in die Wohnungen solcher Kranker gehen wollten, damit sie ihnen ihre Sünden beichten konnten, raffte selbst ein brüsker Tod hinweg, so daß einige gleich in den Sterbezimmern zurückblieben. Als die Leichen verlassen in den Wohnungen lagen, wagte es kein Priester, Sohn, Vater oder Verwandter mehr, hineinzugehen. Man bezahlte vielmehr Dienstleuten einen nicht geringen Lohn, damit diese die Toten zum Begräbnisplatz brachten." Auch die Mediziner fürchteten sich und ergriffen häufig die Flucht. Der Florentiner Chronist Marchionne di Coppo berichtet: „Ärzte fanden sich nicht mehr, da sie wie die anderen Menschen dahinstarben. Und traf man noch einige, so forderten sie im voraus eine unverschämte Geldsumme auf die Hand, sobald sie ein Pesthaus betraten. Waren sie aber eingetreten, tasteten sie den Puls nur mit abgewandtem Gesicht ..." Die Preise von Lebensmitteln, Backwaren, Kerzen, Kleidern, Decken, Bahren und Leichenbekleidungen stiegen sprunghaft, bis man die Toten schließlich unbekleidet beerdigte.

Unter den Kommunen entwickelte sich ein feindschaftlich-misstrauisches Verhältnis, zumal vielerorts zunächst der Ausbruch der Seuche verschwiegen wurde. In Sizilien weigerte sich Catania, die schützenden Reliquien der heiligen Agathe betroffenen Nachbarstädten auszuleihen. Syrakus, Sciacca und Agrigent wurden dezimiert, das Gebiet um Trapani „blieb menschenleer". Von Messina aus wurden die Häfen der Adria und des Tyrrhenischen Meeres erreicht, von wo aus die Pest in das Hinterland gelangte. In Piacenza, um nur ein Beispiel herauszugreifen, trug man Reliquien und Kreuzesfahnen durch die Stadt. „Der Tod, der nun Ernte hielt, war hier so grausam, daß die Menschen kaum atmen konnten. Als Lebender bereitete man sich nur noch auf seine eigene Beerdigung vor. Da der Boden für Gräber fehlte, war man gezwungen, unter Laubengängen und Straßen, wo niemals zuvor Begräbnisse stattgefunden hatten, Gruben auszuheben ...", hieß es in einer Chronik. Der sienesische Geschichtsschreiber Agnolo di Tura begrub „mit eigener Hand" fünf seiner Kinder. Das Läuten der Totenglocken und Tragen von Trauerkleidung wurde fast überall untersagt, um die Stimmung nicht zu sehr zu drücken. In Zusammenarbeit mit den Ärztekollegien versuchten die Regierungen, der Katastrophe Herr zu werden, wobei regionale Unterschiede eine gewisse Rolle spielten. In Venedig konnte man die Pestkranken auf Inseln internieren und dort auch Friedhöfe anlegen (auch das erste ständige Pestlazarett Europas wurde 1423 auf einer Laguneninsel errichtet!), während in Paris oder Florenz die Isolierung natürlich schwieriger war (objektiv gesehen konnte der Pestfloh, dessen unheilvolle Rolle damals natürlich unbekannt war, allerdings wohl über die Mauern eines Pestasyls, nicht aber über einige Kilometer Wasserfläche der Lagune gelangen!).

Am berühmtesten wurde der Bericht, den Boccaccio – in der Einleitung des *Decamerone* – über die Pest in Florenz verfasste. Er erwähnt die Hilflosigkeit von Behörden und Ärzten, die zunehmende Missachtung der Gesetze, die Verzweiflung der Massen und die unterschiedlichen Verlaufsformen der Krankheit. Wie aus Trotz gegen den Tod nahmen Genuss und Sinnesfreude zu, freilich in typischen Abstufungen: „Manche dachten durch eine maßvolle Lebensweise und dadurch, daß sie sich vor jedem Überfluß hüteten, ihre Widerstandskraft gegen die Seuche stärken zu können ... Andere vertraten die gegenteilige Auffassung und versicherten, die sicherste Medizin sei bei einer solchen Katastrophe reichlich zu trinken, zu genießen, singend und scherzend herumzuziehen, jegliche Lust, wo es nur möglich ist, zu befriedigen und über das, was kommen möge, nur zu lachen und zu spotten." Wieder andere schlugen einen Mittelweg ein, während eine weitere Gruppe die Flucht vorzog, darunter Boccaccio selbst: Der *Decamerone* entstand in einer Villa an der Peripherie von Florenz, in der sich der Dichter in Sicherheit gebracht hatte. Es gab freilich auch Menschen, die sich in frommer Nächstenliebe um Kranke und Sterbende kümmerten. Viele von ihnen wurden – es war nicht anders zu erwarten – selbst Opfer der Seuche. Nicht wenige der Todgeweihten bedachten kirchliche Einrichtungen in ihren Testamenten. Tatsächlich brachte die Pest so Klöstern, Bruderschaften und Gemeindekirchen, aber auch Hospizen und Universitäten einen erheblichen Vermögenszuwachs.

Über den Hafen von Marseille erreicht der schwarze Tod Frankreich. In der Universitätsstadt Montpellier verglich der Arzt Simon de Couvin das Sterben der Studenten mit dem „Welken der Blumen". Avignon, die Resi-

denz des Papstes, war ebenso betroffen wie Narbonne und Toulouse. Zahlreiche Zeitzeugen beschreiben die Pest in Paris, der auch die Königin zum
Opfer fiel. Zeitweise brachte man hier täglich fünfhundert Leichen vom
Hôtel-de-Dieu zum Begräbnis auf dem Friedhof SS. Innocents. Viele Dörfer
starben aus, Vieh- und Schafherden irrten ohne Hirten umher. In Nordfrankreich waren die Menschen bereits vor Ankunft der Pest durch den Hunger geschwächt, der seit 1347 – ähnlich wie in Friaul und Teilen Italiens –
eine allgemeine Landflucht bewirkt hatte. Die resultierende Überbevölke-
rung in den Städten begünstigte wiederum die Infektion. Zudem wütete auf
dem Land das Antoniusfeuer, Folge einer chronischen Vergiftung durch
Mutterkornalkaloide, die auf einseitiger Mangelernährung beruhte. 1348
erreichte die Seuche schließlich das englisch besetzte Calais.

Von kollektiver Angst zur Judenverfolgung

Auch England, Irland, Skandinavien, die deutschen Länder, Böhmen und
Polen fielen ihr zum Opfer. Aus der Tatsache, dass die Überlebenden der Pest
eine gewisse Resistenz entwickelten, erklärt sich das Phänomen, dass
Städte, die 1348 von der Pest verschont blieben wie Mailand oder Prag (damals immerhin Residenz des Kaisers!) einige Jahre später umso heftiger
heimgesucht wurden. Bezeichnend war die geistige Unruhe, ja die „mental
crisis", welche die Massenangst hervorrief. Viele zweifelten, wie zeitweise
Petrarca, an der Gerechtigkeit Gottes: „Oder sollte doch stimmen, daß Gott
sich um die irdische Welt nicht kümmert, wie einige der bedeutendsten Geister bereits vermuteten?" Man begann Minderheiten wie die Juden zu beschul-
digen, die Zisternen vergiftet zu haben (deren stehende Gewässer nach hu-
moralpathologischer Lehre ja eine potenzielle Krankheitsquelle darstell-
ten!). Die aufkeimende Kollektivangst entlud sich irrational und griff zum
Teil Ideen der Geißler auf, die bereits *vor* der Pest Zeichen der Endzeit zu ent-
decken glaubten und apokalyptische Vorstellungen entwickelten. Es galt, so
dachten viele, durch Buße und Selbstbestrafung den Zorn Gottes abzuwen-
den. Chiliastische Ideen hatten im Mittelalter Tradition, und es lag nahe, Erdbeben, Hungersnöte und Pest als Zeichen des in der Apokalypse angekündig-
ten *Tausendjährigen Reiches* zu interpretieren. Von Thüringen aus überrollten
die Flagellanten Süddeutschland bis nach Straßburg und in die Schweiz. In
vielen Städten kam es zu Ausschreitungen, aber auch zu Judenverfolgungen.

Die antisemitische Tradition war – man denke an die Pogrome des 12. Jahrhunderts, zu Beginn der Kreuzzüge! – im 14. Jahrhundert nicht neu, doch erreichte sie nunmehr einen Höhepunkt. Immerhin handelte es sich „um die größte singuläre Mordaktion gegen die jüdische Bevölkerung in Europa vor dem Holocaust" (K. G. Zinn). Wie in den Leprösen, die immer wieder krimineller Machenschaften beschuldigt wurden, sah man nun in den Juden einen – durch die aufgezwungene Tracht ebenfalls schon von weitem erkennbaren – Feind, zumal an unterschiedlichen Orten Mitglieder jüdischer Gemeinden unter der Folter gestanden hatten, Brunnen vergiftet zu haben. Die Katastrophe der Pest bedeutete für viele jüdische Kommunen Mitteleuropas das Ende. Synagogen und Judenviertel gingen fast überall, so in Würzburg, Konstanz, Bern, Basel, Mainz, Ulm und vielen anderen Städten, in Flammen auf. Soweit wir wissen, war Papst Clemens VI. die einzige europäische Autorität von Rang, die öffentlich die Judenmorde geißelte und darauf hinwies, dass ja die Angeklagten selbst oft genug Opfer der Seuche wurden ...

Die Pest blieb in Europa bis ins 18. Jahrhundert *endemisch*, d. h. sie flackerte hier und da in unregelmäßigen Abständen auf. Einzelne Städte wurden immer wieder hart getroffen (so Venedig 1576 und 1631, zuletzt Marseille 1720), doch kam es nie mehr zu einer umfassenden Flächenepidemie wie 1348. In Reggio d'Emilia (1374) und Ragusa (Dubrovnik, 1377) praktizierte man erstmals die „Quarantäne", freilich nur von dreißigtägiger Dauer („Trentäne"): Reisende aus „verpesteten" Ländern mussten dreißig Tage unter Aufsicht warten, bis sie in die Stadt eingelassen wurden. Erst 1384 wurde die Frist in Marseille auf die klassischen vierzig Tage verlängert.

„Frag die Historiker: Sie schweigen. Konsultiere die Ärzte. Sie staunen nur. Was wäre von den Philosophen zu sagen? Sie zucken mit den Achseln, runzeln die Stirn, legen den Finger auf die zusammengekniffenen Lippen und bitten um Ruhe" – Petrarcas ironische Umschreibung des Erklärungsnotstands der Intellektuellen demonstriert die Hilflosigkeit, mit der die zeitgenössische Gesellschaft dem schwarzen Tod begegnete. Tatsächlich waren schon die Jahre vor 1348 von einer beachtlichen *mentalen* Krise gekennzeichnet. Petrarca sprach von einer „alternden" Welt (*mundus iam senescens*). „Vorwärts und rückwärts blickend" fühlte sich mancher Zeitgenosse zwischen Scholastik und Individualismus, zwischen Glauben und religiösen Zweifeln hin- und hergerissen. Doch waren nicht nur die Gebildeten verunsichert: Die Verbreitung von Feuerwaffen im Hundertjährigen Krieg und die damit verbundene Anonymisierung des Kriegsalltags signalisierten z. B. einen Bruch mit den überkommenen Ritteridealen. Auch mag die von vielen Menschen als *Memento mori* gedeutete Mahnung der neu entwickelten Turmuhren, die zunehmend den öffentlichen Zeitfluss bestimmten, zu einer resignativen Grundstimmung beigetragen haben, die auch in der zeitgenössischen Literatur, etwa bei Boccaccio, Petrarca und Pucci Spuren hinterlässt. Doch beeindruckt auch, wie die Geschichte der zweiten Hälfte des 14. Jahrhunderts, von der Gefahr neuer Pestwellen einmal abgesehen, bald ihren ‚normalen‘ Gang ging. Während die bildende Kunst eine Zeitlang, wenn auch keinesfalls ausschließlich, durch die düstere Ikonographie des Triumphs des Todes, des Totentanzes sowie von Gerichts- und Höllendarstellungen bestimmt wurde, erlebten Handel und Kultur – vor allem in den italienischen Kommunen – einen einzigartigen Aufschwung. Andererseits hatte während der Pest eine anhaltende Stadtflucht die kommunalen Infrastrukturen, etwa die Funktionsfähigkeit von Legislative und Exekutive gefährdet. In Venedig fehlten so z. B. bald Notare, Schreiber, Beamte, Priester und Ärzte. Angesichts der Notsituation warb man mit bestimmten Privilegien, etwa Steuerfreiheit, um Einwanderer mit entsprechenden Berufen. Vielerorts wurden priesterliche Amtsgewalten auch auf Laien übertragen.

Die Pest von 1347 bis 1349 bedeutete so eine Zeit des Umbruchs. Niemals, vom Kriegsalltag abgesehen, war der Tod in Europa allgegenwärtiger als zur Mitte des 14. Jahrhunderts. „O glückliches Volk der Nachgeborenen", schrieb Petrarca, „das dieses Elend nicht mehr gekannt haben wird." Wenn der große Dichter hier auch irrte – die Pest des Mittelalters hatte apokalyptische Züge und stellte für jeden Zeitgenossen eine existenzielle Herausforderung dar.

Die Entstehung der deutschen Universitäten im 14. Jahrhundert

KARL UBL

Die Universität ist eine mittelalterliche Erfindung, obwohl die an ihr vermittelten Lehrinhalte der antiken Wissenstradition entstammen. Für die höhere Bildung wurde mit der Universität eine neue Institution ins Leben gerufen. Dieser Sachverhalt liegt in der für das Mittelalter bezeichnenden Konstellation begründet, dass die Institutionalisierung höherer Bildung vor dem Prozess der Verstaatlichung stattgefunden hat. Anders als in der Antike, als die Schulen von Athen und das Museion Alexandriens die rechtliche Sicherheit funktionierender Staatswesen zur Voraussetzung hatten, erfolgte der Aufschwung der höheren Bildung im 12. Jahrhundert in einem politisch-rechtlichen Vakuum. In einer Welt, die zugleich von wirtschaftlicher Expansion, Bevölkerungswachstum und beginnender Geldwirtschaft auf der einen und einer partikularen und unübersichtlichen Rechtsordnung auf der anderen Seite gekennzeichnet war, stellte die Mobilität und lokale Zusammenballung von Studenten eine besondere Herausforderung dar.

Zwei Kernpunkte: Rechtssicherheit und Erteilung der Lehrbefugnis

Das Rechtssystem des Mittelalters setzte Stabilität voraus, da jede Region ihre eigenen Rechtsgewohnheiten pflegte. Studenten gaben den Schutz auf, den ihnen das praktizierte Gewohnheitsrecht ihrer Heimat bot und den sie in der Fremde, im Exil, kaum für sich in Anspruch nehmen konnten. Für die Studenten war es daher unerlässlich, sich in einer rechtlichen Korporation zusammenzuschließen, wie es die Städte, Zünfte und andere durch Eid konstituierte Einungen vorgemacht hatten. Dieser Zusammenschluss berechtigte die Korporation, sich selbst Statuten zu geben, Repräsentanten zu wählen und die interne Disziplin selbstständig zu regeln. Das Spezifikum der höheren Bildung im Mittelalter war, dass es den Schulen in Paris und Bologna um 1200 gelang, diesen privilegierten Rechtsstand einer juristischen Korporation (*universitas*) zu erlangen. In Paris schlossen sich die Lehrer der Philosophie und Theologie zu einer Korporation der Magister (*universitas magistrorum*) zusammen, in Bologna die Rechtsstudenten zu einer Korporation der Studenten (*universitas scholarium*). Fortan sollten diese beiden Ausprägungen die Geschichte der höheren Bildung bestimmen.

Der eigentliche Fachbegriff für ‚Universität' im Mittelalter war *studium generale*. Als sich die Bildung von den Klöstern auf dem Land zu den städtischen Ausbildungszentren verlagerte, wandte man sich vom griechischen Lehnwort *schola* ab und verstand unter *studium* den Ort oder die Institution, wo mit Eifer einer wissenschaftlichen Betätigung nachgegangen wurde. Das Wort *studium* für Schule hatte also einen positiven, emphatischen Beiklang, der heute verloren gegangen ist. Das Beiwort *generale* wurde dem *studium* angefügt, als sich um 1200 höhere Schulen abzugrenzen begannen und für sich einen ganz besonderen Status in Anspruch nahmen. Mit *generale* im Unterschied zu *particulare* wollte man festhalten, dass an diesen Schulen zumindest eines der höheren Fächer wie Theologie, Recht oder Medizin unterrichtet wurde, dass Studenten aus weit entfernten Regionen am Unterricht teilnahmen und – vor allem – dass diese Schulen vom Papst oder vom Kaiser privilegiert waren, die *licentia ubique docendi* zu erteilen, die Lehrerlaubnis im ganzen europäischen Abendland. *Studium generale* wurde so zur allgemein üblichen Bezeichnung für Universitäten.

Um 1200 – ein genaues Gründungsdatum lässt sich nicht angeben – sind ungefähr gleichzeitig die *studia generalia* in Paris und Bologna entstanden. Einerseits, wie wir gesehen haben, um den Studenten Rechtssicherheit zu gewährleisten, andererseits aber auch, um die Erteilung der Lehrbefugnis in die eigene Hand zu nehmen. Ursprünglich lag nämlich die Entscheidung darüber, wem eine Lehrbefugnis erteilt werden sollte, beim zuständigen Bischof bzw. bei seinem Beamten in Fragen der Lehre, dem Kanzler. Im 12. Jahrhundert, als mehrere theologische Schulen in Paris miteinander konkurrierten, führte das dazu, dass der Bischof auf die theologische Ausrichtung der Lehre starken Einfluss ausübte. Nachdem sich die theologischen und philosophischen Schulen um 1200 zur Universität zusammengeschlossen hatten, wurde dem Bischof das Zugeständnis abgerungen, der Kanzler dürfe eine Lehrbefugnis nicht gegen Geld und nur an geeignete Kandidaten erteilen. Kurze Zeit später gelang es, den Kanzler darauf zu verpflichten, ein Mehrheitsvotum der prüfenden Professoren anzunehmen und den vorgeschlagenen Kandidaten zu akzeptieren. Die Aufsicht behielt er jedoch bei. Die mittelalterliche Universität war also in der wissenschaftlichen Betätigung nie ganz frei. Sowohl der zuständige Ortsbischof als auch der Papst nahmen für sich in Anspruch, über die Rechtgläubigkeit der Dozenten zu wachen und in letzter Instanz die Lehrerlaubnis zu entziehen.

,Bildungsrückstand' nördlich der Alpen

Ab 1290 erfasste eine neue Welle von Universitätsgründungen Süd- und Westeuropa. In der ersten Hälfte des 14. Jahrhunderts belief sich die Zahl der einwandfrei funktionierenden Universitäten auf 17. In Italien, Frankreich, Spanien und England gehörte die Universität als Ort der höheren Bildung zum Alltag.

Anders im römischen Reich nördlich der Alpen, in Deutschland. Hier setzte der Prozess der flächendeckenden Erfassung durch Universitäten erst an der Wende zum 15. Jahrhundert ein. Für diesen Rückstand Deutschlands lassen sich verschiedene Faktoren namhaft machen. Zum einen war die politische Lage ungünstig. Nach dem Ende der Stauferherrschaft, in der Zeit des Interregnums und danach, fehlte eine mächtige und die intellektuellen Ressourcen anziehende Zentralgewalt; die entstehenden Landesherrschaften waren zunächst vorwiegend mit der inneren territorialen Konsolidierung beschäftigt. Zum anderen ist auf die allgemeine Rückständigkeit Deutschlands in Fragen der Bildung und der Schriftlichkeit zu dieser Zeit hinzuweisen. Während im Westen und Süden Europas die Errungenschaften der römischen Zivilisation (Schriftlichkeit, urbane Kultur) zum Teil erhalten geblieben waren, war Deutschland, wenn man von einigen Randregionen absieht, stärker feudal und aristokratisch geprägt. Die Pflege der Wissenschaften fand während des Spätmittelalters noch weitgehend im Kloster statt.

An der Oberfläche kam Deutschland allerdings schon vor den Universitätsgründungen mit den auswärtigen Hochschulen in Berührung. Die klerikale Elite ging seit dem 13. Jahrhundert in beträchtlicher Zahl nach Bologna oder Padua zum Studium des Kirchenrechts. Zunächst waren es vor allem Kleriker aus dem Rheintal, in der Nähe von bedeutenden und wohlhabenden Domstiften und Stiftskirchen, die den Weg nach Oberitalien suchten, um dort ihrer Karriere in der Kirche mit dem nötigen Rechtswissen unter die

Arme zu greifen. Um 1300 erreichten die Besucherzahlen deutscher Studenten in Italien ihren Höhepunkt. In Bologna inskribierten jährlich ca. siebzig deutsche Studenten. Die Herkunftsregionen hatten sich zu dieser Zeit bedeutend diversifiziert und in unterschiedlicher Intensität über ganz Deutschland erstreckt. Man muss jedoch einschränkend festhalten, dass ein faktischer Numerus clausus das Rechtsstudium in Italien auf die adelige und bürgerliche Elite beschränkte. Die hohen Kosten des Studiums wurden entweder von den Studenten selbst oder durch die Einkünfte einer kirchlichen Pfründe getragen; beides war ein Ausweis vornehmer Herkunft.

Ähnliches gilt für die deutschen Studenten in Paris. Auch dort treffen wir auf eine kleine Elite. In Paris zählten die Deutschen zur englischen Nation, die nach den drei französischen Nationen die mit Abstand geringsten Besucherzahlen aufwies. Im Unterschied zu Oberitalien erreichte die Frequenz deutscher Studenten in Paris ihren Höhepunkt erst, als durch den Ausbruch des Hundertjährigen Krieges die englischen Scholaren fernblieben. Nach den vierziger Jahren des 14. Jahrhunderts kam mehr als die Hälfte der Studenten in der englischen Nation aus der Kirchenprovinz Köln. Alle anderen Regionen östlich des Rheins schickten nur eine unbedeutende Anzahl in das unbestrittene Zentrum der Philosophie und Theologie.

Insbesondere Studenten aus dem östlichen Deutschland waren sowohl in Paris als auch in Norditalien kaum präsent. Trotzdem erfolgten die ersten Universitätsgründungen auf Reichsboden in den beiden östlichen Metropolen Prag (1348) und Wien (1365). Es kann also nicht der Bedarf gewesen sein, der durch die ersten Universitätsgründungen im Reich gestillt werden sollte. Weder in Prag noch in Wien oder in den benachbarten Gründungen von Krakau (1362) und Pécs (1367) ist es darum gegangen, die einheimischen Studenten im Land zu halten und einen Bedarf nach höherer Bildung zu decken. Nicht von ungefähr stellten zwei dieser Gründungen (Krakau und Pécs) den Betrieb alsbald weit gehend ein, während Prag und Wien bedeutende Anlaufschwierigkeiten überwinden mussten. Es erscheint daher nicht als Übertreibung, die ersten Gründungen auf dem Boden des Reichs nördlich der Alpen als dynastische „Kopfgeburten" (P. Moraw) zu bezeichnen. Die Gründung von Universitäten just an solchen Orten, wo weder eine bedeutende Schultradition noch ein Bedarf an Absolventen bestand, war Ausdruck des dynastischen Willens, sich mit dem Glanz eines repräsentativen Bildungszentrums zu umgeben.

Aufstieg und Niedergang der Prager Universität

In Prag kam dieser dynastische Wille deutlich zum Ausdruck. Karl IV. ließ sich noch während seines Gegenkönigtums gegen den als Ketzer verleumdeten Ludwig den Bayern vom Papst die Erlaubnis erteilen, eine Universität mit allen vier Fakultäten in Prag zu errichten. Dieses Privileg war ein Teil der päpstlichen Unterstützung für den als Pfaffenkönig geschmähten Luxemburger. Am 7. April 1348 setzte Karl IV. die Erlaubnis des Papstes in die Tat um. Ein weiteres, umfassenderes Privileg folgte ein knappes Jahr später, am 14. Januar 1349. Die Initiative ging eindeutig vom Herrscher aus. Karl verbrachte seine Jugendzeit in Paris und konnte dort mit eigenen Augen miterleben, wie der französische König die Universität als theologische Autorität in seine eigene Politik einspannte. Ähnliches wollte Karl mit einer Universität in Prag bewirken. Der Ruhm der luxemburgischen Dynastie sollte durch ein neues Zentrum der Gelehrsamkeit vermehrt werden. Eine unmittelbar utilitaristische Motivation lässt sich dabei nicht erkennen; nicht die Durchdringung der Verwaltung durch juristische Experten, sondern die Erhöhung des Prestiges war das anvisierte Ziel der Universitätsgründung. Das Projekt entstammte daher nicht rationalen oder bürokratischen Erwägungen, sondern dem höfischen Milieu, in dem Karl aufgewachsen war.

Die primär repräsentative Wirkung, die sich Karl von der Universität erhoffte, brachte es auch mit sich, dass die ungünstigen Rahmenbedingungen nicht ernsthaft erwogen wurden. Eine Universität sollte entstehen, und der Klerus als hauptsächlicher Nutznießer sollte dafür die Mittel aufbringen. Dieser Plan war zunächst zum Scheitern verurteilt. Der Erzbischof von Prag, Ernst von Pardubice, zählte zwar zu den eifrigsten Förderern der Universität und bekleidete persönlich das Amt des Kanzlers. Wenn man jedoch von seiner Fürsorge absieht, die er vor allem der juristischen Fakultät entgegenbrachte, gab es keine nennenswerte Unterstützung. In den ersten Jahren stagnierte die Universität auf niedrigem Niveau: Die artistische Fakultät, als Stätte der philosophischen Grundausbildung das Herzstück der westeuropäischen Universitäten, zählte nur einige wenige Magister und war der Pfarre Maria vor dem Teyn angegliedert. Mangels eigener Gebäude fand der Unterricht bis 1359 beim Friedhof der Teynkirche statt. Die anderen Fakultäten wurden fast ausschließlich von Dozenten in Nebentätigkeit in Gang gehalten: Medizin unterrichtete der königliche Leibarzt, kanonisches Recht

wurde von einem eigens besoldeten Italiener und einem Prager Domherrn
doziert, und die Mönche aus den Bettelorden bestritten den Unterricht in
Theologie. Die Tatsache, dass im ersten Jahrzehnt fast keine einheimischen
Lehrer zu finden sind, unterstreicht deutlich die fehlende Tradition einer
höheren Bildung in Böhmen.

Erst Anfang der sechziger Jahre nahm die Universität Prag festere Konturen an. 1359 sind die ersten Graduierungen in der artistischen Fakultät belegt, und 1360 stattete der Erzbischof Ernst die Universität mit Statuten aus.
Entscheidend war jedoch, dass durch die Gründungen der anderen ostmit-
teleuropäischen Herrscher der Prager Universität Konkurrenz erwachsen
ist. Dies erweckte in Karl IV., nunmehr in Rom gekrönter Kaiser, ein neues
Engagement. Er bemühte sich vermehrt beim Papst um kirchliche Pfründen
für Mitglieder der Universität und rief mit dem *Collegium Carolinum* (1366) die
ersten universitären Planstellen ins Leben. Das Kolleg sollte die Wohn- und
Arbeitsstätte von zwölf Magistern der Artes werden. Die Mehrzahl von
ihnen (zehn) sollte Theologie studieren, zwei bereits dazu befähigt sein,
selbst Anfangskurse in Theologie zu geben. Ziel der Kollegsgründung war
also die Förderung der theologischen Fakultät, die bislang ausschließlich
durch die Bettelorden aufrechterhalten worden war. Gleichzeitig veranlasste Karl die Umwidmung des Allerheiligenkapitels in ein Kollegiatstift
für Professoren. Die frei werdenden Kanonikate sollten allmählich von Professoren des Karlskollegs besetzt werden. Fortan gab es also die Möglichkeit, innerhalb der Universität hierarchisch aufzusteigen und seine Karriere
ganz auf die hohe Schule von Prag auszurichten. Da dieses Modell später
von Wien, Heidelberg und anderen deutschen Universitäten nachgeahmt
wurde, bildete sich auf diese Weise allmählich die bis heute gängige Profes-
sorenkarriere heraus.

In den sechziger Jahren des 14. Jahrhunderts wurden also die Fundamente für den Aufstieg der Prager Universität gelegt. In den folgenden Jahrzehnten erfüllte sie die Funktion einer Reichsuniversität. Aus allen Gegenden
Deutschlands strömten die Studenten nach Prag. In den späten achtziger
Jahren rechnet man mit etwa zweitausend zur gleichen Zeit in Prag weilenden Studenten. Damit erreichte die Prager Universität annähernd die Größe
der Pariser hohen Schule. In der juristischen Universität, die sich 1372
selbstständig gemacht hatte, inskribierten jährlich im Durchschnitt 150
Studenten, eine Zahl, die an keiner anderen juristischen Fakultät Deutsch-

lands im Mittelalter erreicht werden sollte. Gleichzeitig machten sich jedoch bereits die ersten Krisenzeichen bemerkbar. Zum einen kam es durch
die neuen Gründungen in Heidelberg, Köln und Erfurt zu bedeutenden Ab-
wanderungen. Karriere war für die meisten Studenten nur im lokalen Bereich möglich, in dem man sich auf familiäre oder landschaftliche Netz-
werke stützen konnte. Daher bot das Studium an einer nahe der Heimat gelegenen Universität ungleich mehr Chancen als im fernen Böhmen. Zum
anderen machten sich gegen Ende des Jahrhunderts die ersten Spannungen
zwischen der böhmischen und den drei anderen Nationen bemerkbar, die
aus dem Überschuss an Absolventen und an potenziellen Lehrkräften resultierten. Die böhmische Nation, die auch die deutschsprachigen Bewohner
Böhmens umfasste, stellte zwar nur ca. 12–22 Prozent der Studentenschaft,
war aber nicht gewillt, den Zugriff landfremder Magister auf aus böhmischen Mitteln finanzierte Stellen zu dulden. Erstmals kam es im Jahr 1384 zu
einem Streit um die Besetzung des Karlskollegs. Während die Statuten des
Kollegs bei der Besetzung die Herkunft der Kandidaten nicht berücksichtigt
hatten, sollte jetzt fast die Hälfte des Kollegs böhmischen Magistern reser-
viert werden. Der Erzbischof von Prag unterstützte diese Forderung der
böhmischen Nation und stieß dabei auf heftigen Widerstand beim Rektor
Konrad von Soltau. Dieser veranlasste einen Streik der Universität und appellierte an die päpstliche Kurie. Der Streit wurde zwar durch die Vermittlung des Hofes bald beigelegt, doch der verbitterte Konrad von Soltau nahm
ihn vermutlich zum Anlass, an die neu gegründete Universität in Heidelberg
(1386) zu wechseln. Insgesamt kehrten 23 Lehrer der Karolina den Rücken.

Diese Abwanderung nach Heidelberg war die erste einer Reihe von bedeutenden Sezessionen aus Prag. Auch die weiteren Universitätsgründungen in Köln (1388) und Erfurt (1392) sowie die Neugründung in Krakau
(1400) wurden entscheidend durch die Abwanderung von in Prag ausgebildeten Gelehrten ermöglicht. In Köln wirkten gleich zu Beginn 35 Prager
Magistri und Bakkalare, in Krakau 29. Trotz dieser bedeutenden Abwande-
rungen kam es zu keiner ‚Bohemisierung‘ der Prager Universität. Zwar
nahm der Anteil der Böhmen an den Lehrenden deutlich zu, doch die Studenten rekrutierten sich in den ersten Jahren des 15. Jahrhunderts noch
immer vorwiegend aus landfremden Regionen. Besonders in der Artistenfakultät wuchs die Beunruhigung über den Einfluss fremder Scholaren, zumal
sich zur gleichen Zeit unter den böhmischen Artisten eine radikale Anhän-

gerschaft der Lehren des englischen Reformtheologen John Wyclif herausbildete. Diese wyclifitische Minderheit um Jan Hus befürchtete durch den Zuzug deutscher Studenten eine Minorisierung in inhaltlichen Auseinandersetzungen. Diese Verwicklungen, zusammen mit dem fehlgeleiteten Engagement König Wenzels in der Frage des Kirchenschismas, führten schließlich zur Verabschiedung des Kuttenberger Dekrets vom 18. Januar 1409. Darin kehrte Wenzel das bisherige Stimmenverhältnis an der Prager Universität um: Die drei deutschen Nationen erhielten eine einzige, während die böhmische Nation mit ganzen drei Stimmen ausgestattet wurde. Damit wollte sich Wenzel die Zustimmung der Universität zu seiner Politik erkaufen, und die böhmische Minderheit hatte jetzt freie Hand sowohl in doktrinärer als auch in finanzieller Hinsicht. Die deutsche Mehrheit reagierte nach fehlgeschlagenen Verhandlungen mit der ultima ratio bei universitären Konflikten: mit der kollektiven Auswanderung. Annähernd siebenhundert Mitglieder der Prager Universitäten verließen das böhmische Königreich. Die aus diesem Anlass gegründete Universität in Leipzig (1409) rekrutierte sich fast ausschließlich aus ehemaligen Prager Studenten. Als sich wenige Jahre später die Universität Prag zur Lehre von Jan Hus bekannte und ihr deshalb vom Konstanzer Konzil alle Privilegien entzogen wurden (1417), schrumpfte die Karolina zur Bedeutungslosigkeit. Im 15. Jahrhundert existierte sie lediglich als Ausbildungsstätte für Lehrer der utraquistischen Konfession, einer gemäßigten Richtung der Hussiten, fort.

Bescheidene Anfänge in Wien

In der Folgezeit gelang es keiner deutschen Universität, die Stellung Prags einzunehmen. Die Universität Wien als diejenige mit der höchsten Besucherfrequenz im 15. Jahrhundert rekrutierte ihre Studenten aus ganz Süddeutschland, erreichte aber nicht mehr die reichsweite Attraktivität der Prager Karolina. Wenn es nach der Absicht des Gründers der Universität Wien, Herzog Rudolfs IV., gegangen wäre, sollte jedoch nicht nur Prag überflügelt, sondern sogar das Zentrum abendländischer Gelehrsamkeit von Paris in die österreichische Metropole verlegt werden. Im Prolog seines Gründungsprivilegs erinnert Rudolf IV. an die translatio studii von Athen über Rom nach Paris und schreibt für die Wiener Schule dieselbe „Ordnung und Gewohnheit" wie an den genannten Zentren vor. Ohne Vorbild in der Universitätsgeschichte ist die erste Bestimmung im Gründungsprivileg: Ein ganzes Stadtviertel im Nordwesten der Stadt sollte durch eine Mauer abgetrennt und als „Pfaffenstadt" ganz dem studentischen Leben gewidmet werden. Alle Hausbesitzer innerhalb dieses ‚Universitätscampus' forderte er unter der Androhung des Huldverlusts dazu auf, die Studenten „weder mit Worten noch mit Taten, weder nachts noch tags zu schmähen oder ihnen auf irgendeine Weise Schaden zuzufügen". Die Mieten innerhalb dieses Areals sollten von zwei Studenten, zwei Bürgern und dem Rektor gemeinsam festgelegt werden. Doch nicht nur die inhaltlichen Bestimmungen, auch die äußere Form spiegelt den dynastischen Ehrgeiz Rudolfs IV. Mit 136×106 cm übertrifft die deutsche Fassung des Gründungsprivilegs alle vergleichbaren Urkunden, und die Zeugenliste mit 163 geistlichen und weltlichen Würdenträgern sucht ebenfalls ihresgleichen in der Universitätsgeschichte.

Die Realität der ersten Jahre universitärer Existenz stand im krassen Gegensatz zu diesem Aufwand an Repräsentation und Rhetorik. Am Beispiel der Wiener Universität bewahrheitet sich das Diktum von den dynastischen ‚Kopfgeburten' noch deutlicher als in Prag. Der frühe Tod Rudolfs IV., vier Monate nach der Ausstellung des Gründungsprivilegs, verhinderte die Realisierung der übertrieben anspruchsvollen Projekte auf ganzer Linie. Die Schaffung eines Universitätscampus im Nordwesten der Stadt wurde gar nicht in Angriff genommen. Weil bis 1384 sogar ein eigenes Gebäude für den universitären Unterricht fehlte, bediente man sich der Räumlichkeiten der Schule bei St. Stephan, der Vorgängerinstitution der Universität. Überhaupt ist festzustellen, dass die Universität in den ersten Jahren über das Format der alten Stephansschule kaum hinausging. Das Studium der Theologie, das Rudolf noch im Gründungsprivileg vorgesehen hatte, wurde von Papst Urban V. aus nahe liegenden Gründen nicht genehmigt: Es waren keine Theologieprofessoren in Wien verfügbar, die die erforderliche Doktorpromotion an einer anerkannten Universität absolviert hatten. Das Studium des römischen Rechts sowie das der Medizin ist wegen Mangel an Angebot und Nachfrage nicht aufgenommen worden. Lediglich das Studium des Kirchenrechts wurde über das artistische Lehrangebot der Stephansschule hinaus seit 1366 in Wien durch einen Dozenten angeboten. Finanziert wurde dieser Dozent vorübergehend durch die niederösterreichische Pfarre von Laa an der Thaya. Die Widmung dieser Pfarre wurde als einzige nachweisbare Dotation der Universität noch von Rudolf IV. in die Wege geleitet.

Die Anfänge der Wiener Universität waren demnach äußerst bescheiden. Wenige Jahre nach der Gründung durch Herzog Rudolf IV. hat nicht viel gefehlt, und die Universität wäre sang- und klanglos zugrunde gegangen. Beinahe wäre ihr dasselbe Schicksal beschieden gewesen wie der Gründung in Pécs, die völlig fehlgeschlagen ist, oder der Gründung in Krakau, der erst durch eine Neugründung im Jahre 1400 neues Leben eingehaucht wurde. Rudolf wollte mit einem Schlag ein zweites Paris aus dem Boden stampfen und hat dabei die notwendigen Voraussetzungen außer Acht gelassen. Die kirchliche Geographie in Österreich war nämlich dezentral organisiert: Die Gelehrsamkeit war an den in ganz Österreich verstreuten Klöstern beheimatet, während es in Wien weder einen Bischofssitz mit Domschule noch Stiftskirchen gab. Kirchliche Pfründen an Domkapiteln und Stiften spielten jedoch eine entscheidende Rolle bei der Versorgung von Studenten und Professoren an mittelalterlichen Universitäten. Die Schulen der Bettelorden in Wien genossen nicht dieselbe Reputation wie diejenigen von Erfurt oder Köln und brachten keine Gelehrten von Rang hervor. Die Schule bei St. Stephan bediente vorwiegend lokale Bedürfnisse, ohne in den Bereich der höheren Fakultäten vorzudringen. Österreichische Studenten in Paris waren kaum vorhanden, an den oberitalienischen Rechtsschulen beschränkte sich der Zuzug auf eine kleine Elite. In Österreich gab es somit weder Institutionen, die der Universitätsgründung Rückhalt geben konnten, noch Gelehrte, die die Sache der Universität zu der ihren gemacht haben. Insbesondere die Hauptstadt des habsburgischen Länderkomplexes war in bildungsgeschichtlicher Hinsicht ein weithin unbeschriebenes Blatt.

Das Schisma als Wendepunkt

In Wien bedurfte es daher einer grundlegenden Reform, um die Universität an die Spitze der deutschen Bildungsinstitutionen zu führen. Nachdem sich die Universität bereits in den Jahren 1376–1377 konsolidiert hatte, nahm der jüngere Bruder Rudolfs, Albrecht III., diese grundlegende Reform in Angriff. Seine Bemühungen fallen in die durch den Ausbruch des großen abendländischen Schismas geprägte Epoche. Seit 1378 stritten zwei Päpste in Avignon und Rom um die Anerkennung in der europäischen Christenheit und waren daher auf die Unterstützung der weltlichen Fürsten angewiesen. Während die Päpste vor Ausbruch des Schismas bei unbedeutenden Universitätsgründungen noch durchweg die Bestätigung der theologischen Fakultät verweigert hatten, war der römische Papst jetzt erpressbar geworden. Albrecht III. nutzte als Erster diese Zwangslage aus. Da sein jüngerer Bruder sich für den Papst in Avignon entschieden hatte, dankte Urban VI. in Rom Albrecht für seine Standhaftigkeit mit der Erlaubnis der theologischen Fakultät (1384). Heidelberg, Köln und Erfurt folgten nach. Die theologische Fakultät war nicht nur deshalb von entscheidender Bedeutung, weil sie meist höhere Besucherzahlen aufwies als Medizin und Recht, sie garantierte auch ein hohes Niveau in der größten Fakultät, derjenigen der Artisten. Die meisten Theologiestudenten bestritten nämlich ihren Lebensunterhalt mit Unterricht bei den Artisten. Auch strahlte die Theologie als Wissenschaft von der Heiligen Schrift am meisten Prestige aus, das gerade die auf Repräsentation bedachten Landesfürsten an einer Universität schätzten. Zudem ermöglichte die Existenz einer theologischen Fakultät die Anbindung an ein landesfürstliches Stift und diente damit einem weiteren Gründungszweck, dem liturgischen Gedenken an die Gründerdynastie.

Das Schisma hatte aber neben der Ausbreitung theologischer Fakultäten noch andere segensreiche Wirkungen. Bedeutende deutsche Gelehrte gerieten in Paris in eine schwierige Lage, da sie einerseits auf den Pfründenmarkt der römischen Obödienz (Anhängerschaft des Papstes Urban VI. in Rom) in Deutschland angewiesen waren, andererseits aber mit der avignonesischen Ausrichtung der Pariser Universität und des französischen Königshofs konfrontiert wurden. Anfang der achtziger Jahre kehrten fast alle deutschen Gelehrten Paris den Rücken. Damit war mit einem Schlag der Markt an hoch qualifizierten Lehrkräften übersättigt. Hochrangige Gelehrte, an denen es bei der Gründung von Prag und Wien noch mangelte, konnten jetzt mühelos angeworben werden. Albrecht III. lockte die beiden berühmten Theologen Heinrich von Langenstein und Heinrich Totting von Oyta nach Wien. Kurfürst Ruprecht I. gelang es, einen der angesehensten Artisten, Marsilius von Inghen, fest an Heidelberg zu binden. Bedeutend waren diese Gelehrten zum einen durch den Anhang, den sie im Schlepptau an ihre neue Wirkungsstätte mitzogen, und zum anderen durch ihre Erfahrung in der universitären Selbstverwaltung. Als Experten halfen sie mit, die neu gegründeten und reformierten Universitäten mit Statuten auszustatten und die Lehrpläne einzurichten. Heinrich von Langenstein diktierte die für die Reform der Wiener Universität ausschlaggebende Urkunde Albrechts III. zur

Gründung des *Collegium ducale*. Bei der Formulierung der Statuten der theologischen Fakultät war er ebenso an entscheidender Stelle beteiligt. In Heidelberg überließ der Wittelsbacher Ruprecht fast alle relevanten Entscheidungen seinem Vertrauensmann Marsilius von Inghen. Auch Marsilius zeichnete für das Gründungsprivileg verantwortlich.

Bei der Gründung von Köln und Erfurt spielten Gelehrte ebenfalls eine entscheidende Rolle. Hier waren es jedoch nicht einzelne „Gründungsbeauftragte" (F. Rexroth), sondern ganze Gruppen von Gelehrten, denen es gelang, die Bürgerschaft in ihre Pläne einzuspannen. Im Unterschied zu allen bisherigen Gründungen in Deutschland standen nämlich nicht ehrgeizige Landesfürsten im Hintergrund, sondern die Bürgerschaft der beiden Städte. In Köln schickte der Rat mehrere Bettelmönche nach Rom, die Papst Urban VI. um ein Gründungsprivileg ersuchten. Da eine Stiftungsurkunde eines Landesfürsten fehlte, diente das päpstliche Privileg als Ersatz beim Gründungsakt am 22. Dezember 1388. Bei der feierlichen Inauguration der Universität am 6. Januar 1389 waren neben Rat und Klerus insgesamt zwanzig Professoren anwesend, mehr als bei allen vorangegangenen deutschen Gründungen zusammen. Kein anderer Ort in Deutschland hatte bessere Voraussetzungen als die rheinische Metropole. Die Kölner Kirchenprovinz stellte den größten Anteil an deutschen Scholaren in Paris, und die reiche Pfründenlandschaft in und um Köln bot eine optimale Versorgung mit regelmäßigen Einkünften. Von den zwanzig Gründungsprofessoren saßen bereits siebzehn auf einer Pfründe in Köln. Insgesamt gab es neben dem Domkapitel zehn Kollegiatstifte. Das Potenzial war also enorm, vergleicht man diese Zahl mit Wien, wo es nur das von Rudolf IV. gegründete Allerheiligenstift gab, und mit dem ganz ohne stiftliche Versorgung dastehenden Heidelberg.

Ähnlich wie in Köln erfolgte die Gründung der Erfurter Universität. Die Initiative ging primär von Professoren aus, die in Prag studiert und wegen der Übersättigung an Absolventen zurück in die Nähe der Heimat gedrängt hatten. Nachdem ein erster Versuch daran gescheitert war, dass der in Deutschland kaum anerkannte Papst aus Avignon um ein Privileg angegangen worden war, richtete die Stadt 1389 erneut eine Bitte, diesmal an die römische Kurie. Drei Jahre später wurde die Universität eröffnet. Der Schwerpunkt lag von Beginn an bei den Artes und bei den Juristen, während die theologische Fakultät nur langsam aufgebaut wurde. Die Erfurter Stifte ließen sich anfangs nicht in die Universität einbinden, und so mussten die noch kaum in Erfurt präsenten Bettelorden die theologische Fakultät in Eigenregie betreiben. Bei der Gründung standen ein Mönch aus dem Augustiner-Eremitenorden, zwei Juristen, ein Mediziner und acht Artes-Magister zur Verfügung. Die Gründungsmannschaft war also nur halb so groß wie in Köln.

Nach den Gründungen von Leipzig (1409) und Rostock (1419) hatte Deutschland den Rückstand gegenüber dem westlichen Europa aufgeholt. Ende des 15. Jahrhunderts weist Deutschland mit 15 funktionierenden Universitäten ein dichtes Netz an hohen Schulen auf. Insgesamt lässt sich die Zahl der deutschen Studenten im 15. Jahrhundert auf ca. 200 000 beziffern, wobei jedoch nur ein Bruchteil bis zu einer Graduierung gelangte. Von 1400 bis 1500 verfünffachte sich die Anzahl der Studenten (R. C. Schwinges). Diese Zahlen sind nicht vergleichbar mit anderen Ländern, weil nur in Deutschland Listen über die Angehörigen der gesamten Universität (Matrikeln) geführt wurden. Ohne Zweifel ist aber das hohe Ausmaß der Akademisierung Deutschlands im 15. Jahrhundert erkennbar. Auf institutioneller Ebene hat die Universität in Deutschland keine radikalen Umwälzungen gegenüber den Modellen von Paris und Bologna erbracht. Die hervorstechenden Merkmale hängen durchweg mit dem Gründungscharakter der deutschen Universitäten zusammen. Weil nicht autonome Entwicklungen im Bereich der Bildung, sondern fürstliche Initiativen zur Gründung führten, war die deutsche Universität den politischen Machthabern von Beginn an eng verpflichtet. Die fortgesetzte Kontrolle des Gründers entfaltete eine „disziplinierende Wirkung" (W. E. Wagner) auf die Universität. Am deutlichsten ist diese Eigenheit bei den landesfürstlichen Universitätsstiften ausgeprägt. An diesen Stiften wurden den Professoren als letzte Karrieresprosse Kanonikerpfründen angeboten, die sie zum liturgischen Gedenken an den Gründer ebenso wie zu repräsentativen Aufgaben verpflichteten. Die Professoren übernahmen somit zum Teil die Rolle von Hofgeistlichen. Die enge Bindung an den Landesfürsten sollte auch in der Frühen Neuzeit die Geschichte der deutschen Universität prägen.

Die Goldene Bulle von 1356

ARMIN WOLF

Die Goldene Bulle war das älteste und vornehmste Grundgesetz (*lex fundamentalis*) des Heiligen Römischen Reiches. Der Name (von lat. *bulla*, Blase) bezieht sich auf ihr goldenes, innen hohles Siegel, mit dem bedeutende Urkunden beglaubigt wurden. Obwohl es zahlreiche andere Urkunden mit Goldsiegel gibt, wurde die Verfassungsurkunde von 1356 zur Goldenen Bulle schlechthin.

Die Goldene Bulle in der Situation des Jahres 1356

Die Lage des römisch-deutschen Reiches um die Mitte des 14. Jahrhunderts erforderte dringend eine Reform. Für die Dauer von 79 Jahren, also mehr als die Hälfte der 152 Jahre von 1198 bis 1349, standen im Reich je zwei konkurrierende Könige gegeneinander. Daraus war viel Unfriede entstanden. Nachdem Karl IV. im Jahre 1355 in Rom zum Kaiser gekrönt worden war, war jedoch die Gelegenheit, das Reich durch Gesetzgebung zu befrieden, so günstig wie lange nicht zuvor. Erstmals seit 118 Jahren weilte wieder ein vom Papst anerkannter Kaiser in Deutschland. Als römischer Kaiser konnte Karl IV. eine besondere Gesetzgebungsgewalt in Anspruch nehmen.

Kaum war der Kaiser nach Deutschland zurückgekehrt, berief er einen Hoftag nach Nürnberg ein. Dessen Hauptergebnis war die Goldene Bulle. Im lateinisch verfassten Original heißt sie *edictum imperiale* (Kapitel I, XIII, XX, XXI, XXV, XXX). Entsprechend nannte sie Karl IV. im Jahre 1361 *keiserliches rechtbuch*. Neben anderen deutschen Bezeichnungen hieß sie auch *daz buch mit der gulden bullen*, erst seit 1400 kurz: Goldene Bulle (lat. *bulla aurea*).

Die Beratungen in Nürnberg begannen im November 1355. Die feierliche Proklamation der ersten 23 Kapitel fand am 10. Januar 1356 statt. Sie spiegelt sich in all ihrem Glanze in der Vorrede des Gesetzes: „Wir, Karl IV. von Gottes Gnaden Römischer Kaiser ... und König von Böhmen ... haben ... die hiernach geschriebenen Gesetze ... im Beisein aller Kurfürsten ... und vor einer zahlreichen Menge anderer Fürsten, Grafen, Freiherren, Herren, Edelleute und Städte(boten) ... auf dem Thron der cäsarischen Majestät, mit den kaiserlichen Insignien geschmückt, nach reiflicher Beratung kraft kaiserlicher Machtvollkommenheit ... erlassen ..."

Einige Fragen waren offen geblieben und auf einen Hoftag in Metz im gleichen Jahr vertagt worden. Dort wurden acht weitere Kapitel hinzugefügt und das gesamte Gesetzeswerk am Weihnachtstag 1356 besiegelt und verkündet.

Die Wahl dieses zweiten Tagungsortes so weit im Westen des Reiches war ungewöhnlich und seit dreihundert Jahren nicht mehr vorgekommen. Sie hing offenbar mit einer lange Zeit kaum beachteten Tatsache zusammen: der Anwesenheit eines päpstlichen Legaten und des französischen Kronprinzen. Dieser war damals Regent Frankreichs, da der französische König selbst gerade in englische Gefangenschaft geraten war. In Metz konnte man sich in der Mitte zwischen den damaligen Residenzen des Kaisers (Prag), des Papstes (Avignon) und des Dauphins (Paris) treffen. Der Papst war insofern betroffen, als er Karls Vorgänger (Ludwig den Bayern) gebannt und an seiner Stelle die Reichsverweserschaft (Vikariat) beansprucht hatte. Die Goldene Bulle sprach nun das Vikariat während einer königslosen Zeit (Vakanz) in Deutschland deutschen Fürsten zu, überließ aber dem Papst stillschweigend das Vikariat in Italien. Der französische König wiederum war betroffen, da auch er als Nachkomme Karls des Großen einen Anspruch auf das römische Reich hatte. Der Kronadvokat Philippe Dubois hatte 1308 seinem König den Rat gegeben, er könne „leicht das römische Reich für sich und seine Erben erwerben", der Papst müsse nur das Wahlrecht der Kurfürsten suspendieren. Die Goldene Bulle kodifizierte aber gerade deren Wahlrecht.

Wegen dieser konkurrierenden Ansprüche wird Kaiser Karl IV. daran gelegen gewesen sein, die Goldene Bulle in Gegenwart eines päpstlichen Legaten und des französischen Regenten zu proklamieren und deren Anwesenheit, aus der sich eine stillschweigende Zustimmung ergab, in seinem Exemplar der Urkunde zu dokumentieren. Die Kurfürsten erhielten in Metz jedoch Exemplare ohne den betreffenden Passus. Sie wollten wahrscheinlich ein Präjudiz für die Teilnahme fremder Mächte an der Gesetzgebung im Reich vermeiden.

Bereits bei seiner Ankunft auf dem Hoftag in Nürnberg hatte der Kaiser den Reichsständen fünf Programmpunkte vorgelegt, über die „er alles zu Rate werden wollte, mit Herren und mit Städten". Allerdings konnte der

Kaiser drei Punkte seines Programms, die Währung, Zölle und Landfrieden
für das ganze Reich umfassend regeln sollten und damit Wirtschaft, Ver-
kehr und politische Organisation umwälzend reformiert hätten, nicht
durchsetzen. Geregelt wurden jedoch die beiden verfassungsrechtlichen
Punkte des kaiserlichen Programms: 1. Zusammensetzung des Kurfürsten-
standes, insbesondere seiner weltlichen Mitglieder, und 2. Königswahl
durch Mehrheitsentscheid der Kurfürsten zur Vermeidung von Kriegen.
Beide Punkte werden auch in der Vorrede als Ziele des Gesetzes genannt.

Inhalt und Bedeutung der Goldenen Bulle

Das „Kaiserliche Rechtbuch" beginnt mit einem Gebet in 14 Hexametern.
Darauf folgen ein Kapitelverzeichnis, die Vorrede und die 31 (23 Nürnberger
und acht Metzer) Kapitel. Die Einleitungsformeln einzelner Kapitel und der
Aufbau des Ganzen verraten, dass das Gesetz aus mehreren ursprünglich
unabhängigen Satzungen besteht und in mehreren Verhandlungen entstan-
den ist. Dennoch verweist auch das Ganze auf eine gewisse Ordnung. Im
Gesetz selbst ist die Reihenfolge der beiden wichtigsten Punkte – Kurfürs-
tenrecht und Königswahl – vertauscht und mit Ergänzungen verschränkt.
Die einzelnen Kapitel betreffen:
I–II Königswahl
    XVIII–XIX Ergänzungen
III–VII Rangfolge, Ämter und Erbordnung der Kurfürsten
    XX–XXIII Ergänzungen (Nürnberg) und
    XXIV–XXXI Ergänzungen (Metz)
VIII–XIII Vorrechte der Kurfürsten
XIV–XVII Vorrechte der Herren und Diverses
    Entsprechend werden hier zuerst die Bestimmungen über die Königs-
wahl und dann das Kurfürstenrecht behandelt.

Zur Königswahl

Eine der entscheidenden Bestimmungen der Goldenen Bulle ist der Satz,
dass der von der Mehrheit der – in der Kirche St. Bartholomäus zu Frankfurt
am Main versammelten – Kurfürsten Gewählte römischer König und künftiger Kaiser sein soll (II 3). Durch die ungerade Zahl der Wähler – sieben – und
durch die Zulassung der Selbstwahl (II 5) wird die Mehrheitsbildung ermög-

licht. Vier Stimmen machen die Wahl gültig, d. h. die Mehrheit des Kurfürstenkollegs, nicht nur die Mehrheit der Anwesenden ist erforderlich. Die Wahl
der Mehrheit muss geachtet werden, als wäre sie einstimmig gewesen (II 4).

Die Goldene Bulle beugte aber nicht nur Doppelwahlen vor, sondern
– was viel weniger beachtet wird – auch der entgegengesetzten Gefahr kö-
nigsloser Zeit. Damit nach dem Tod eines römischen Königs auf jeden Fall
eine Wahl stattfindet, werden die Kurfürsten verpflichtet, sich zu einer bestimmten Zeit und an einem bestimmten Ort zur Wahl einzufinden. Binnen
eines Monats nach Bekanntwerden des Todes des Königs hat der Erzbischof
von Mainz alle Mitkurfürsten zu einem Wahltermin innerhalb von drei weiteren Monaten nach Frankfurt zu laden. Tut er dies nicht, so sind die Kurfürsten verpflichtet, sich ungeladen innerhalb der genannten Frist in Frankfurt
einzufinden (I 15–16; XVIII). Ein Kurfürst, der nicht rechtzeitig in Frankfurt
erscheint, verliert für die anstehende Wahl sein Wahlrecht (I 18). Er kann sich
jedoch durch einen bevollmächtigten Gesandten vertreten lassen (I 15; XIX).

Von großer Wichtigkeit war die Sicherheit der Kurfürsten in Frankfurt
und auf dem Weg dorthin. Damit jeder Kurfürst ungefährdet zum Wahlort
reisen kann, verpflichtet das Gesetz die Herren der auf dem Wege liegenden
Territorien (I 7–12, 14), den Kurfürsten auf rechtzeitige Aufforderung hin
(I 13) freies Geleit zu gewähren. Einem Kurfürsten, der einem Mitkurfürsten
das Geleit verweigert, droht der Verlust seiner Kurstimme für die anstehende
Wahl (I 1), anderen Fürsten und Herren der Verlust ihrer Reichslehen (I 2).

Damit auch die Wahl selbst frei und ohne Erpressung durch Gewalt
stattfinden kann, darf jeder Kurfürst oder Gesandte nur zweihundert Berit-
tene – darunter höchstens fünfzig Bewaffnete – mit sich nach Frankfurt ein-
ziehen lassen (I 17). Die Bürger der Stadt Frankfurt werden dafür unter Androhung der Reichsacht und des Verlustes aller ihrer Rechte und Privilegien
eidlich verpflichtet, alle Kurfürsten samt deren Leuten gegen jedermann zu
schützen (I 19) sowie für die Zeit der Wahlverhandlung niemanden sonst in
die Stadt hineinzulassen und alle Fremden aus ihr zu verweisen (I 20).

Bereits am ersten Morgen nach dem Eintreffen in Frankfurt haben sich
die Kurfürsten in der Bartholomäuskirche zu versammeln, nach einer Messe
zum Heiligen Geist (II 1) den Wahleid in der Landessprache zu leisten (II 2)
und zur Wahl zu schreiten (II 3). Sie dürfen die Stadt nicht verlassen, bevor
ihre Mehrheit einen römischen König und künftigen Kaiser gewählt hat.
Falls sie sich binnen dreißig Tagen auf keinen Kandidaten einigen, sollen

sie – wie bei einer Papstwahl – bis zur Entscheidung nur Wasser und Brot erhalten (II 3). Dazu ist es aber nie gekommen. Die manchmal lang andauernden Vorverhandlungen wurden nämlich später nicht zur Wahl gezählt. Erst am Tag der formellen Wahl wurden die Wähler eingeschlossen, wobei die ganze Stadt Frankfurt, deren Tore zugesperrt wurden, ein Konklave bildete.

Außer diesen Vorkehrungen für die Sicherheit und die Freiheit der Königswahl enthält die Goldene Bulle auch Bestimmungen, die bei den Kurfürsten das Interesse an der Königswahl und der Kaiserkrönung überhaupt wachhielten. Der neu gewählte König wird nämlich verpflichtet, unmittelbar nach vollzogener Wahl noch vor allen übrigen Reichsgeschäften als Erstes den Kurfürsten alle ihre Rechte und Privilegien zu bestätigen. Nach der Erhebung des Königs zum Kaiser soll diese Bestätigung wiederholt werden (II 4). Dies war in einer Zeit wichtig, als Rechte und Privilegien keine abstrakte Geltung hatten, sondern auf persönlichen Bindungen beruhten und daher nicht automatisch auf den Nachfolger eines Partners übergingen, sondern von diesem jeweils zu bestätigen waren.

Nach der Wahl in Frankfurt sollte der König sich in Aachen krönen lassen und in Nürnberg seinen ersten Hoftag abhalten (XXIX).

Für die Zeit einer Vakanz im Königtum spricht das Gesetz zweien der Kurfürsten – dem Pfalzgrafen bei Rhein für Süd- und Westdeutschland und dem Herzog von Sachsen für Norddeutschland – das Vikariat zu. Es umfasst die Befugnis, anstelle des künftigen Königs Gericht zu halten, Einkünfte und Gefälle einzuziehen und niedere Lehen zu vergeben.

Doch wird gleichzeitig verhindert, dass das Vikariat das Königtum ersetzen könnte: Die Reichsverweser (*provisores imperii*) haben nicht das Recht, Reichsgut zu veräußern oder zu verpfänden, und alle ihre Akte bedürfen der Erneuerung durch den nachmals erwählten König. Sie haben nicht das Recht, Fürsten- und Fahnlehen auszuteilen, sodass alle fürstlichen Lehnsträger bestrebt sind, dass das Vikariat durch die Wahl eines neuen Königs beendet wird; denn dieser allein behält das Recht, sie in ihren Lehen zu bestätigen (V 1).

Mit all diesen Bestimmungen verknüpft die Goldene Bulle Anreize und automatische Sanktionen. Auf diese Weise bündelte Karl IV. geschickt individuelle Interessen zu Gunsten des Ganzen und schuf Bedingungen, die nach mehr als hundert Jahren schwerer Krisen das römische Königtum und das Reich über Jahrhunderte erhalten konnten.

Zum Kurfürstenrecht

Damit die Goldene Bulle wirksam bleiben konnte, war eine „immerwährende Vereinigung (unio) unter den Kurfürsten" erforderlich. Kaiser Karl bekennt, dass dies eine Sorge sei, die sein Herz täglich beunruhige (VII 1). Es ging dabei um die Entscheidung von vier Fragen: 1. welchen weltlichen Fürsten die Kurwürde zukomme, 2. wie eine Kurwürde nach dem Tod ihres Trägers erhalten bleibe, 3. wie der Kurwürde eine materielle Grundlage zu garantieren sei und 4. wie (Rang-)Streitigkeiten unter den Kurfürsten vermieden werden könnten.

Die Lösung dieser Fragen ist eine der bedeutendsten diplomatischen Leistungen Karls IV. Die Entscheidungen wurden in der Goldenen Bulle kodifiziert und damit reichsgesetzlich, d. h. auch für die nicht-kurfürstlichen Reichsstände verbindlich.

Unstreitig war 1356, dass die drei rheinischen Erzbischöfe von Mainz, Trier und Köln, die die ältesten Metropolitansitze in Deutschland besaßen, die drei geistlichen Stimmen bei der Königswahl innehatten. Im Jahre 1298 hatten sie zusammen mit dem König von Böhmen, dem Pfalzgrafen bei Rhein, einem Herzog von Sachsen und einem Markgrafen von Brandenburg den habsburgischen Herzog Albrecht von Österreich zum König gewählt und darüber eine Urkunde ausgestellt, in der sie von einer Verfassungsreform des Reiches (reformacio sacri status imperii) sprechen. Es ist die erste Urkunde, die von diesen sieben bekannten Kurfürsten – keinem mehr und keinem weniger – gemeinsam ausgestellt wurde. Im gleichen Jahr wurden die Königswähler auch erstmals als „Kurfürsten" und als collegium bezeichnet.

Das Kurkolleg von 1298 konnte sich jedoch noch nicht gleich stabilisieren. An der Wahl von 1308 nahm der König von Böhmen nicht teil. Bei der Doppelwahl von 1314 traten jeweils zwei Könige von Böhmen, zwei Pfalzgrafen und zwei Herzöge von Sachsen auf; sie gehörten verfeindeten Parteien an, die an getrennten Orten zwei konkurrierende Könige wählten. Karl IV. selbst wurde 1346 ohne den Pfalzgrafen und mit zweifelhaften Mainzer und Brandenburger Stimmen gewählt.

Noch 1356 war es strittig, welche Linie der Wittelsbacher die pfälzische und die brandenburgische Kur und welche Linie der Askanier (Lauenburg oder Wittenberg) die sächsische Kur besaßen. Auch gegen Zweifel am böhmischen Kurrecht mussten sich die Kurfürsten am 11. Dezember 1356 in Metz feierlich verwahren. Dieses wurde nämlich in dem im 13. Jahrhundert entstandenen und im 14. Jahrhundert weit verbreiteten Sachsenspiegel abgelehnt, da der Böhme „nicht deutsch ist".

Die Auswahl der weltlichen Kurfürsten wurde getroffen, indem der Kaiser sich schon vor und dann während des Nürnberger Hoftages in besonderen Verhandlungen mit vier bestimmten weltlichen Fürsten zusammentat. Diesen wurde sowohl vom Kaiser als auch von allen Mitkurfürsten in zwei Serien von Urkunden – in einem fein gesponnenen Netz wechselseitiger Anerkennungen – das Kurrecht versichert.

Warum erhielten gerade diese vier Fürsten das Kurrecht und nicht andere? Einen Hinweis für die Lösung dieser lange unbeantworteten Frage geben die erwähnten Urkunden. Darin bezeichnet der Kaiser den Pfalzgrafen als seinen Schwager, den Herzog von Sachsen-Wittenberg und den Markgrafen von Brandenburg wiederholt als seinen *avunculus* (d. h. Onkel mütterlicherseits) oder Oheim. Auch in der Urkunde, mit der der Herzog von Sachsen dem Brandenburger das Kurrecht bestätigt, nennt er diesen seinen Oheim.

Tatsächlich waren der Kaiser und die weltlichen Kurfürsten von 1356 nahe miteinander verwandt (vgl. Tafel auf S. 196/197). Sie alle stammten in weiblicher Linie von ihrem gemeinsamen (Ur)großvater König Rudolf von Habsburg ab, der am Tage seiner Krönung 1273 seinen wittelsbachischen und askanischen Wählern eigene Töchter zur Ehe gegeben hatte, nach der Versöhnung mit den Přemysliden auch dem Böhmenkönig. Deren Nachkommen bildeten infolgedessen eine Erbengemeinschaft nach Rudolf von Habsburg, der das Reich nach dem „Interregnum" neu begründet hatte. Aufgrund dieser Tatsache wurde in den letzten Jahren die „erbrechtliche Theorie" entwickelt, die das Königswahlrecht auf eine qualifizierende königliche Abstammung zurückführt: „*Wahlberechtigt waren die Erbberechtigten.*" Die weltlichen Kurfürsten von 1356 vertraten „königliche Tochterstämme", die ihr Kurrecht gegen den habsburgischen Mannesstamm, der das Königtum gerne in seiner Linie erblich gemacht hätte, wahrten. Die erbrechtliche Theorie macht auch verständlich, warum 1356 nicht die Lauenburger, sondern die Wittenberger Linie der Askanier das Kurrecht erhielt, obwohl sie die jüngere, eigentlich minderberechtigte Linie ihres Hauses war: Der Herzog von Sachsen-Wittenberg war ein Enkel König Rudolfs und damit ein Vetter der Mitkurfürsten, die Lauenburger Herzöge von Sachsen aber nicht.

Die Erblichkeit des Königswahlrechts wird auch in den Urkunden bestätigt, mit denen die übrigen sechs Kurfürsten das Kurrecht des Kaisers als

König von Böhmen anerkannten. Darin heißt es, dass dieser „von seinen Urahnen, Ahnen, Vätern und Vorfahren gleich uns und allen anderen unseren Mitkurfürsten, geistlichen und weltlichen, in der Wahl und Kur eines Römischen Königs, eines künftigen Kaisers, volles Recht gehabt hat und auch noch hat". Wenn aber mehrere gemeinsam ein gleiches Recht von ihren Vorfahren ererbt haben, so bilden sie eine Erbengemeinschaft und es ist zu fragen, wer der gemeinsame Vorfahr ist, von dem dieses Recht stammt. Dies war für die weltlichen Kurfürsten von 1356 zunächst König Rudolf von Habsburg.

Die „erbrechtliche Theorie" gilt aber auch für die Zeit vor Rudolf von Habsburg und vor dem „Interregnum", als die Zahl der Wahlberechtigten noch erheblich größer war. An der Doppelwahl von 1198/1199 (hier sind erstmals die Wähler überliefert) nahmen – außer den Geistlichen – 16 weltliche Fürsten teil. Sie alle stammten von dem ottonischen Königs- und Kaiserhaus ab. Dieses war zwar 1002/1024 ausgestorben, aber nur im Mannesstamm. Es lebte in weiblichen Linien, seinen „Tochterstämmen", fort. Dabei ist festzustellen: Wie die Kurfürsten von 1356 die Tochterstämme König Rudolfs von Habsburg repräsentierten, so repräsentierten die Königswähler um 1200 die königlichen Tochterstämme der Ottonen.

Das rechtliche Prinzip für den großen und für den kleinen Wählerkreis war das gleiche. Das Wahlrecht ruhte in beiden Fällen auf königlichem Erbrecht und dieses auf einer bestimmten qualifizierenden Abstammung. Vom Tode Kaiser Ottos III. 1002 (nach drei Erbgängen erste Königswahl, Obsiegen des ferneren Mannesstammes über die näheren Tochterstämme) über die staufisch-welfische Doppelwahl 1198 (16 weltliche Königswähler Repräsentanten der ottonischen Tochterstämme), die Wahlen Rudolfs von Habsburg 1273 (Heiraten der weltlichen Wähler mit Töchtern des Königs) und Albrechts von Österreich 1298 (Herauslösung der neuen kleinen habsburgischen aus der alten großen ottonischen Erbengemeinschaft; erste Urkunde der sieben Kurfürsten) bis zur Goldenen Bulle 1356 (Kodifizierung des erblichen Wahlrechts der weltlichen Kurfürsten) wird eine die Generationen überdauernde Struktur erkennbar. Mit der Goldenen Bulle wurde der Abschluss des Kurfürstenkollegs und der Ausschluss Dritter zum Reichsgesetz: „Kein anderer soll zu den Wahlen und allen anderen Handlungen (...) zugelassen werden" (XX).

Um der Geschlossenheit des Kurkollegs auch über den Tod einzelner Kurfürsten hinaus Dauer zu verleihen, bedurfte es einer Nachfolgeregelung.

Die Kurfürsten von 1356
als Vertreter der Töchterstämme König Rudolfs von Habsburg

RUDOLF I. v. Habsburg 1273
römisch-deutscher König 1273
† 1291

ALBRECHT I.	Mathilde † 1304	Katharina † 1282
Herzog v. Österreich	∞ 1273 Ludwig II.	∞ 1279 Otto v. Bayern
1282	Pfalzgraf und Herzog v. Bayern	†††
römisch-deutscher	wählt RICHARD v. Cornwall 1257	
König 1298	wählt RUDOLF v. Habsburg 1273	
† 1308	wählt KONRAD v. Teck 1292	
	† 1294	

FRIEDRICH	Rudolf I.	LUDWIG IV. der Bayer
Herzog v. Öster-	Pfalzgraf und Herzog v. Bayern	Pfalzgraf und Herzog
reich 1308	wählt ALBRECHT v. Österr. 1298	v. Bayern
römisch-deutscher	wählt HEINRICH VII. v. Lux. 1308	setzt ADOLF v. Nassau
König 1314	wählt FRIEDRICH v. Österr. 1314	ab 1298
†† 1330	† 1319	röm.-dt. König 1314
		† 1347

Rudolf IV.	Adolf	Rudolf II.	Ruprecht I.
Herzog v. Öster-	Pfalzgraf	Pfalzgraf	**Pfalzgraf**
reich 1358	† 1327	wählt GÜNTHER v.	wählt GÜNTHER v.
††† 1365		Schwarzburg 1349	Schwarzburg 1349
		†† 1353	††† 1390

Ruprecht II.
Pfalzgraf 1329
† 1398

Österreich	Kurpfalz	Kurbaye
röm. Könige und	bis 1806	1623–177
Kaiser		
1438–1806		

Die Namen der am Abschluss der Goldenen Bulle 1356 beteiligten weltlichen
Kurfürsten sind **fett** gedruckt.

Die Namen der römisch-deutschen Könige stehen in GROSSBUCHSTABEN.

Frauen, ∞ verheiratet, † gestorben, †† im Mannesstamm ausgestorben,
††† im Mannes- und Frauenstamm ausgestorben

Hedwig † 1285/86 ∞ 1279 Otto VI. Markgraf Brandenburg †††	*Agnes* † 1322 ∞ 1273 Albrecht Herzog v. Sachsen-Wittenberg wählt RUDOLF v. Habsburg 1273 wählt ADOLF v. Nassau 1292 setzt ADOLF ab 1298 wählt ALBRECHT v. Österr. 1298 † 1298	*Jutta* † 1297 ∞ 1285 Wenzel II. König v. Böhmen wählt ADOLF v. Nassau 1292 wählt ALBRECHT v. Österr. 1298 † 1305
	Rudolf I. **Herzog v. Sachsen-Wittenberg** wählt HEINRICH VII. v. Lux. 1308 wählt FRIEDRICH v. Österr. 1314 wählt KARL IV. v. Lux. 1346 † 1356	*Elisabeth* † 1330 ∞ 1310 Johann Graf v. Luxemburg König v. Böhmen 1310 wählt LUDWIG IV. 1314 wählt KARL IV. v. Lux. 1346 † 1346
Ludwig der Römer **Markgraf** **Brandenburg** 1351 ††† 1365	Otto Markgraf Brandenburg 1351/65 verkauft 1373 an KARL IV. ††† 1379	**KARL IV. v. Luxemburg** **Markgraf Mähren** 1334 römisch-deutscher König 1346 König Böhmen 1346 römischer Kaiser 1355 † 1378
		Kurbrandenburg 1373–1415, (dann Zollern bis 1806)
Kurbrandenburg bis 1373 (dann Luxemburger)	Kursachsen bis 1422 (dann Wettin bis 1806)	Kurböhmen bis 1806

Bei den geistlichen Kurfürsten ergab sich diese aus dem kanonischen Recht. Hier griff die Goldene Bulle nicht ein. Kodifiziert wurde aber, um künftigem Streit vorzubeugen, die Nachfolge der vier weltlichen Kurfürsten.

Deren Kurwürde, die schon zuvor gewohnheitsrechtlich erblich war, wurde nun auch gesetzlich für erblich erklärt. Sie wurde beschränkt auf die Erben der Kurfürsten von 1356. Im Einzelnen wurde bestimmt, dass nur geistig gesunde, männliche und legitime Nachkommen weltlichen Standes nachfolgen sollten. Kodifiziert wurden auch die Prinzipien der Individual- sukzession und der Primogenitur, d. h. die Kurwürde sollte beim Tod eines Kurfürsten nur auf einen, und zwar den ältesten rechtmäßigen Sohn weltli- chen Standes übergehen, ersatzweise auf dessen nächsten Blutsverwandten in absteigender männlicher Linie (*consanguineum laicum, qui in paterno stipiti in descendenti recta linea proximior fuerit*). Diese Nachfolge in Recht, Stimme und Befugnis (*ius, vox et potestas*) sollte auf ewige Zeiten beobachtet werden (VII 1, XXV). Durch diese älteste gesetzliche Erbfolgeregelung in Deutsch- land wurde eindeutig bestimmt, wer jeweils Kurfürst ist.

Wenn ein Minderjähriger Kurfürst wird, sollte der älteste Bruder seines Vaters sein Vormund und Verwalter (*tutor et administrator*) sein, bis der junge Kurfürst 18 Jahre vollendet hat (VII 1). Die Kurprinzen, von denen angenom- men wird, dass sie die ihnen angestammte deutsche Sprache kennen, sollen vom 7. bis zum 14. Lebensjahr lateinisch, italienisch und tschechisch ler- nen, weil in diesen Sprachen die wichtigsten Reichsgeschäfte verhandelt werden (XXXI). Zum Römischen Reich gehörten seinerzeit außer Deutsch- land auch Norditalien und Böhmen.

Wenn der Stamm eines Kurfürsten aussterbe, sollte der jeweilige Kaiser oder König das Kurfürstentum neu verleihen (VII 2).

Um der Kurwürde eine materielle Grundlage zu garantieren, sollten Recht, Stimme, Amt und Würde (*ius, vox, officium et dignitas*) eines Kurfürs- ten nur demjenigen zukommen, der das betreffende Fürstentum mit dem dazugehörigen Land (*cum terra*) tatsächlich besitze. Die Kurlande – d. h. das Königreich Böhmen, die Pfalzgrafschaft bei Rhein, das Herzogtum Sachsen und die Markgrafschaft Brandenburg – durften nicht mehr geteilt werden (XX). Dieser Grundsatz der Unteilbarkeit wurde so interpretiert, dass er sich nur auf die Kurlande nach dem Stand von 1356 bezog, nicht auf später hin- zugewonnene Länder.

Das Zeremoniell hatte im alten Europa erhebliches Gewicht, da darin die

Verfassung eines Landes und der Status einer Person sichtbar wurden. So hatte es auch unter den Kurfürsten mitunter erbitterten Rangstreit gegeben (XXI). Um diesen künftig zu vermeiden, regelte die Goldene Bulle die Sitz-, Stimm- und Prozessionsordnung sowie die Verteilung der Erzämter.

Hinsichtlich der Sitzordnung wurde ein Kompromiss geschlossen. Da der Platz rechts vom König als der vornehmste galt, sollte dieser Platz in der Erzdiözese Mainz (dazu gehörte die Wahlstadt Frankfurt) dem Erzbischof von Mainz zustehen und in der Erzdiözese Köln (dazu gehörte die Krönungsstadt Aachen) dem Erzbischof von Köln. Der jeweils andere sollte links von König sitzen. Dem Range nach schlossen sich rechts der König (Böhmen) und der Pfalzgraf, links der Herzog (Sachsen) und der Markgraf (Brandenburg) an. Der Erzbischof von Trier durfte dem Kaiser gegenübersitzen (III).

Für Prozessionen erhielt Pfalz/Bayern das Recht, den Reichsapfel, Sachsen das Reichsschwert und Brandenburg das Reichszepter dem Kaiser voranzutragen (XXI–XXII, XXVI). In diesem Tragen der kaiserlichen oder königlichen Insignien (*imperialia vel regalia insignia*) wurde sichtbar, dass die Kurfürsten Anteil am Majestätsrecht hatten (XXIV). Der Kaiser nannte die Kurfürsten einen Teil seines Körpers (*pars corporis nostri*). Auf den Hoftagen sollte ihnen „kein anderer Fürst, von welcherlei Stand, Würde, Hoheit oder Rang er auch wäre, auf irgendeine Weise vorgezogen werden" (VI).

Folgen und Würdigung

Die Goldene Bulle hat die Wahl aller römisch-deutschen Könige und Kaiser fast ein halbes Jahrtausend lang bis zum Ende des alten Reiches 1806 bestimmt. Im Jahre 1400 setzten die vier rheinischen (nicht aber die drei östlichen) Kurfürsten unter Berufung auf die Goldene Bulle König Wenzel, den Sohn und Erben Karls IV., ab und wählten Ruprecht von der Pfalz zum König. Wenzel, der seine Absetzung niemals anerkannte, berief sich ebenfalls auf die Goldene Bulle. Er ließ sie in einer – heute in Wien befindlichen – mit zahlreichen Miniaturen geschmückten Prunkhandschrift abschreiben. Die Begleitschriften deuten darauf hin, dass sie für einen geplanten Italienzug und eine erwünschte Kaiserkrönung dienen sollte. Möglicherweise wollte Wenzel dem Papst zeigen, dass die Absetzung eines Königs in diesem in Anwesenheit eines päpstlichen Legaten promulgierten (veröffentlichten) Gesetz gar nicht vorgesehen war.

Die Goldene Bulle wurde auch nach dem Tode König Ruprechts 1410 für die erste Wahl Sigmunds von Luxemburg-Ungarn durch die pfälzische Partei herangezogen, jedoch mit zweifelhafter Argumentation. Sie konnte nicht die Wahl Josts von Luxemburg-Mähren und Brandenburg zum König durch die böhmische Partei verhindern. Erst nach dem Tode Josts wurde der Mangel der Rechtsgültigkeit der ersten Wahl Sigmunds durch dessen zweite Wahl 1411 geheilt. Seitdem gab es bis zum Ende des Reiches keine Doppelwahlen mehr.

Wenn der Kaiser Kurfürstentümer neu zu vergeben hatte, wahrte er das Prinzip, dass dafür nur alte Dynastien mit königlicher Abstammung in Frage kamen. Doch fand unter den luxemburgischen Kaisern eine Art Kommerzialisierung statt. Karl IV. kaufte dem kinderlosen Markgrafen Otto von Brandenburg 1373 die Nachfolge mit der Kur ab und übertrug sie erst seinem Sohn Wenzel und nach dessen Tod seinem Sohn Sigmund. Als dieser Sigmund, der ebenfalls keine Söhne hatte, römischer König geworden war, verkaufte er die Mark Brandenburg mit der Kur 1415 an den Nürnberger Burggrafen Friedrich aus dem Hause Zollern. Nach dem Aussterben des sachsen-wittenbergischen Mannesstammes 1422 verlieh König Sigmund die sächsische Kur 1423 als Entschädigung für Hilfe im Krieg gegen die Hussiten an Markgraf Friedrich von Meißen aus dem Hause Wettin. Die brandenburgische und die sächsische Kur vererbte sich in den Häusern Zollern und Wettin bis zum Ende des Reiches 1806.

Allerdings konnte ein Kurfürst seine Kurwürde verlieren, wenn er sich gegen den Kaiser erhob und dabei unterlag. Dies geschah zweimal. In beiden Fällen verlieh der Kaiser die Kurwürde einem Vetter des abgesetzten Kurfürsten aus der gleichen Dynastie. Während der Reformation unterlag der evangelische Kurfürst Johann Friedrich von Sachsen im Schmalkaldischen Krieg 1547 dem Kaiser und verlor seine Kurwürde an seinen Vetter Moritz. Auch der protestantische „Winterkönig" Friedrich von der Pfalz, der dem Kaiser das Königreich Böhmen streitig gemacht hatte, verlor nach seiner Niederlage gegen den Kaiser die Kur, der sie 1623 Friedrichs katholischem Vetter Maximilian von Bayern verlieh. Jedoch wurde im Westfälischen Frieden 1648 für die Pfalz eine zusätzliche achte Kur geschaffen. Damit verfügten die Wittelsbacher über zwei Kurstimmen, bis beide wieder vereinigt wurden, als Bayern 1777 im Erbgang an den Pfalzgrafen fiel. 1689/1708 erhielten die Welfen, die damals die ausgestorbenen Sachsen-Lauenburger beerbten, eine neunte Kur für Braunschweig.

Das Reich war sowohl vor als auch nach 1356 ein Wahl-Königreich und ein Erb-Wählerreich. Dabei waren die Geistlichen unter den Wählern wiederum durch Wahl in ihr Amt gekommen. Für die weltlichen Kurfürsten, die sich 1356 mit diesen zusammenschlossen, wurde ihr erbliches Wahlrecht durch die Goldene Bulle kodifiziert (VII, XXV).

Dieses Ergebnis hat auch für den Vergleich mit den übrigen europäischen Königreichen Konsequenzen. Der Gegensatz von Wahlreichen und Erbreichen ist demnach nur graduell, nicht konträr. Im Grundsatz waren alle europäischen Königreiche erblich; aber es gab einfache und komplizierte Erbfälle. Wo es nur einen Erbberechtigten gab, war die Nachfolge in der Regel problemlos. Wo es aber mehrere Erbberechtigte gab, musste unter den Anwärtern gewählt werden. Oder es wurde gekämpft. Als die Goldene Bulle 1356 Gesetz wurde, wütete in Frankreich ein 100-jähriger Krieg zwischen dem *näheren Tochterstamm* (Anjou-England) und dem *ferneren Mannesstamm* (Valois-Frankreich) um die Krone Frankreichs. Für Edward III. sprach der Verwandtschaftsgrad, für Jean le Bon das agnatische Prinzip, d. h. die Zugehörigkeit zum Mannesstamm. Die Königswahl durch das Kurfürstenkolleg konnte solche Erbfolgekämpfe vermeiden. Insofern war die Goldene Bulle ein friedenstiftendes Werk.

Die Verbrennung von Jan Hus auf dem Konstanzer Konzil 1415

KAREL HRUZA

Immer mehr Menschen verschiedenen Standes und verschiedener Herkunft, Prälaten und Priester, Fürsten, Herren und Ritter, Gelehrte und Handwerker, Händler und Bankiers, Diener und Knechte, Spielleute und Prostituierte, strömten seit dem Herbst des Jahres 1414 aus allen Richtungen in die am Rheinausfluss des Bodensees gelegene Stadt Konstanz. Papst Johannes XXIII., einer von insgesamt drei Geistlichen, die damals Amt und Würde eines Papstes beanspruchten, hatte dorthin ein allgemeines Konzil auf den 1. November 1414 einberufen. Er wollte zusammen mit dem römisch-deutschen und ungarischen König Sigismund die dringende Reform der katholischen Kirche an Haupt und Gliedern in die Wege leiten: Die Kirchenspaltung sollte beendet, die Einheit der Kirche wiederhergestellt und diese reformiert werden, dazu galt es, die verstärkt auftretenden religiösen Irrlehren zu bekämpfen. Als Veranstaltungsort hatten Papst und König die verhältnismäßig im Zentrum der abendländischen Christenheit gelegene alte Bischofsstadt und Reichsstadt Konstanz gewählt, die ihnen groß genug schien, tausende von Besuchern aufzunehmen und deren Bischofskirche Platz bot, um die Sitzungen des Konzils abzuhalten. Doch trotz einer einjährigen Vorbereitung auf das Ereignis waren die Herbergen in der Stadt bald alle belegt, da die Besucherzahlen die Zahl der Einheimischen um ein Vielfaches überstiegen, dazu mussten die Lebensmittelpreise streng kontrolliert und immer wieder Eingriffe getätigt werden, um die Ordnung wiederherzustellen.

Am Weihnachtsabend 1414 traf auch König Sigismund feierlich in der überfüllten Stadt ein, um an den Konzilsitzungen, die am 16. November begonnen hatten, teilzunehmen. Das Konzil sollte sich schließlich zur größten und bedeutendsten Kirchenversammlung des Mittelalters entwickeln. Zur Aufgabe der Bekämpfung von Irrlehren gehörte der für das Konzil insgesamt zunächst unbedeutende Fall eines böhmischen Magisters und Priesters: Jan Hus. Sein Schicksal, seine Verbrennung auf einem Konstanzer Scheiterhaufen, entwickelte sich schließlich aber zum bekanntesten Ereignis des Konzils und der böhmische Reformator wurde zu einer der markantesten Personen des europäischen Mittelalters überhaupt. Nur der Feuertod der Jeanne d'Arc im Jahr 1431 ist in gleicher Weise im Gedächtnis der Gegenwart verankert, und schon der gleichfalls spektakuläre spätere Tod des Girolamo Savonarola tritt im Bekanntheitsgrad weit zurück. Nicht zu vergessen ist aber, dass bereits zu Hussens Zeit sein Fall eine für eine Einzelperson beachtliche Dimension angenommen hatte. Er gehörte nicht nur zu den ersten Menschen überhaupt, die persönlich vor ein Konzil geladen wurden, sondern etliche Juristen und Theologen, zwei Päpste, drei Erzdiözesen und zwei römisch-deutsche und böhmische Könige waren mit seiner Angelegenheit befasst. Nach Hussens Tod kehrte alles andere als Ruhe ein: Die vier Jahre später ausbrechende Hussitische Revolution sollte das ganze christliche Europa verunsichern und das allgemeine Konzil in Basel beschäftigen.

Zwei Zeitzeugen berichten

Am 6. Juli 1415 wurde im Konstanzer Münster das endgültige Urteil über Hus gefällt. Das Konzil erklärte ihn zu einem verstockten (unbelehrbaren) Ketzer und übergab ihn dem weltlichen Arm zur Vollstreckung des Todesurteils durch Verbrennen. Zwei Augenzeugen haben über die Verbrennung schriftlich berichtet: der Konstanzer Bürger und Chronist Ulrich Richental (um 1360–1437) und Hussens Begleiter und Freund Peter von Mladoňovice (um 1395–1451). Ulrich verfasste seine private Chronik des Konzils in deutscher Sprache etwa zwei Jahre nach dessen Ende, also um 1420. Peter erlangte im Todesjahr Hussens den Magistertitel an der Universität Prag und wurde 1420 zum Priester geweiht. Als gemäßigter Hussit amtierte er im Studienjahr 1438/1439 als Rektor seiner alten Universität. Unmittelbar von dem Konstanzer Geschehen beeindruckt, machte er sich an die Arbeit, einen lateinischen Bericht über Hussens Konstanzer Schicksal zu schreiben, der später in die tschechische und in die deutsche Sprache übersetzt wurde.

Was wusste Peter über Hussens Verurteilung und Tod zu berichten? Am Sonnabend nach Prokop (6. Juli) 1415 wurde Hus in die Konstanzer Bischofskirche geführt, in der alle Prälaten und Sigismund versammelt waren. In der Mitte der Kirche stand ein Tisch. Der Bischof von Lodi, ein Dominikaner, hielt eine Predigt über die Schädlichkeit von Häresien und forderte Sigismund auf, diese zu vernichten. Daraufhin wurden Anklageartikel

gegen Hus und das Urteil über ihn und seine Schriften verlesen. Hus versuchte, sich mit Worten zu verteidigen, wurde aber daran gehindert, kniete
nieder und betete, was bei den Konzilsteilnehmern nur Hohn und Spott
oder Zorn hervorrief. Anschließend wurde Hus in Priestergewänder geklei-
det und stieg auf den Tisch, um nochmals einen Widerruf seiner als ketze-
risch verurteilten Lehren zu verweigern. Als er wieder herabgestiegen war,
wurde er von Bischöfen, die ihn verfluchten, der Priestergewänder entledigt
und man ließ seine Kopfhaare scheren. Auf das Haupt setzten sie ihm einen
hohen, runden *lasterhut* aus Papier, auf den drei grässliche Teufel gemalt und
die Worte *hic est heresiarcha* (Dies ist der Erzketzer) geschrieben waren. Hus
aber sprach, er wolle diese *lasterkrone* willig um des Namens Christi Willen
tragen, denn dieser habe eine viel härtere und schwerere Dornenkrone un-
schuldig bei seinem Tode getragen, und während der ganzen Prozedur rief
er immer wieder Christus an. Der aus der Kirche verstoßene Hus wurde dem
weltlichen Arm übergeben: *Gehe hyn, nym yhn an*, sagte Sigismund dem
Pfalzgrafen [bei Rhein] Ludwig [Herzog von Bayern, Vogt des Konzils].

Hus wurde von den Bütteln aus dem Münster geführt, in dessen Hof
gerade seine Schriften verbrannt wurden, was bei ihm nur ein Lächeln hervorrief. Von einer großen Menge Stadtvolk, der er seine Rechtgläubigkeit
beteuerte, wurde er zur Marterstätte, einer Wiese außerhalb der Stadt in
Richtung Gottlieben, begleitet. Dort kniete er nieder und betete andächtig
gegen den Himmel, bis er mit fröhlichem Angesicht seinen Geist in die
Hände Gottes befahl. Das beeindruckte etliche der umstehenden Laien, die
Hussens Religiosität erkannten und nach einem Beichtvater für ihn fragten.
Ein feister Pfaffe, in feinen Gewändern auf einem Pferd sitzend, lehnte eine
Beichte Hussens ab, *denn er ist ein ketzer*. Hus aber hatte zuvor bereits ge-
beichtet und die Absolution erhalten. Als er noch betend kniete, fiel ihm der
lasterhut von seinem Haupt, woraufhin die umstehenden Söldner sprachen:
*Setzet yhm die krone wider auff, dass sie mit seinen herren, denen er gedienet hat allhie,
verbrant werde.* Auf Befehl des Henkers stand Hus auf, um den Zuschauern
gezeigt zu werden, er jedoch sprach laut Christus an und beteuerte, für dessen heilsame Worte und mit dessen Hilfe diesen schändlichen und grauen-
haften Tod erleiden zu wollen.

Nachdem der Henker Hus die Kleider ausgezogen hatte, wurde er mit
den Händen hinter dem Rücken an einen Pfahl gebunden, der von den Bütteln fest in die Erde gesetzt worden war. Dann drehte man ihn mit dem An-

gesicht gegen „den Abend" (Westen), legte eine rostige Kette um seinen Hals (und den Pfahl) und begann, Stroh und Holz unter seinen Füßen zu stapeln, bis er zur Höhe seines Kinns eingedeckt war. Jetzt kamen Pfalzgraf Ludwig und der Marschall Sigismunds, [Haupt] von Pappenheim, und ermahnten ihn, er solle sein Leben schonen und widerrufen. Hus aber blickte zum Himmel und rief Gott an, er habe die ihm durch falsches Zeugnis auferlegten Dinge nicht gelehrt und gepredigt, und er schloss mit den Worten: *Inn der warheit aber des evangelii ... will ich heut frolich sterben.* Der Pfalzgraf und der Marschall aber ritten davon.

Dann entzündeten die Henker das Feuer und Hus sang mit lauter Stimme, Christus solle sich seiner erbarmen. Als er zum dritten Mal ansetzte, schlug ihm der Wind die Flammen ins Gesicht, sodass er nunmehr still betete und sein Haupt bewegte, *als lang man mocht drey vatter unser betten, und ist also verschiden.* Nachdem das Holz abgebrannt war, hing Hussens Rumpf am Hals noch an dem Pfahl, und die Henker hieben den Leib mitsamt dem Pfahl nieder und entfachten das Feuer neu. Sie fanden auch Hussens Haupt, das sie mit einer Keule zerschlugen und wieder ins Feuer warfen; sein Herz aber steckten sie *wie einen braten* auf einen Spieß und verbrannten es. Als endlich der ganze Leib verbrannt war, luden sie die Asche auf einen Karren und *furten das ynn den Reinstrom.*

Soweit Peters Text. Was aber sah Ulrich, was hielt er für berichtenswert? In der Konzilssitzung wurde Hus als Ketzer verurteilt, und als geweihter Priester war er zu degradieren und ihm die Weihe zu nehmen. Sechs Bischöfe kleideten ihn als Priester ein und rissen ihm unter Gebeten die Kleider wieder ab, während Hus sich ein Gespött daraus machte. Hus wurde anschließend den weltlichen Richtern übergeben mit der Bitte, ihn nicht zu töten, sondern gefangen zu halten. Der König [Sigismund] aber sprach zu Herzog Ludwig: *Da ich der bin, der das weltliche Schwert führt, so nehmt ihn ... und tut ihm, wie einem Ketzer gebührt, an unserer Stelle.* Ludwig wiederum rief nach Hans Hagen, dem Vogt von Konstanz, und sprach: *Vogt, nimm ihn hin und verbrenne ihn als einen Ketzer.* Der Vogt ließ Hus von den Ratsknechten und dem Henker hinausführen. Alles, was Hus bei sich hatte, sollte er behalten, nämlich seine Schuhe und Hosen, zwei gute schwarze Röcke, einen verzierten Gürtel, zwei kleine Messer und einen ledernen Geldbeutel mitsamt Inhalt. Auf seinem Kopf trug Hus eine weiße Bischofsmütze, auf der zwei Teufel gemalt waren, zwischen denen *Heresiarcha* stand.

Von Dienern des Herzogs Ludwig wurde der ständig betende Hus, der nicht gefesselt war, durch das Geltinger Tor in dichtem Gedränge auf ein kleines Feld geführt. Als Hus das Holz, das Stroh und ein Feuer erblickte, fiel er dreimal auf die Knie und sprach: *Jesus Christus, Sohn des lebendigen Gottes, erbarme dich meiner!* Gefragt, ob er beichten wolle, stimmte Hus zu, doch der gerufene Priester wollte die Beichte nur abnehmen, wenn Hus widerrufen würde. Hus lehnte ab und sagte: *Es ist nicht nötig, ich bin kein Todsünder.* Er wollte auch deutsch zu den Umstehenden sprechen, das aber verbot Herzog Ludwig und befahl, ihn zu verbrennen. Vom Henker ergriffen, wurde Hus in seinen Gewändern auf einem Schemel stehend an einen Pfahl gebunden. Dann legte der Henker Holz und Stroh um ihn herum, schüttete Pech dazu und brannte es an. *Da begann er gewaltig zu schreien und war bald verbrannt.* Als Hus schon ganz verbrannt war, blieb nur noch die Bischofsmütze übrig, die der Henker zerstieß und verbrannte. Es entstand nun aber *der schlimmste Gestank, den man je riechen konnte,* denn ein Kardinal hatte sein verstorbenes Maultier an der Hinrichtungsstätte begraben lassen. Durch die Hitze platzte das Erdreich auf und der Gestank trat aus. *Dann führte man alles, was man von der Asche fand, in den Rhein.*

Die Unterschiede zwischen den beiden Schilderungen sind nicht zu übersehen. Während für Ulrich der Tod Hussens nur eine Episode unter vielen des Konzils war, das er mit den Augen des einheimischen Bürgers dokumentieren wollte, schrieb Peter einen selbstständigen lateinischen Bericht über die gemeinsame Reise mit Hus nach Konstanz und den dortigen Aufenthalt und Tod Hussens. Sein Ziel war ein anderes: das Gedenken an den unbeugsamen Freund, Reformer und Christen der Nachwelt zu vermitteln, den Leidensweg eines in den Fußstapfen Christi wandelnden ‚Märtyrers‘ aufzuzeichnen. Peter wurde der Evangelist Hussens. Er kehrte noch 1415 nach Prag zurück, wo er alsbald mit der Niederschrift der *Historia* begann, die aber nur in Abschriften und nicht in einem Exemplar von seiner Hand erhalten ist. Dass er bereits in Konstanz Aufzeichnungen angefertigt und Dokumente kopiert hat, gilt als unbestritten. Es überrascht nicht, dass der zuvorderst an Äußerlichkeiten interessierte Ulrich nüchtern und verhältnismäßig kurz vom eigentlichen Todeskampf Hussens berichtet, während Peter weit mehr Einzelheiten zu berichten hat. Peters Geschichte Hussens ist auch umso wertvoller, als sich die eigentlichen Prozessakten des Konzils zum Fall Hus nicht erhalten haben.

Weder Ulrich noch Peter haben eine objektive Schilderung der Verbrennung überliefert. Beide sahen aus ihren Lebensumständen und Bindungen heraus das gleiche Ereignis durch verschiedene Brillen, und jeder schrieb seine eigene Wahrheit auf. Für Ulrich war Hus ein ausgestoßener Ketzer, der spottete und der im Todeskampf erbärmlich schrie. Zum Zeitpunkt seines Todes stank es furchtbar, als wenn die Hölle ihre Pforten geöffnet hätte. Was Ulrich beschrieb, war der Tod einer abtrünnigen Kreatur, der ein gerechter Tod widerfuhr, dementsprechend konnte man später reimen: *die tiufel in der hell in haben / bei dem reichen man begraben.* Peter wurde in seiner Auffassung der Wahrheit durch seinen Glauben, als Anhänger Hussens der reinen und wahren Kirche Christi anzugehören, bestimmt. Beide Autoren haben ihre Texte stilisiert, Peter jedoch in einem weitgehend intentionalen Sinn: Um die *Imitatio* und *Conformitas Christi* des Jan Hus, dessen Passio, regelgerecht zu beschreiben, orientierte er sich an Elementen der Heiligenlegenden und an den Evangelien, indem er Begriffe und Erzählabläufe übernahm; seinen Text über Hus hat er möglicherweise als *Historia de sanctissimo martyre Iohanne Hus* betitelt, und Teile daraus wurden in den hussitischen Kirchen öffentlich verlesen. So schuf Peter einen Text über den Tod eines Heiligen, der mit unerschütterlichem Glauben freudig seinem Erlöser gegenübertrat.

Der lange Weg zum Konstanzer Scheiterhaufen

Jan Hus wurde vermutlich 1371 in einfachen Verhältnissen im südböhmischen Dorf Husinec geboren, besuchte die Lateinschule in Prachatice und kam 1386 nach Prag, wo er 1390 ein Studium begann und 1396 den Titel eines Magister artibus erlangte. Seit 1398 unterrichtete er an der Artistenfakultät, als deren Dekan er später auch amtierte, und nahm ein Theologiestudium auf, das er 1408 mit dem Titel eines Baccalaureus formatus krönte. Inzwischen war er 1400 zum Priester geweiht worden. Seit 1402 predigte er in tschechischer Sprache in der eigens für die Volkspredigt eingerichteten Bethlehemskapelle in Prag, die annähernd dreitausend Besuchern Platz bot. Diese Tätigkeit zwang ihn zu öffentlichen Stellungnahmen und sie verhinderte, dass er ein stiller Schreibstubengelehrter wurde – und sie brachte ihm viele Freunde und viele Feinde ein. Hus trat gegen den Ämterkauf in der Kirche und den Reichtum der Prälaten und Klöster und für eine an der Bibel und insbesondere am Leben Christi orientierte fromme Lebensführung des Einzelnen auf. Die Kirche sah er wie viele andere in einem Zustand des Verfalls und wollte sie zu einer in selbst auferlegter Armut lebenden apostolischen Kirche Christi zurückführen. Mit diesen Themen gewann er vermehrt an Popularität beim tschechischen Prager Bürgertum, aber auch Mitglieder des Adels und des Hofes wurden auf ihn aufmerksam. Hus fand zunächst auch beim Prager Erzbischof und Kanzler der Universität, Zbyněk Zajíc von Hasenburg, Unterstützung, die jedoch wegen Hussens Eintreten für die Lehre Wyclifs alsbald in Repressionen umschlagen sollte.

Während seines Theologiestudiums hatte Hus noch vor seiner Priesterweihe die Schriften des umstrittenen und bereits zu seinen Lebzeiten als Ketzer verurteilten englischen Theologen, Philosophen und Kirchenreformers John Wyclif († 1384) kennen gelernt. Ebenso bekannt waren ihm die Werke der einheimischen Reformer Jan Milíč von Kroměříž und Matthias von Janov. Hus stand in einer bis in die Zeit Kaiser Karls IV. († 1378) zurückreichenden böhmischen Reformtradition, in die zusehends wyclifistische und nationale Momente eingebracht wurden. Scharfe Kritik an der Amtskirche und Rufe nach ihrer Reform waren damals in ganz Europa verbreitet, zumal seit 1378 während des Schismas zwei Päpste regierten. Zudem hatten vielfältige Krisenerscheinungen den Glauben vieler in das Wertesystem und in die Ordnung der damaligen Welt erschüttert. In Böhmen kamen noch zwei Momente hinzu: die anhaltenden politischen Konflikte zwischen den Söhnen Karls IV. und den mit ihnen verbündeten Adelsgruppen und die sich in den Städten langsam anbahnenden Konflikte zwischen tschechischen und deutschstämmigen Bewohnern.

Über Wyclifs Lehre kam es an der Universität Prag zu Auseinandersetzungen, die zunächst im Jahr 1403 in einer von deutschen Magistern getragenen Verurteilung von 45 Thesen Wyclifs kulminierten. Dieser vertrat eine am apostolischen Vorbild orientierte Kirche ohne weltlichen Besitz und ohne weltliche Gewalt. Die reiche, mächtige Kirche seiner Zeit sei der göttlichen Gnade unwürdig, womit Wyclif auch die Hierarchie grundsätzlich in Frage stellte. Ferner verfocht er die autoritative Geltung der Heiligen Schrift als Basis des Glaubens. Ein zentraler Streitpunkt war die Deutung der Eucharistie: er äußerte zu der realen Transsubstantiation (Brot und Wein wandelt sich zu Christi Fleisch und Blut) Zweifel und trat für die Auffassung einer bloß figurativen Präsenz Christi in der Eucharistie ein. Gegen die

Wyclif-Anhänger wurde an der römischen Kurie ein Prozess angestrengt und 1408 die führenden Prager Reformer Stanislaus von Znaim und Stephan Páleč vorgeladen. Der Prager Erzbischof befahl zudem, ihm die Schriften Wyclifs auszuhändigen, wogegen aber fünf Studenten an die Kurie appellierten. Auch Hus gab seine Wyclif-Texte nicht heraus und wurde vom Erzbischof zusammen mit anderen Wyclif-Anhängern vermutlich 1409 exkommuniziert. Hus zählte damals zwar zu den Reformern, war aber nicht ihr alleiniger intellektueller Anführer. Seine wyclifistische Position war dennoch bekannt genug, um 1408 zu ersten schriftlichen Anklagen gegen ihn zu führen, die Prager Kleriker vorbrachten.

In Prag spitzte sich die Situation zu, als sich König Wenzel von Papst Gregor XII. abwandte, um das für den Frühling 1409 angesetzte Konzil in Pisa zu unterstützen, das die Kirchenspaltung zwischen den Päpsten Benedikt XIII. und Gregor XII. beenden wollte, mit der Wahl Alexanders V. aber einen dritten Papst hinzufügen sollte. Wenzel erwartete sich von dem Konzil nachdrückliche Hilfestellung bei der Rückerlangung der ihm 1400 abgesprochenen römisch-deutschen Königskrone. Eine wichtige Rolle innerhalb der böhmischen Konzilsdelegation sollte den Universitätslehrern zukommen. Diese wollten aber mehrheitlich bei Gregor XII. verbleiben und lehnten Wenzels Ansinnen ab, auch angetrieben durch die Gegnerschaft zu den Wyclif-Anhängern, die bereit waren, Wenzels Ziele mitzuverfolgen, um ihre Position an der Universität und vor dem König zu stärken. Eine Intervention der Wyclif-Anhänger beim König veranlasste diesen im Januar 1409 in Kutná Hora zur Ausstellung eines Mandats („Kuttenberger Dekret"), mit dem die Stimmenmehrheit an der Universität radikal zu Gunsten der böhmischen Nation und damit der Wyclif-Anhänger geändert wurde. Jan Hus war an dieser Intervention, vermutlich aus Krankheitsgründen, nicht beteiligt, dürfte aber an den Vorbereitungen teilgenommen, zumindest von ihnen gewusst haben.

Als Folge der Umwälzung an der Universität zogen die deutschen Lehrenden und Studenten größtenteils ab, während die wyclifistischen Reformer das Ruder in die Hand nehmen konnten. Jetzt griff Hus demonstrativ in das Geschehen ein, als er sich zum Rektor der Universität für das Studienjahr 1409/10 wählen ließ. Der inneruniversitäre Sieg der Reformer bedeutete noch lange nicht das Ende der Auseinandersetzungen um die Lehre Wyclifs. Erzbischof Zbyněk befahl im Juni 1410, das Predigen an privaten Plätzen einzustellen, worunter auch die Bethlehemskapelle fiel, die Verbreitung der Lehren Wyclifs zu unterlassen sowie ihm dessen Schriften auszuhändigen. Wer dem nicht nachkomme, dem drohe die Exkommunikation. Hus appellierte demonstrativ zusammen mit anderen Wyclif-Anhängern am 25. Juni gegen diese beiden Entscheidungen an Alexanders Nachfolger Johannes XXIII. und initiierte damit selbst jenen Prozess, aus dessen Fängen er sich nicht mehr befreien sollte. Kurze Zeit später, am 18. Juli, wurde er vom Erzbischof exkommuniziert, der zwei Tage zuvor die Wyclif-Schriften hatte öffentlich verbrennen lassen.

Die Verkündigung der Exkommunikation in den Prager Kirchen zog Tumulte nach sich. An der päpstlichen Kurie lief inzwischen der Prozess gegen Hus an, der persönlich vorgeladen wurde. Er kam der Ladung nicht nach, sondern entsandte Prokuratoren, um seine Ansichten zu erklären und sich juristisch vertreten zu lassen. Doch auch seine böhmischen Gegner mit Erzbischof Zbyněk an der Spitze intensivierten ihr Vorgehen und klagten Hus wegen Häresie an. Da Hus nicht erschien, wurde er von Kardinal Oddo Colonna, dem späteren Papst Martin V., der den Fall bearbeitete, wegen der Missachtung der Ladung, nicht wegen Häresie, im Februar 1411 exkommuniziert.

Die gegen Hus vorgebrachten Anschuldigungen waren teilweise erfunden, nicht belegt oder es wurden Tatsachen verfälscht, sodass sein mehrmals ausgesprochener Vorwurf, er sei aufgrund falschen Zeugnisses angeklagt und verurteilt worden, gerechtfertigt war. Seine Gegner haben auch mit Bestechungsgeldern gearbeitet, freilich damals eine gängige Praxis, um sich Vorteile zu verschaffen. Insgesamt waren die von Erzbischof Zbyněk und Kardinal Colonna verfügten Exkommunikationen Hussens nicht rechtmäßig und die Prozessführung vor dem Erzbischof wie an der Kurie fehlerhaft. Hus aber hielt sich nicht an die mit der Exkommunikation einhergehenden Verbote und predigte, hielt Messen ab und verbreitete seine wyclifistischen Reformthesen. Er tat nichts, um seinen Gegnern weniger Angriffsfläche zu bieten. Zunächst wurde seine Situation entscheidend durch das Vorgehen König Wenzels verbessert, der die Verketzerung seines Königreiches nicht dulden wollte und sie zum Anlass nahm, auf die Güter der einheimischen Kirche zu greifen und Erzbischof Zbyněk zu verdrängen.

Für Hus kam eine Zeit, in der er zur Autorität der böhmischen Reformbewegung wurde, etliche Anfragen erhielt, weiterhin Schriften verfasste und beispielsweise an den inneren Wänden der Bethlehemskapelle das Vaterunser und das Glaubensbekenntnis in tschechischer Sprache aufmalen ließ. Später folgte ein ganzer lateinischer Traktat. Die Besucher sollten nicht nur das gesprochene, sondern auch das geschriebene Wort vernehmen. Von der Richtigkeit seiner Reformbestrebungen überzeugt, veranstaltete Hus an der Universität im Januar 1411 eine Gelehrtendisputation (Quodlibet), um die Lehre Wyclifs zu verteidigen und ihre Stichhaltigkeit zu beweisen.

Zerwürfnis mit König Wenzel und ‚Exil'

Hatte sich Hus bisher auf den Schutz König Wenzels verlassen können, so änderte sich dies schlagartig, als 1412 in Böhmen Ablässe (von Sündenstrafen) verkauft werden sollten, um die italienische Machtpolitik Papst Johannes XXIII. zu finanzieren. Als wahrer Kirchenreformer stellte sich Hus in Predigten und in Schriften radikal gegen den Ablasshandel und erregte dadurch den Unmut König Wenzels, dem viel an einem Einvernehmen mit Johannes XXIII. gelegen war, da dieser ihn als römisch-deutschen König anerkannt hatte. Verärgert über den Unruhestifter setzte Wenzel eine Untersuchungskommission ein, die sich in ihrem Memorandum gegen die Wyclif-Anhänger wandte. Wegen der Ablässe kam es in Prag zu mehreren Protestaktionen, wobei die Akteure, drei junge Reformanhänger, hingerichtet wurden. Vom Königshof und vielen Gelehrten als unbeugsamer Wyclifit angesehen und auch angefeindet, wurde Hussens Position in Prag immer schwieriger, obwohl seine Popularität bei der Stadtbevölkerung und beim Adel zugenommen hatte. Hussens Gegner gaben nicht nach und erreichten im Juli 1412 eine verschärfte Exkommunikation Hussens wegen seiner Missachtung der Ladung vor die Kurie, die im Oktober feierlich in Prag verkündet wurde. Hussens Aufenthaltsort Prag drohte das Interdikt, das Verbot jeglicher gottesdienstlicher Handlungen.

Hus reagierte im Sinne Wyclifs: Die im Papst gipfelnde amtskirchliche Hierarchie war für ihn nicht die oberste Instanz, sondern Christus und Gott, an die er mit einem rhetorisch ausgefeilten und öffentlich angeschlagenen Manifest gegen seine Verketzerung appellierte. Diese eklatante Missachtung der kirchlichen Hierarchie war eine Kampfansage. Während einer Predigt Hussens wollten bewaffnete deutsche Bürger die ‚tschechische' Bethlehemskapelle stürmen, vermutlich um Hus zu fangen oder gar umzubringen, kehrten aber wegen der versammelten Masse der Zuhörer unverrichteter Dinge um. Ohne Rückhalt beim Königshof, die Amtskirche zum Feind und nur wenige wirkliche Freunde an der Universität, entschloss sich Hus, Prag zu verlassen und ins ‚Exil' zu gehen. Zunächst verweilte er vielleicht auf der Burg Egerberk in Nordwestböhmen und an unbekannten Orten, kehrte zu Beginn des Jahres 1413 aber für einen Monat nach Prag zurück und predigte dort sogar, dann zog er wieder ab.

Zwischenzeitlich wurde in einer Synode und auch nachfolgend versucht, den Fall Hussens und der angeblichen Häresie im Königreich einer Lösung zuzuführen. Die Gelehrten und Theologen stritten und schrieben viel, ohne sich einig zu werden, da sich die Wyclif-Gegner einem Einvernehmen widersetzten. Prompt traf sie die Strafe Wenzels, der sie ihrer Ämter entheben und sie vertreiben ließ. Dem wieder in Prag weilenden Hus gebot er, die unter Interdikt stehende Stadt zu verlassen, was dieser kurzerhand befolgte. Hus wurde damals gegenüber Versuchen, ihn mit seinen Gegnern und der Amtskirche zu versöhnen, immer unzugänglicher. Im Frühling 1413 lehnte er einen solchen Versuch brüsk ab und kehrte stattdessen nach Prag zurück. Der Aufenthalt war wieder von kurzer Dauer, und unter ungeklärten Umständen verließ er im Juli die Stadt. Das neue Exil sollte länger als ein Jahr währen.

Hus ging dieses Mal nach Südböhmen, wo er unter dem Schutz des Adels auf der Burg Kozí hrádek, unweit der späteren Stadt Tábor, des Zentrums radikaler Hussiten, weiterhin als Reformer wirken konnte. Mit einem Wagen fuhr er in die umliegenden Dörfer und predigte, am Schreibtisch verfasste er tschechische und lateinische Werke und Predigten zu verschiedensten theologischen und weltlichen Themen wie zum Ämterkauf in der Kirche, zum Glaubensbekenntnis, den Zehn Geboten, der Ehe usw. Dass eine Bibelübersetzung und eine *Ortographia Bohemica* ebenfalls aus seiner Hand stammen, kann nicht bewiesen werden. Insgesamt waren die Monate des ‚Exils' die literarisch fruchtbarsten für Hus, denn von seinen universitären wie auch seelsorgerischen Pflichten entbunden hatte er die nötige Zeit zum Nachdenken und Schreiben. So konnte er im Mai 1413 auch sein umfassendstes Werk *De ecclesia* (Über die Kirche) in enger Anlehnung an und Differenzierung der Werke Wyclifs, der ebenfalls einen Traktat *De ecclesia* geschrieben hatte, zu Ende bringen. Es ging Hus um die Institution, die Funktion und die Aufgabe der Kirche und damit nicht nur um religiöse Aspekte, sondern auch um

Besitz, Herrschaftsausübung und Hierarchie. Hussens Werk fand schnell Verbreitung und Widerhall und kann als wichtigste ideologische Manifestation der böhmischen Reformer vor der Hussitischen Revolution gewertet werden. Hussens früherer Weggefährte und nunmehr erbitterter Gegner Stephan Páleč antwortete mit einer eigenen Schrift De ecclesia. Auf dem Konstanzer Konzil sollten Hussens Thesen aus De ecclesia schließlich eine zentrale Rolle bei seiner Verurteilung spielen.

Fundamentalistische Kirchenauffassung

Für Hus bestand die wahre katholische Kirche aus einer Gemeinschaft der Prädestinierten mit Christus als ihrem alleinigen Haupt. Diese Kirche entspricht nicht der vorhandenen römischen Kirche, so wie weder Papst noch Kardinäle Haupt und Glieder der wahren Kirche sind. Jene aber haben mit einem apostolischen Leben nur als treue Diener zu wirken. Niemand, der in Todsünde lebt, soll ein Priesteramt oder Herrschaft ausüben. Die in der Welt sichtbare Kirche soll ihre Daseinsberechtigung nur durch die Verkündigung von Gottes Gesetz, des Evangeliums, und durch eine an Christus orientierte Lebensführung ihrer Mitglieder besitzen. Dabei steht Gottes Gesetz unzweifelhaft über den weltlichen Gesetzen, an die Christen nicht gebunden sind, wenn sie Gottes Gesetz zuwiderlaufen. Letztlich propagierte Hus einen notwendigen Ungehorsam gegen unchristliche Befehle und Handlungen, ausschlaggebend war der christliche Lebenswandel des Einzelnen, nicht die kirchliche oder weltliche Hierarchie.

Eine erhöhte Stellung kommt den Priestern zu, denn dem Papst und damit auch ihnen sei die Vollmacht Christi verliehen worden, die Sakramente zu verwalten. Vom Prediger bis zum Papst sollen alle Geistlichen von Gott gesandt sein. Überhaupt ist mit dem Felsen, auf dem die Kirche zu errichten sei, nicht der Apostel Petrus (und seine Nachfolger), sondern Christus gemeint. Dieser ist für Hus der römische Pontifex (Oberpriester). Wie bei Wyclif waren zuvorderst die Bibel und untergeordnet die Kirchenväter und die älteren Beschlüsse der Konzilien für Hus die wirkliche Basis der christlichen Lehre. Hus zeigt sich als christlicher ‚Fundamentalist‘ und Moralist, für den die von Gier nach Besitz und Herrschaft bestimmte real existierende Kirche grundlegend zu reformieren sei. Viele seiner Reformgedanken und die Idee einer Kirche der Prädestinierten weisen auf die Reformation des

16. Jahrhunderts hin. Hus war aber, und das sei betont, kein fanatischer und gewaltiger Prediger des Krieges und des Hasses wie etwa Bernhard von Clairvaux oder Johannes von Capestrano.

Reise zum Konzil nach Konstanz

König Sigismund wollte auch den Fall Hussens und der böhmischen Reformbestrebungen auf dem Konzil in Konstanz gelöst wissen und forderte Hus im Frühjahr 1414 auf, seine Rechtgläubigkeit persönlich vor dem Konzil zu beweisen. Um den gebannten Hus zum Kommen zu bewegen, nahm er ihn in seinen Schutz und Schirm und befahl, ihm freies Geleit zu gewähren. Das bedeutete freien Zu- und Abzug nach und aus Konstanz, ohne Wegzoll oder andere Gebühren bezahlen zu müssen, aber auch Schutz vor einer Inhaftierung unterwegs. Einen Schutz vor einem rechtmäßigen Prozess bot das Geleitversprechen nicht. Die Urkunde Sigismunds über Schutz und Geleit sollte Hus freilich erst nach seiner Ankunft in Konstanz erhalten.

Auch König Wenzel wollte Hus auf dem Konzil sehen, um der Verketzerung seines Königreiches ein Ende zu setzen. Hus, der Südböhmen wieder verlassen hatte, zog den Konzilsbesuch immer mehr in Betracht und bereitete sich geflissentlich auf die von ihm erwünschte Disputation in Konstanz vor, fertigte Kopien bestimmter Dokumente an, verfasste eigens Schriften und auch eine letzte Verfügung über seine materiellen Dinge. Er ließ aber nicht von Wyclif ab und muss gewusst haben, in welche Gefahr er sich begab. Von seinen Prager Anhängern verabschiedete er sich unter anderem mit den Worten: *Vermutlich werdet ihr mich in Prag vor meinem Tod nicht mehr erblicken.* In Konstanz schrieb er später die Abschiedsworte des Schneiders Andreas nieder: *Gott sei mit Dir. Mich dünkt, dass du nicht zurückkommst,* wie er sich auch der Worte seines Mitstreiters Hieronymus von Prag erinnerte: *Ich vermute, wenn ich zum Konzil gehe, werde ich nicht zurückkehren.*

Ende August hatte Hus sich entschieden, wirklich nach Konstanz fahren zu wollen und ließ Sigismund und Wenzel darüber informieren. Mit mehreren Begleitern, unter ihnen der Adelige Jan von Chlum und dessen Schreiber Peter von Mladoňovice, brach er am 11. Oktober in einem Zug aus zwei Wagen und über 30 Pferden nach Konstanz auf. Auf seinem Weg, der ihn über Nürnberg und Ulm nach Meersburg am Bodensee führte, musste der exkommunizierte Hus nicht inkognito reisen, da er meistens freundlich empfangen wurde und auch Gelegenheit zur Predigt und zur Disputation in mehreren Städten erhielt. Die Menschen waren neugierig auf den einfachen Priester und Magister, der den Mut hatte, sich wegen seiner religiösen und reformerischen Überzeugung mit der kirchlichen Obrigkeit anzulegen. Aus dem Königreich Böhmen ging selbstverständlich auch eine offizielle Konzilsdelegation auf die Reise nach Konstanz. Von ihr konnte sich Hus keine Unterstützung erwarten, denn ihr Leiter war Bischof Johann „der Eiserne" von Litomyšl, ein standhafter Wyclif-Gegner.

In Konstanz am 3. November angekommen fanden Hus und Peter zunächst eine private Unterkunft bei der Witwe Fida in der St. Paulsgasse. Wären nicht Hussens hasserfüllte böhmische Gegner bereits in Konstanz gewesen, wäre seine Ankunft in der Menge der Ankömmlinge kaum aufgefallen. Hus wurde von Papst Johannes XXIII. freundlich empfangen, ihm eine gute Behandlung zugesichert und seine Exkommunikation und das Interdikt aufgehoben, da der Geladene endlich verhandlungsbereit vor der Kurie erschienen war; zudem hätte man in Konstanz keine Messen feiern dürfen.

Hus bewegte sich ungehindert in der Stadt und las in seiner Herberge – sehr zum Missfallen des Ortsbischofs – von den Konstanzern gut besuchte Messen. Diesen für Hussens Sache guten Anfang wussten seine Gegner Stephan Páleč und Michael de Causis schnell zu durchkreuzen. Sie verbreiteten mit öffentlichen Anschlägen mehrmals Lügen über und Aufrufe gegen Hus, bis vermutlich sie aufgeregt die erfundene Meldung vortrugen, der Ketzer Hus wolle aus der Stadt flüchten, woraufhin ihn die Kardinäle am 28. November festsetzen ließen. Bis zum 6. Dezember blieb Hus im Haus des Kantors der Bischofskirche gefangen, dann behandelte man ihn als Ketzer und brachte ihn in einen dunklen und feuchten Kerker des auf einer Insel gelegenen Dominikanerklosters, wo er mehrmals verhört wurde. Es dauerte nicht lange, bis die Haftbedingungen ihn körperlich zu schwächen begannen.

Hus hoffte zunächst auf die Ankunft Sigismunds: Der König werde sein Geleitversprechen nicht brechen und seine Freilassung erwirken. Tatsächlich bemühte sich Sigismund darum, aber nur wegen des ‚kleinen' Hus wollte er den Fortgang des Konzils nicht gefährden und es sich mit den Kardinälen nicht verderben, die Eingriffe weltlicher Personen in geistliche Belange zurückwiesen. Und so blieben die Kerkertüren verschlossen. Wenigstens erhielt Hus ein helleres, trockenes Zimmer im Kloster, in dem er schreiben konnte, seine volle Gesundheit sollte er aber nicht mehr wiedererlangen.

Peter war Zeuge der Verhaftung Hussens, er wurde zusammen mit Jan von Chlum der tatkräftigste Freund und Fürsprecher des Magisters. Er bestach die Wächter, um Hussens Haftumstände zu mildern, ihn mit Lebensmitteln zu versorgen und seine Briefe nach außen zu bringen. Er war es auch, der etliche dieser Briefe der Nachwelt überliefert hat, und er veranlasste zudem die offiziellen Proteste der in Konstanz anwesenden böhmischen Adeligen gegen die Behandlung Hussens.

Einige Tage, nachdem Papst Johannes XXIII. am 20. März 1415 verkleidet aus Konstanz geflüchtet war, um seiner Absetzung zu entgehen, verließen auch Hussens Wächter, die in päpstlichen Diensten standen, ihre Posten. Nun bestand Hoffnung, Hus könnte in Freiheit gelangen, doch Sigismund lehnte das Ansinnen der Freunde Hussens ab und übergab ihn dem Konstanzer Bischof Otto. Dieser, gar nicht erfreut über seinen neuen Schützling, ließ Hus in der außerhalb der Stadt am Rhein gelegenen bischöflichen Burg Gottlieben inhaftieren. 72 lange Tage hatte Hus dort in einem Turmzimmer auszuharren; er klagte, gegenüber seinem alten Gefängnis hätten sich die Haftbedingungen sehr verschlechtert. Tagsüber musste er Fesseln tragen, hatte nachts kein Licht und wurde angekettet, dazu war es kalt, seine Speisen waren kärglich und schlecht zubereitet, sodass sich bei ihm wieder Krankheitssymptome zeigten. Schlimm war für ihn auch, dass er fast völlig von der Außenwelt abgeschnitten war und kaum Nachrichten erhielt.

Die Verurteilung als Ketzer

Anfang Juni wurde Hus in das Konstanzer Franziskanerkloster verlegt, denn nach einer Forderung Sigismunds war dort für den 5. Juni seine erste Anhörung anberaumt, der zwei weitere am 7. und 8. Juni folgen sollten. Bei der ersten Anhörung wurde er beschimpft und niedergeschrieen, bei der zweiten ging es aufgrund der Anwesenheit Sigismunds disziplinierter zu, doch wurde Hus mit etlichen Anklagen wegen Häresie konfrontiert; von einer freien Disputation, wie er sie sich erhofft hatte, konnte keine Rede sein. In der letzten Sitzung wurde er schließlich aufgefordert, die Irrtümer in seinen Schriften zu bekennen und ihnen abzuschwören, sie öffentlich zu widerrufen und zuletzt ihr Gegenteil zu behaupten und zu predigen. Hus lehnte ab, trotzte weiter der Autorität des Konzils und bat um eine weitere Anhörung, doch die anderen Teilnehmer, allen voran Sigismund, der Hus nun als unglaubwürdigen Ketzer ansah, wurden ungeduldig und drängten auf seine Entscheidung. Er widerstand. Ein Widerruf hätte ihm zwar das Leben gerettet, aber für ihn den Verrat seiner Ideale und einen herben Schlag für die Glaubwürdigkeit der böhmischen Reformbewegung bedeutet. Er selbst wäre vermutlich in Klosterhaft genommen worden, um seine Rückkehr nach Böhmen und sein Weiterwirken zu vereiteln.

Als am 15. Juni auf dem Konzil die seit dem Ende des Jahres 1414 in Prag von Jakoubek von Stříbro, dem nach Hus wichtigsten Theologen der Reformer, eingeführte Kelchkommunion (communio sub utraque specie) verurteilt wurde, stellte er sich auf die Seite der Kelchbefürworter, obwohl er früher nie die Kelchkommunion propagiert hatte: Hus war nicht der Initiator der hussitischen Laienkelchpraxis. Mehrmals wurde ihm während der letzten Wochen seines Lebens der Widerruf angetragen, doch Hus hatte sich innerlich bereits mit seinem Schicksal abgefunden. Er beichtete einem Mönch, schrieb seine letzten Briefe, ermahnte seine Anhänger, standhaft in Demut und Treue zur Reform zu stehen und Opfer auf sich zu nehmen. Dass ihm nach seinen Verweigerungen eines Widerrufs die Todesstrafe bevorstand, war ihm bewusst. Einen seiner Briefe, der vermutlich auf den 5. Juli zu datieren ist, schloss er mit den Worten: Amen. Der Brief ist geschrieben in Ketten im Kerker in Erwartung der Verurteilung zum Tod, den ich, so hoffe ich, für das Gesetz Gottes erleide. Um des Herrgotts Willen, lasst nicht gute Priester umbringen. Magister Hus, in der Hoffnung Diener Gottes. Tage zuvor hatte er sich brieflich bereits von seinen Freunden verabschiedet, und in einem Brief an die Lehrenden und Studenten der Universität Prag hatte er geschrieben: Liebste Freunde in Christo Jesu, verbleibt in der Erkenntnis der Wahrheit, die über alles siegt und Kraft besitzt bis in alle Ewigkeit. Wisset auch, dass ich keinen Artikel widerrufen noch abgeschworen habe.

Am 5. Juli wurde er öffentlich nochmals gefragt, ob er widerrufen wolle, am Abend besuchte ihn eine kleine Gruppe Geistlicher und Weltlicher mit derselben Frage. Mit Tränen in den Augen soll Hus erklärt haben, wenn er wüsste, Irriges gegen die Kirche behauptet zu haben, würde er es widerrufen. Es blieb bei seiner Weigerung. Tags darauf wurde Hus zu der 15. Konzilssitzung in die Konstanzer Bischofskirche geführt, dort wegen seines Festhaltens an seiner Lehre als verstockter Ketzer vom Konzil mit Zustimmung Sigismunds verurteilt und dem weltlichen Arm zur Vollstreckung der Todesstrafe übergeben. Alles von Hus wurde verbrannt und seine Asche verstreut, damit den Anhängern des Ketzers keine Reliquien verbleiben konnten.

Hussens Prozess in Konstanz war formal korrekt verlaufen, anders stand es um die Anklagepunkte. Einige zentrale Thesen, die ihm vorgeworfen wurden, hat er nicht vertreten. Der als Wyclifit verurteilte Hus hat nämlich von der Häresie Wyclifs nur wenige Thesen übernommen, ansonsten waren seine Aussagen und Schriften einhergehend mit dem herrschenden Dogma. Nicht nur für seine Anhänger galt er als jemand, der zwar verurteilt, aber eigentlich weder überführt noch von seinen Fehlern überzeugt wurde: Die demgemäß verwendete Formel *non convictus, non confessus* (nicht überführt und nicht geständig) brachte das auf den Punkt. Hussens von einer rigiden Moral bestimmte individualistische Lehre von der Kirche konnte von dem die Amtskirche repräsentierenden Konzil freilich nicht angenommen werden, denn sie zielte wesentlich auf eine Einschränkung der kirchlichen Souveränität und eine Auflösung der kirchlichen Hierarchie ab. Nach Hus ging eine Kirchenreform weit über eine administrative und juristische Reform hinaus. Hussens aus dem praktischen Leben als Priester und Prediger erwachsene, von Moral und dem Gesetz Gottes dominierte Kirchenauffassung traf in Konstanz auf den intellektuellen Apparat der Kirchenrechtler, gegen den im Grunde kein Sieg möglich war. Das weist zurück auf einen Denkfehler Hussens: Es scheint, als wäre er sich trotz aller Todesahnungen vor seiner Abreise zum Konzil nicht so richtig bewusst gewesen, dass er vor ein Gericht ging und nicht zu einer Gelehrtendisputation. Auch das eigene Sendungsbewusstsein, eine gewisse Selbstgefälligkeit und sein Glaube daran, dass die Wahrheit, seine Wahrheit freilich, siegt, mag ihn geblendet haben. Er selbst hat sich als Fundamentalist außerhalb der damaligen kirchlichen Existenzmöglichkeiten positioniert. So konnte letztendlich das Konstanzer Reformkonzil den Kirchenreformer Hus zum Tode verurteilen.

Das Konzil reagierte auch gegen die Wurzel des angeblichen Übels: Es wurde befohlen, in England die Gebeine des Ketzers Wyclif aus geweihter Erde zu heben und zu verbrennen, was schließlich im Jahr 1428 geschah. Auch Wyclifs Asche wurde in einen Fluss gestreut.

Die Hussitische Revolution

Sollten die Konzilsteilnehmer, die Hus und später seinen Freund, den radikalen Reformer Hieronymus von Prag, verbrennen ließen, und deren böhmische Gegner geglaubt haben, mit beider Tod sei das Problem der böhmischen „Ketzerei" aus der Welt geschafft, so irrten sie gründlich. Das Gegenteil war der Fall. Die Nachricht von der brutalen Verbrennung Hussens löste im Königreich Böhmen einen Schock aus. Ein erstes Zeichen setzten 452 böhmische und mährische Adelige, die im September 1415 in mehreren offenen Briefen an das Konzil gegen die Verbrennung und die Verketzerung des Königreiches protestierten und die Reformbewegung in Schutz nahmen. Diese gewann in Böhmen immer mehr an Boden, erfasste hohe und niedere Adelige, Stadtbürger, Bauern, Gelehrte, die niedere Geistlichkeit ebenso wie Hofkreise und nahm sozialrevolutionäre Züge an.

Das vom Konzil verkündete und von der ‚katholischen' Partei in Böhmen eingeforderte Kelchverbot sorgte für Polarisierung und Unsicherheit. 1417 erklärte schließlich die Prager Universität unter völliger Missachtung verschiedener Konzilsgebote feierlich den Laienkelch als dem Gesetz Gottes entsprechend. Der neue Papst Martin V. und das Konzil versuchten, mit mehreren Schritten gegen die Häresie vorzugehen. Die auf ihren Druck hin erfolgten Maßnahmen in Böhmen gegen die Reformer und die Kelchkommunion führten zu gewalttätigen Reaktionen. Mit dem ersten ‚Prager Fenstersturz' begann im Juli 1419 die Hussitische Revolution. Während einer Zeit von 15 Jahren durchlief sie verschiedene Phasen und führte zur Enteignung zahlreicher Kirchengüter, Bildung einer hussitischen ‚Kirche', Stärkung des Adels und Verdrängung königlicher Herrschaft. Hus, der Märtyrer der Reform, sollte den Revolutionären den Namen geben: Von außen, von ihren Gegnern, wurden sie zuerst „Hussiten" genannt. Fünf von den Päpsten und König Sigismund organisierte Kreuzzüge brachten weitere Gewalt nach Böhmen, konnten aber weder militärisch noch religiös die Oberhand gewinnen. So sah sich die römische Kirche 1436 gezwungen, repräsentiert durch das Konzil zu Basel, mit dem Abschluss von Kompaktaten (Verträgen) die Existenz einer gemäßigten hussitischen tschechischen Reformkirche anzuerkennen. Einher ging ein Kompromiss mit Sigismund, der auch von den Hussiten als König von Böhmen anerkannt wurde. Der so oft zitierte Satz Leopold von Rankes: „Erst, da Hus tot war, wurden seine Gedanken eigentlich lebendig" trifft nicht den Kern der Sache. Nur dank einer doch festen Verankerung der Reformideen in Böhmen noch zu Lebzeiten Hussens konnte sein Tod den Anlass zu ihrer weiteren Verbreitung und auch Radikalisierung geben.

Mit seinem Glauben an die Wahrheit sollte Hus letztendlich nicht scheitern. Er hat mit dem Leben bezahlt, und Jahrhunderte war seine Position als Reformator in und zwischen den christlichen Kirchen wie auch bei den Historikern umstritten. Doch am Ausgang des 20. Jahrhunderts hat ihn seine katholische Kirche wieder zu sich genommen, indem Papst Johannes Paul II. sein Bedauern über Hussens Verbrennung ausgedrückt und eine neue unvoreingenommene theologische Bewertung von Hussens Schriften angeregt hat.

Die Erfindung des Buchdrucks um 1450

STEPHAN FÜSSEL

Das 15. Jahrhundert war eine Zeit politischer und kirchenpolitischer Stagnation in Mitteleuropa. Dem Kaiser des Heiligen Römischen Reiches standen die Reichsstände gegenüber, von denen wiederum die Kurfürsten besonders herausgehoben waren. Auf den unregelmäßig einberufenen Reichstagen zeigte sich die Abhängigkeit des Kaisers von den Fürsten etwa bei den Hussiten- und später bei den so genannten Türkenkriegen. Die Territorialherren gewannen immer mehr Macht, auch die Städte nahmen häufig eine rechtliche Sonderstellung ein. Die Kurie in Rom verwaltete lediglich ihr Amt und verstrickte sich mehr in politische Händel als sich um die Reform des religiösen Lebens zu kümmern.

Es waren einige überzeugende Geistliche fern von Rom, die die Kirche als eine *ecclesia semper reformanda* verstanden. Zum Beispiel gab der Kanzler der Pariser Universität, Jean Gerson (1363–1429), die Anregung, „um die religiöse Unwissenheit des Volkes zu steuern, belehrende Tafeln in den Kirchen aufzuhängen". Diese Anregung nahm im deutschsprachigen Gebiet Kardinal Nikolaus von Kues (1401–1464), genannt Cusanus, auf. Bei seinen Konsultationen in den deutschen Diözesen hatte er erfahren, dass selbst die Grundgebete des Glaubens den Gläubigen nicht bekannt waren. So ließ er in verschiedenen Kirchen in Holz geschnittene „Vaterunser-Tafeln" anbringen, von denen sich heute noch ein Exemplar im Römer-Pelizaeus-Museum in Hildesheim befindet. Auf dieser Tafel waren die Texte des Vaterunsers, des Glaubensbekenntnisses, des Gegrüßet-seist-du-Maria und der Zehn Gebote eingeschnitten.

Bereits in seiner Schrift *De concordantia Catholica* von 1434, die er während des Aufenthalts beim Baseler Konzil (1431–1448) verfasst hatte, hatte sich Cusanus für verbindliche, korrekte Textausgaben der Messbücher im Gesamtgebiet der katholischen Kirche ausgesprochen, da nur ein verlässlicher Text die Grundlage für die überall gleiche und einheitliche Durchführung der Gottesdienste bot. Immer wieder mit der Frage der sinnvollen Vermittlungswege der Glaubensinhalte beschäftigt, nahm Cusanus im Mai 1451 am 14. Generalkapitel der Benediktiner in Mainz teil, bei dem es um die Annahme der Klosterreform ging, die auch die Bibliotheken und ihre zentrale Bedeutung für die klösterliche Gemeinschaft betraf. Während dieser Debatten saß Johannes Gensfleisch zum Gutenberg nur wenige Meter vom Mainzer Dom entfernt in seiner Werkstatt im „Haus zum Humprecht" und experimentierte mit neuen Lettern, die sich beliebig oft vervielfältigen lassen sollten.

Johannes Gutenberg (1400–1468)

Ein sicheres Geburtsdatum Gutenbergs ist nicht überliefert. Im Zusammenhang mit Erbauseinandersetzungen im Jahre 1420 erscheint er als volljährig, und daher wird er um das Jahr 1400 geboren worden sein. Bei den Feiern im Jahr 1900 wurde mit internationalem Zuspruch die Jahrhundertwende als symbolisches Datum akzeptiert, daher konnte man mit diesem traditionellen Argument auch im Jahr 2000 den 600. Geburtstag Gutenbergs begehen.

Sein Vater, Friele Gensfleisch zur Laden, etwa 1350 geboren und seit 1372 Mainzer Bürger, war seit 1386 in zweiter Ehe mit Else Wirich verheiratet. Als Mainzer Patrizier war er kaufmännisch tätig, vermutlich im Tuchgeschäft, gehörte der Münzerhausgenossenschaft an und war auch zeitweise Rechenmeister der Stadt Mainz. Zeitlebens führte er den Beinamen „zum Gutenberg" nicht; dieser Namenszusatz wurde von den Familienmitgliedern erst seit den zwanziger Jahren des 15. Jahrhunderts verwendet.

Wir können über Johannes Gutenbergs Jugendjahre nur spekulieren: zumeist vermutet man wegen seiner guten Lateinkenntnisse und seines technischen Wissens eine Ausbildung in einer Klosterschule und ein mögliches Universitätsstudium. Schon sehr früh musste Henchen (die mainzerische Koseform für Johannes) Gutenberg wohl mit seinem Vater und seinen Geschwistern Mainz verlassen, da sich im August 1411 wieder einmal die Auseinandersetzung zwischen den Patriziern und den Zünften zuspitzte.

Die Stadt Mainz hatte zu Beginn des 15. Jahrhunderts etwa 6 000 Einwohner. Sie gab sich in einer schwierigen Umbruchsituation eine neue Ratsverfassung, die das Mitbestimmungsrecht der Zünfte stärker gewichtete. In der Auseinandersetzung zwischen Patriziat und Zünften mussten die Angehörigen der unterschiedlichen „Geschlechter" mehrfach die Stadt verlassen. Mit großer Wahrscheinlichkeit zog die Familie Gensfleisch auf die andere Rheinseite nach Eltville, wo man aus mütterlichem Erbe ein Haus besaß. Bereits 1413 musste der Vater erneut nach Hungerkrawallen kurzfristig Mainz verlassen.

Eine gute Schulausbildung war auch in Eltville gewährleistet, Grammatik und Rhetorik nach dem Lehrbuch des Aelius Donatus und die Lektüre der führenden lateinischen Schriftsteller wurden in einer Gemeinschule gelehrt. Ein „Johannes de Alta Villa" war im Sommersemester 1418 und im Wintersemester 1419 an der zum Erzbistum Mainz gehörenden Universität Erfurt immatrikuliert worden. Es gibt Vermutungen, in diesem „Johannes aus Eltville" Johannes Gutenberg zu sehen, der im Wintersemester 1419/20 in Erfurt zum Baccalaureus promoviert wurde. Im Lehrplan der so genannten Artisten-Fakultät, an der die sieben freien Künste (artes liberales), nämlich Grammatik, Rhetorik, Dialektik, Astronomie, Mathematik, Arithmetik und Musik gelehrt wurden, war dieses erste Examen nach drei Semestern möglich. Es führte in die lateinische Grammatik und Sprache, in die griechische und lateinische Philosophie und auch in die – modern gesprochen – Grundlagen der Naturwissenschaften ein.

Im Herbst 1419 starb Johannes Gutenbergs Vater Friele. Bei den nachfolgenden Erbschaftsauseinandersetzungen finden wir zum ersten Mal die sichere Erwähnung von Henchen Gutenberg. Da er mit eigener Vollmacht auftrat, muss er volljährig gewesen sein. Wo er sich in den zwanziger Jahren aufgehalten hat, ob er etwas studiert oder eine Lehre absolviert hat, wissen wir nicht. Am 16. Januar 1430 schloss seine Mutter Else Wirich mit der Stadt Mainz ein Abkommen über eine ihrem Sohn Johannes zustehende Leibrente von 13 Gulden. Johannes wird sich kaum in der Stadt aufgehalten haben, wenn seine Mutter diese Geldangelegenheiten für ihn regelte.

Der technische Durchbruch in Straßburg

Die dreißiger Jahre sind besser belegt: Spätestens seit 1434 hielt sich Gutenberg in Straßburg auf. Diese weltoffene, in Handwerk und Handel führende Stadt am Oberrhein gehörte mit 25 000 Einwohnern zu den Metropolen Mitteleuropas, sie besaß eine der bedeutendsten Dombauhütten, die in den dreißiger Jahren den ersten der zwei geplanten gotischen Münstertürme vollendete, war sowohl im Glockenguss wie in der Papierherstellung führend und trieb regen Handel mit Südfrankreich und Oberitalien, aber auch mit Augsburg, Nürnberg und Prag. Gutenberg wohnte dort vor den Toren der Stadt nahe dem Benediktinerkloster St. Arbogast. Aus Gerichtsakten über seine wirtschaftlichen Verflechtungen wird das Bild eines unternehmenden Kaufmanns und eines einfallsreichen Erfinders deutlich. 1437 trat er als Meister auf: Der Straßburger Bürger Andreas Dritzehn hatte sich an Gutenberg gewandt, um von ihm „etlich kunst" zu erlernen. Gutenberg brachte ihm dann das „Polieren von Edelsteinen" bei, d. h. wohl eine Lehre im Münz- oder Goldschmiedehandwerk. Gutenberg gründete mit Teilhabern eine Finanzierungsgesellschaft, um ein neues technisches Verfahren vorfinanzieren zu können. Diese neuen finanztechnischen Transaktionen waren von oberitalienischen Bankiers in Straßburg eingeführt worden.

Nach dem Tode eines Teilhabers wurde um die Herauszahlung des Kapitals gerichtlich gerungen, wodurch sich zahlreiche interessante Zeugenaussagen erhalten haben. Seit 1438 unterhielt Gutenberg eine Gesellschaft zur Produktion von Wallfahrtsandenken für die nächste Reliquienschau in Aachen. Aachen war seit dem 12. Jahrhundert einer der bedeutendsten Wallfahrtsorte mit den „vier großen Aachenern Heiltümern", einem Mariengewand, den Windeln Christi, dem Lendentuch des Gekreuzigten und dem Enthauptungstuch Johannes des Täufers. Nach verlässlichen Berichten kamen an den Tagen des großen Ablasses jeweils im Juli bis zu 15 000 Pilger nach Aachen, meist aus Mitteleuropa, Polen, Ungarn und Slowenien. Im Jahr 1440, in dem Gutenbergs Konsortium dort so genannte Pilgerspiegel verkaufte (Wallfahrtsandenken mit einem integrierten Spiegel zum „Auffangen" der Segenswirkung), weilten u. a. auch Herzog Philipp der Gute von Burgund und sein Gefolge in Aachen. Da die massenhafte Herstellung von Pilgerzeichen die örtlichen Zünfte überforderte, war der Vertrieb von Devotionalien jedem freigestellt. Sie mussten allerdings in Aachen selbst im Direktverkauf angeboten werden. Die von Gutenberg und seinen Kollegen hergestellten Pilgerspiegel wurden aus einer Blei-Zinn-Legierung gegossen und in hohen Auflagen vertrieben.

Die Beteiligten hatten noch einen zweiten Vertrag abgeschlossen, darin wollte Gutenberg seine Kompagnons in „alle sin künste vnd afentur, so er fürbasser oder in ander Wege mehr erkunde und wußte" einführen. Bei der oft zitierten Wendung „Künste und Afentur" handelte es sich nicht um schillernde Abenteuer, sondern um Fachbegriffe für geschicktes handwerkliches Können und wagemutige kaufmännische Unternehmung. Diese

Begriffe sind durch zeitgenössische parallele Quellen eindeutig fachgebunden belegt für Handwerk und Handel. Auch die Verpflichtung der Gesellschafter, die Erfindungen zunächst nicht öffentlich bekannt zu machen, ist sicherlich nichts anderes als bewusstes kaufmännisches Kalkül. Entscheidende Stichworte aus den Prozessakten sind die Hinweise auf eine hölzerne Presse, die ein Drechsler für die Gesellschaft anfertigte, der Einkauf von Blei, die Bereitstellung von „Formen", die „eingeschmolzen" wurden und die Aussage eines Goldschmiedes, der über hundert Gulden erhielt, um alles anzufertigen, „dass zu dem trucken gehöret". Es ist durchaus denkbar, dass es sich bei den „Formen" um *literae formatae*, d. h. um Einzelbuchstaben aus Metall handelte. Solche Experimente mit Bleilegierungen und die Beauftragung zur Herstellung einer hölzernen Presse lassen vermuten, dass dies erste Schritte zur Entwicklung des Buchdruckverfahrens waren. Einer der Gesellschafter, Andreas Heilmann, besaß zusammen mit seinem Bruder Nikolaus vor den Toren Straßburgs eine Papiermühle. Eine Papierpresse zur Buchdruckerpresse weiterzuentwickeln wäre ein logischer und nachvollziehbarer Schritt gewesen, einen Papierhändler in die Buchproduktion einzuspannen ohnehin ein geschickter Schachzug.

Eine andere Anregung könnte der in Straßburg praktizierte Glockenguss geboten haben: Mit Einzelgussformen wurden am unteren Bord des Glockenkörpers Segenssprüche und Jahreszahlen angebracht. Die Glocken wurden aus Bronze mit rund 20–25 Prozent Zinn hergestellt. Gutenbergs Straßburger Geschäftspartner nahmen im Stadtregiment hohe Stellungen ein und waren angesehene Kaufleute und Handwerksmeister. Der als Zeuge im Prozess auftretende Hans Friedel von Seckingen, der für die Finanzierung zuständig war, hat in mindestens zwei Fällen Kredite in erheblichem Umfang gewährt. Der Familie Seckingen gehörte das bedeutendste Wirtschaftsunternehmen Straßburgs in der ersten Hälfte des 15. Jahrhunderts. Sie waren im Metallgeschäft tätig, unterstützten eine neue Metallscheidekunst und handelten als Großhändler mit Bandmessing. Daneben betrieben sie Groß- und Fernhandel, finanzielle Transaktionen mit Venedig, Mailand und Basel sowie mit Nürnberg und Frankfurt. Seckingen interessierte sich stets für innovative technische Entwicklungen, z. B. im Jahr 1440 für die Errichtung einer der ersten Windmühlen in Oberdeutschland. Nach den Pilgerspiegeln schien sich auch die neu geplante Massenproduktion positiv zu entwickeln, da sich nach den Straßburger Archivalien Gutenbergs wirtschaftliche Situation deutlich verbesserte. Er nahm weitere Kredite auf, die er in seine Experimente steckte. Ob allerdings in Straßburg die ersten Bücher mit der neuen Technik gedruckt wurden, bleibt verborgen; wir wissen nur, dass 1444 sein Kompagnon Conrad Saspach die Stadt Straßburg verließ. In diesem Jahr verliert sich dort auch die Spur Gutenbergs.

Der Buchdruck in Mainz

Im August 1447 lässt er sich mit einer Geldforderung vor dem Frankfurter Reichsgericht vertreten, im Jahr darauf kann man ihn wieder in Mainz nachweisen. Kaum ist er in seiner Vaterstadt zurück, nimmt er neue Kredite auf, die er für weitere Experimente benötigt. 1449 nimmt er achthundert Gulden zu sechs Prozent von Johannes Fust auf, der ihm 1453 noch einmal achthundert Gulden dazugibt, um ein gemeinsames „Werk der Bücher" zu finanzieren. Da für fünfhundert Gulden in Mainz um 1450 ein ordentliches Bürgerhaus gekauft werden konnte, erreichten die Investitionskosten Gutenbergs – modern gesprochen – eine Millionengrenze.

Die Jahre 1450–1454 bringen die Vervollkommnung seiner Technik, den Druck zahlreicher kleinerer Schriften und Einblattdrucke, Ablassbriefe etc., daneben aber auch den 2½-jährigen Satz und Druck der später nach ihm benannten lateinischen Bibel.

Seine Erfindungen sind ebenso einfach wie genial: Die Texte werden in ihre kleinsten Bestandteile aufgelöst, d. h. in die 26 Buchstaben des lateinischen Alphabets. Durch die Neuordnung der Einzellettern entsteht ein jeweils neuer, sinnvoller Text. Waren jahrhundertelang Texte vervielfältigt worden, indem sie vollständig und fortlaufend abgeschrieben oder ebenso vollständig in Holz geschnitten wurden, so mussten jetzt nur die Buchstaben des Alphabets geschnitten und gegossen werden und standen dann für beliebige Texte immer wieder neu zur Verfügung.

Im Kern war auch der zweite Gedanke ebenso einfach wie technisch revolutionär: Statt wie in Ostasien seit siebenhundert Jahren die Farbe durch Abreiben der Holzstöcke auf die Papiere zu übertragen, nutzte Gutenberg die physikalischen Gesetze der Spindelpresse, um mit einem hohen, vor allen Dingen aber auch gleichmäßigen Druck die „Tinte" vom eingefärbten Typenmaterial auf die angefeuchteten Papiere zu übertragen. Viele Schritte waren notwendig, um das scheinbar so einfache und einleuchtende Verfahren zu entwickeln. Einzelstempel von Buchstaben, mit der Kunst des Gold-schmiedes erhaben und seitenverkehrt auf die Spitze eines Stahlstabes ein-graviert (die so genannte *Patrize*), wurden mit einem Hammer in weicheres Kupfer eingeschlagen, sodass ein seitenrichtiger, vertiefter Abdruck des Buchstabens entstand (die so genannte *Matrize*). Dies war die Gussform, die in ein Gießinstrument einjustiert werden musste. Dieses so genannte Handgießinstrument unterscheidet sich grundsätzlich von Experimenten des Metalletterngusses in Ostasien, die in „verlorene Formen", in der Regel nassen Sand, gossen. Da bei Gutenberg die Gussmatrize immer wieder ver-wendet werden konnte, erhielt man eine theoretisch unbegrenzte Anzahl völlig gleichmäßiger und gleichförmiger, auch randscharf abgedruckter Typen. Die genaue Zusammensetzung der Legierung lässt sich aus späteren Funden rekonstruieren. Sie bestand zu über 80 Prozent aus Blei, zu etwa 9 Prozent aus Zinn, 6 Prozent aus Antimon und zu je 1 Prozent aus Kupfer und Eisen. Diese Zusammensetzung hatte den Vorteil, dass sie rasch erkaltete und somit sofort zur Produktion zur Verfügung stand.

Die erste bildliche Darstellung einer Druckerwerkstatt (die allerdings erst im Jahr 1499 entstand) zeigte bereits einen Setzkasten, in dem die einzelnen Buchstaben nach dem Prinzip der Praktikabilität abgelegt worden waren. Die Einzellettern wurden in einem Winkelhaken zusammengetragen, in dem die einzelnen Zeilen ausgeschlossen werden konnten. Dazu verwendete man so genanntes Blindmaterial, das die Abstände zwischen den Typen aus-glich. Der Winkelhaken war zuerst aus Holz, später aus Metall. Die einzel-nen Zeilen wurden dann in einem Setzschiff, wohl einem stabilen Holzbrett, zu einer Spalte (Kolumne) oder zu einer Seite zusammengefügt. Die ganze Seite wurde dann in einer Form ausgeschossen, d. h. der genaue Satzspiegel justiert. Der fertige Satz wurde mit einem halbkugelförmigen Lederballen eingefärbt und in die Presse gelegt. Das zu bedruckende Papier wurde ange-feuchtet, um die Farbe besser aufzunehmen und dann in dem klappbaren Pressdeckel mit mehreren Nadeln fixiert (dadurch entstanden ‚Punkturen'). Ein Rahmen wurde darüber geklappt, der in der Größe des Satzspiegels eine Aussparung hatte, damit die Blattränder beim Drucken nicht beschmutzt wurden. Der Wagen mit dem Satz und der Deckel mit dem Papier wurde dann unter die Druckplatte, den Tiegel, geschoben und der Tiegel mit einem kräf-tigen Ruck auf das Papier gedrückt. Diesem so genannten Schöndruck folgte dann der Widerdruck der Rückseite, wobei es die Punkturen ermöglichten, das Blatt exakt einzupassen, damit der Satzspiegel auf beiden Seiten korrekt übereinander stand. Bedruckt wurden Bogen unterschiedlicher, d. h. nicht normierter Größe, zunächst immer nur eine Seite, später wurden Formen mit zwei, vier oder acht Seiten gleichzeitig gedruckt, dann die Rückseite bedruckt und gefalzt. Die acht oder 16 Seiten wurden so angeordnet, dass sie nach dem Falzen in der richtigen Reihenfolge lagen.

Bei den ersten Drucken wurde nur der Schwarzdruck in der Presse erstellt, alle Auszeichnungen, wie etwa prächtige Initialen, farbige Kolumnentitel, Illustrationen, aber auch Rubrizierungen (Rotzeichnungen) im Satz wurden erst später von Hand nachgetragen. Viele frühe Drucke erinnern daher unmittelbar an Handschriften, da sie immer noch manuell ausgestaltet wurden. Keine der heute noch erhaltenen 49 Gutenberg-Bibeln sieht daher wie die andere aus, jede ist anders rubriziert und illuminiert.

Wäre es auch theoretisch möglich gewesen, mit 26 Buchstaben (jeweils Groß- und Kleinbuchstaben) auszukommen, so ging es Gutenberg offensichtlich darum, die Merkmale guter Handschriften möglichst getreu auf den Druck zu übertragen: Er übernahm die Anordnung in zwei Spalten und bemühte sich um einen sehr gleichmäßigen Randausgleich, den Blocksatz. Aus diesem Grunde schnitt und goss er insgesamt 290 unterschiedliche Schriftzeichen, 47 Großbuchstaben, 63 Kleinbuchstaben, 92 Lettern mit Abkürzungszeichen (so genannte Abbreviaturen), 83 Buchstabenkombinationen (so genannte Ligaturen) und fünf Kommata. Die Ligaturen, z. B. ff, fl, ll, st konnten sehr viel Platz einsparen, da sie jeweils auf einen Schriftkegel gegossen wurden. Ebenfalls sehr platzsparend sind die aus den lateinischen Handschriften überkommenen Abkürzungen, die für Vorsilben wie pro, prae, per u. a., Kasusendungen im Lateinischen (-um, -am, -as) oder bei Buchstabendoppelungen (mm, nn) verwendet wurden. Zusammen mit den unterschiedlich breiten Kleinbuchstaben konnte daher ein geschickter Setzer eine sehr gut ausgeschlossene Zeile setzen. Gleichzeitig wird deutlich, welche hohen Anforderungen an die lateinischen Sprachkenntnisse der Setzer gestellt wurden. Um den Satz der Gutenberg-Bibel von mehreren Setzern gleichzeitig zu gewährleisten, mussten etwa 100 000 Typen gegossen werden. Dadurch war es möglich, die Handschrift in allen Einzelheiten nachzuahmen und sie an Exaktheit zu übertreffen. Da die verwendeten Abkürzungen nur im Lateinischen Sinn geben, wird deutlich, dass die Schrifttype der Gutenberg-Bibel (B 42) zunächst nur für lateinische Texte entwickelt wurde.

Die Gutenberg-Bibel

In den Jahren 1452–1454 druckte Gutenberg die 1 282 Druckseiten der lateinischen Bibel. Er wählte dazu die *Vulgata* des heiligen Hieronymus aus dem 4. Jahrhundert, die entscheidende Textgrundlage für jede theologische Arbeit und religiöse Unterweisung im gesamten Mittelalter. Mit hoher Wahrscheinlichkeit hatte sich Gutenberg eine in Mainz vorhandene handschriftliche Bibel zur Vorlage genommen und sie nachgesetzt. Die Vorlage konnte nicht gefunden werden, sie ist vermutlich bei den Setzarbeiten regelrecht aufgebraucht worden. Gutenberg imitierte die Handschrift mit allen Aspekten, so übernahm er die Spaltenaufteilung, den Blocksatz, den er im Druck noch verbessern konnte, die Missal-Schrifttype, im Buchdruck als *Textura* („gewebeartige" Schrift) bekannt. Die verwendeten großen Missal-Buchstaben waren der Schrift in den Messbüchern nachempfunden, damit sie beim Gottesdienst in den dunklen Kirchenräumen gut lesbar waren.

Bei den ersten Experimenten hatte Gutenberg noch versucht, die Arbeit der Rubrikatoren, der Rotmaler, zu übernehmen und druckte auf den ersten Probeseiten die Auszeichnungszeilen mit Typensatz in Rot mit. Offensichtlich gab es beim zweifachen Einfärben und der Schwierigkeit beim passgenauen Abdruck so viele Probleme, die zu erheblichen Arbeitsverzögerungen führten, dass er wie in der Handschriftenära die weitere Ausmalung an den Berufsstand der Rubrikatoren zurückgab. Im Papierexemplar der Bibliothèque Nationale in Paris findet sich auf dem jeweils letzten Blatt beider Bände der handschriftliche Vermerk, dass ein Heinrich Cremer, Kleriker am Kollegialstift St. Stephan in Mainz, diese Exemplare bis zum 15. bzw. 24. August 1456 rubriziert, illuminiert und eingebunden hat. Damit existiert ein sicheres Datum, an dem die Bücher vollständig vorgelegen haben müssen.

Eine andere wichtige Quelle für die Entstehungsgeschichte ist ein Brief von Enea Silvio Piccolomini, dem späteren Papst Pius II., damals noch Sekretär Kaiser Friedrichs III., an Kardinal Carjaval, in dem er vom Frankfurter Reichstag im Oktober 1454 berichtet. Er habe dort einen bemerkenswerten Händler, einen *vir mirabilis* gesehen, der verschiedene Lagen mit Probebogen einer lateinischen Bibel in „höchst sauberer und korrekter Schrift ausgeführt" gezeigt habe, die mühelos und „ohne Brille" zu lesen gewesen wären. Einige Lagen seien sogar dem Kaiser zugesandt worden. Piccolomini hat in Erfahrung bringen können, dass bereits vor Vollendung des

Drucks alle Exemplare verkauft worden seien. Dabei habe es sich nach der einen Quelle um 158, nach der anderen um 180 Exemplare gehandelt.

Diese Angaben lassen auf einen günstigen Geschäftsverlauf schließen, aber vielleicht lag es an den üblichen Zahlungsbedingungen, nach denen das Geld erst ein halbes oder ein ganzes Jahr nach Übereignung fällig wurde, oder an weiteren Verzögerungen bei den abschließenden Arbeiten von Gutenberg, dass er im Herbst 1455 offensichtlich nicht in der Lage war, den Kredit an seinen Geldgeber zurückzuzahlen. Johannes Fust ließ sich deshalb den Lagerbestand der Bibeln, die Druckmaschinen und auch das Wissen um die Buchdruckerkunst übertragen. Mit dem bisherigen Erstgesellen von Gutenberg, Johannes Schöffer, dem er seine Tochter zur Frau gab, führte er daraufhin die Werkstatt „Fust & Schöffer" weiter, die im 15. Jahrhundert zu der führenden Druckerwerkstätte in Mainz wurde.

Mit hoher Wahrscheinlichkeit hat Johannes Gutenberg bis zu seinem Tod am 3. Februar 1468 noch selbst weitergedruckt, da sich sein Typenmaterial in verschiedenen Drucken nachweisen lässt, eventuell in Eltville am Rhein, wo er vom Mainzer Kurfürsten Adolf von Nassau 1465 zum „Hofmann" ernannt wurde. Er wird jedoch in keinem Kolophon (Schlussschrift) der infrage kommenden Bücher als Drucker genannt, so ist die Forschung auf Vermutungen angewiesen. Da er aber schon parallel zur Bibel Kleindrucke wie Kalender, Grammatiken (nach Aelius Donatus), Flugblätter und Ablassbriefe druckte, ist es zu vermuten, dass er zumindest solche Kleindrucke in einer eigenen Werkstatt weiter anfertigen ließ. Die Ablassbriefe waren ein überaus lukratives Geschäft; sie wurden in Auflagenhöhen von 2 000 bis 5 000 Exemplaren, in einzelnen Fällen von mehreren 10 000 Exemplaren bis hin zu einem Sonderfall in Santiago de Compostela von 192 000 Exemplaren gedruckt. Diese Art von Formulardruck (in der Regel 31 Zeilen auf einer Seite), in der nur noch der Name des Empfängers und das Datum handschriftlich eingetragen wurden, war aus der Sicht der Buchdrucker ein höchst gewinnbringendes Geschäft.

Gutenberg hatte für das Jahr 1455 auch einen weit verbreiteten Kalender herausgegeben, in dem er die so genannte „Türkenrede" des kaiserlichen Sekretärs Enea Silvio Piccolomini, die er am 15. Oktober 1454 auf der Reichsversammlung in Frankfurt am Main gehalten hatte, in deutscher Übersetzung abdruckte. Darin wurden alle Stände der Christenheit aufgefordert, gegen das Osmanische Reich, das 1453 Konstantinopel erobert hatte, vorzugehen.

Die Ausbreitung in Europa

Die Kenntnis der Buchdruckerkunst verbreitete sich in Windeseile durch Europa. Bereits um 1460 wurde in Bamberg gedruckt, offensichtlich mit Typenmaterial, das wandernde Gesellen von Gutenberg mitgenommen hatten. Im gleichen Jahr druckte in Straßburg Johannes Mentelin, der möglicherweise schon Verbindungen zu Gutenberg in dessen Straßburger Zeit unterhalten hatte.

Besonders interessant ist, dass ab 1465 mit Unterstützung der Kurie im Kloster Santa Scholastica in Subiaco bei Rom gedruckt wurde, und zwar die vom Humanismus bevorzugten Texte der lateinischen Antike. Es waren deutsche ‚Gastarbeiter‘, die Buchdrucker Konrad Sweynheim (†1477) und Arnold Pannartz (†1477), die Cicero und Augustinus ebenso druckten wie eine Werkausgabe des Kirchenvaters Lactantius. Der Bischof von Aleria, Andrea dei Bussi, der erste Bibliothekar der Vaticana, pries 1468 die Erfindung der Buchdruckerkunst und nannte Nikolaus von Kues als ihren großen Förderer: „Deutschland ist in der Tat wert, geehrt und durch alle Jahrhunderte hoch gepriesen zu werden als Erfinderin der segensreichen Kunst. Das ist auch der Grund dafür, dass die stets rühmenswerte und des Himmelreiches würdige Seele des Nikolaus von Kues, des Kardinals zu *Sanct Peter ad Vincula*, den heißen Wunsch hatte, dass diese heilige Kunst, die man damals in Deutschland entstehen sah, auch in Rom heimisch werde." Rom blieb während der Inkunabelzeit (*incunabula*, die „Wiege" des Buchdrucks in der Zeit von 1454–1500) das Hauptdruckzentrum in Italien, daneben lassen sich aber vierzig Druckoffizinen bis zum Jahr 1500 nachweisen, von denen etwa 25 mit deutschen Druckern arbeiteten. Neben Rom ist besonders Venedig als früher Druckort zu nennen, wo Johann von Speyer schon 1468 vom Rat der Stadt für fünf Jahre ein Monopol auf den Buchdruck erhielt. Wie in den meisten italienischen Städten wurden hauptsächlich die klassischen, lateinischen Schriftsteller und juristische Werke gedruckt. In Venedig findet man auch Nicolas Jenson aus Sommevoir bei Troyes, der vom Münzmeister König Karls VII. von Frankreich 1458 nach Mainz geschickt worden war, um sich die neue Technik des Buchdrucks anzueignen. Ab 1470 gab er in einer besonders ausgewogenen Antiqua-Type (die bis heute verwendet wird) Schriften der lateinischen Klassiker und der Kirchenväter in Venedig heraus. Er betrieb seine Offizin als eine Handelsgesellschaft mit zwei deutschen Kaufleuten im Fondaco dei Tedeschi.

Der bedeutendste Drucker der Frühdruckzeit war sicherlich der Italiener Aldus Manutius (1459–1515), der in Venedig 1490 eine Offizin mit dem ausdrücklichen Ziel errichtete, die Werke der lateinischen und griechischen Klassiker zu publizieren. Die aus Deutschland stammende Buchdruckerkunst hat sich in Italien typografisch und gestalterisch weiterentwickelt und verselbstständigt. Gegen Ende des 15. Jahrhunderts wurde die Buchgestaltung durch aus Italien zurückkehrende Gesellen und Meister deutlich beeinflusst.

Der Humanismus trug erheblich zur Ausbreitung der Buchdruckerkunst bei. Der deutsche Erzhumanist Conrad Celtis (1459–1508) schrieb am Ende des 15. Jahrhunderts in einer Ode, dass es einem Sohn der Stadt Mainz zu verdanken sei, dass die „Deutschen nicht mehr von den Italienern wegen ihrer angeblich geistlosen Untätigkeit" geschmäht werden könnten. Die Buchdruckerkunst habe es nämlich ermöglicht, Anschluss an die geistige Größe der Antike zu erreichen. Und so wie einst Vergil in seinen *Georgica* die Übernahme der griechischen Musen und ihrer Künste nach Italien postulierte, so äußert Celtis den Wunsch, die Musen, und damit die Befähigung zur echten Dichtkunst und zur Wissenschaft, nun über die Alpen in die deutschen Lande zu führen.

Die in der Inkunabelzeit am häufigsten gedruckten antiken Texte sind die Schriften Ciceros. Die Hälfte der 316 nachgewiesenen Ausgaben stammt aus Italien, aus den großen Druckerstädten Rom, Venedig, Mailand oder Parma. Dabei überwiegen die Ausgaben der Briefe und der rhetorischen Werke, die als neues Kunst- und Stilideal gefeiert wurden. Von den römischen Dichtern findet man achtzig Ausgaben Ovids, die oft als Schullektüre Verwendung fanden. Weit verbreitet waren die Komödien des Terenz, die bereits ab 1470 im Deutschen Reich angeboten wurden. Bei Johannes Grüninger in Straßburg erschienen auch Ausgaben von Horaz und Vergil. Die Schriften Vergils nehmen eine quantitative Sonderstellung ein, die bereits in der Handschriftenära auf vielfältige Art und Weise verbreitet wurden. Nachdem etwa fünfzig Generationen seine Texte immer wieder abgeschrieben hatten, erschien 1469 in Rom die erste Ausgabe in Druck. Seitdem vergeht kaum ein Jahr (bis in die Gegenwart), in dem nicht mindestens eine Vergil-Ausgabe erschien, zwischen 1469 und 1500 allein 81 Drucke. Die Humanisten waren getragen von ihrem Glauben an die allgemeine Bildungsfähigkeit der Menschen und der Hoffnung, dass sich die Bildung sofort verbessere, wenn die Texte bereitgestellt würden. Diese wunderbare Bildungsutopie führte dazu, dass der Lateinunterricht massiv propagiert wurde, und zwar nicht wegen den logisch-formalen Vorteilen dieser Sprache, sondern im Glauben, dass mit dem Erlernen der Sprache die ihr implizite Weisheit der antiken Texte auf die Schüler übergehen werde (so formulierte es z. B. Lorenzo Valla). Für die Humanisten war der Buchdruck tatsächlich ein großes Geschenk, das ihre eigenen Bildungsbestrebungen deutlich voranbringen konnte.

Nicht unzufällig erkannten auch die Universitäten die Bedeutung der Buchdruckerkunst für die Verbreitung von Wissen. Daher finden wir die erste Druckerei Frankreichs an der Sorbonne im Jahr 1470. Der Prior Heynlin von Stein (1435–1496) und der Rektor Guillaume Fichet (1433–1480) beauftragten drei deutsche Druckergesellen, Ulrich Gehring aus Konstanz, Michael Friburger aus Colmar und Martin Crantz aus Straßburg, mit dem Druck von klassischen und humanistischen Texten, für die sie eine relativ große Antiqua-Schrift verwendeten. Auf Paris folgten als weitere bedeutende französische Druckerstädte 1473 Lyon, 1475 Albi und 1476 Toulouse. Keine zehn Jahre nach Gutenbergs Tod war seine Technik in den meisten europäischen Ländern verbreitet. Nach nur fünfzig Jahren arbeiteten in über tausend Druckoffizinen in etwa 350 Städten quer durch Europa Buchdrucker an der neuen Technik und veröffentlichten zwischen 1450 und 1500 etwa 30 000 Titel mit einer geschätzten Gesamtauflage von neun bis zehn Millionen Bänden. Die Zeitgenossen jubelten, dass es nun auch „jedem Minderbemittelten" möglich sei, „höhere Bildung zu erwerben". Die Möglichkeiten des neuen Buchdrucks stützten die Bildungsbewegung des Spätmittelalters wie auch die im 14. und 15. Jahrhundert aufstrebenden Universitäten in Europa, förderten die Verbreitung der Ideen des Renaissance-Humanismus mit ihrem Glauben an die allgemeine Bildungsfähigkeit des Menschen und schufen gleichzeitig die Voraussetzungen für die Reformation der Kirche und die Popularisierung der Glaubensinhalte in der Volkssprache.

Es war ebenfalls die Geburtsstunde der durch Zeitungen und Zeitschriften publizierten öffentlichen Meinung, die sowohl Sachinformationen als auch Agitation und Propaganda in Flugblättern und „neuen Zeitungen" be-

reitstellten. Die Wechselwirkung zwischen Technikgeschichte und Geistes-
geschichte macht das Faszinosum der Beschäftigung mit dieser frühen
Druckgeschichte aus. Es zeigt sich dabei, dass das neue Medium das voran-
gehende nicht schlagartig ablöst, sondern dass zunächst die alten Inhalte in
vertrauten äußeren Formen weitertradiert wurden. So schlossen sich die
frühen Drucke in der Seitenaufteilung, in der Wahl der Schriften oder im
Format direkt an die Handschriften an, und es wurden dieselben Grammatiken und Lehrbücher zur Verbreitung durch den Druck gewählt, die sich bereits seit Jahrhunderten bewährt hatten. Erst nach und nach wurden die
neuen, genuinen Möglichkeiten des neuen Mediums erkannt: Ein Titelblatt
wurde vorgeschaltet, handlichere Formate wurden entwickelt, die Volks-
sprachen fanden neben der Gelehrtensprache Latein ihre größere Geltung,
was auch die individuelle Lektüre förderte. Die Epen in Versform, dem äußeren Zeichen des öffentlichen Vortrags, wurden nicht mehr aufgelegt,
dafür entstand eine Romanliteratur in Prosaform zur privaten Lektüre in
„Taschenbüchern"; erste Sachbücher mit medizinischen und naturwissen-
schaftlichen Kenntnissen, Drucke von Europa- und Weltkarten, Kalender
und Almanache wurden verbreitet. Johannes Gutenberg kann mit Recht als
der Erfinder der Massenkommunikation gelten.

Die Autoren

GERD ALTHOFF, Prof. Dr., geboren 1943, lehrt Mittelalterliche Geschichte an der Westfälischen Wilhelms-Universität Münster. Publikationen u. a.: *Spielregeln der Politik im Mittelalter. Kommunikation in Frieden und Fehde* (1997), mit Hans-Werner Goetz/Ernst Schubert, *Menschen im Schatten der Kathedrale. Neuigkeiten aus dem Mittelalter* (1998), Hg. mit Ernst Schubert, *Herrschaftsrepräsentation im ottonischen Sachsen* (1998), *Die Ottonen* (2000), (Hg.) *Formen und Funktionen öffentlicher Kommunikation im Mittelalter* (2001), *Macht der Rituale* (2003), *Inszenierte Herrschaft* (2003).

KLAUS BERGDOLT, Prof. Dr. med. Dr. phil., geboren 1947, ist Direktor des Instituts für Geschichte und Ethik der Medizin der Universität zu Köln. Publikationen u. a.: *Der dritte Kommentar Lorenzo Ghibertis* (1989), *Arzt, Krankheit und Therapie bei Petrarca* (1992), *Der schwarze Tod in Europa* (1994), *Leib und Seele – Eine Kulturgeschichte des gesunden Lebens* (1999), *Zwischen scientia und studia humanitatis. Die Versöhnung von Medizin und Humanismus um 1500* (2001).

MARIE-LUISE FAVREAU-LILIE, Prof. Dr., lehrt Mittelalterliche Geschichte an der Freien Universität Berlin. Publikationen u. a.: *Studien zur Frühgeschichte des Deutschen Ordens* (1974), *Die Italiener im Heiligen Land vom Ersten Kreuzzug bis zum Tode Heinrichs von Champagne (1098–1197)* (1989).

STEPHAN FÜSSEL, Prof. Dr., geboren 1952, Inhaber des Gutenberg-Lehrstuhls und Direktor des Instituts für Buchwissenschaft der Johannes Gutenberg-Universität in Mainz. Publikationen u. a.: *Deutsche Dichter der Frühen Neuzeit. Ihr Leben und Werk* (1993), *Gutenberg und seine Wirkung* (1999, 2. Aufl. 2004), *Kaiser Maximilian I.: Theuerdank. Faksimileedition mit Kommentar* (2003), Hiller/Füssel: *Wörterbuch des Buches* (6. Aufl. 2002), *Schiller und seine Verleger* (2005).

KAREL HRUZA, Dr. phil., MAS, geboren 1961, Leiter der Arbeitsgruppe Regesta Imperii des Instituts für Mittelalterforschung der Österreichischen Akademie der Wissenschaften in Wien. Publikationen u. a.: (Hg.) *Propaganda, Kommunikation und Öffentlichkeit (11.–16. Jahrhundert)*, Forschungen zur Geschichte des Mittelalters 6 (2002), (Hg.) *Wege zur Urkunde – Wege der Urkunde – Wege der Forschung. Beiträge zur europäischen Diplomatik des Mittelalters*, Forschungen zur Kaiser- und Papstgeschichte des Mittelalters. Beihefte zu J. F. Böhmer, Regesta Imperii 24 (2004).

GEORG JENAL, Prof. Dr., geboren 1942, lehrt Geschichte des Mittelalters an der Universität zu Köln. Publikationen u. a.: *Erzbischof Anno II. von Köln (1056–75)*

und sein politisches Wirken. Ein Beitrag zur Geschichte der Reichs- und Territorialpolitik im
11. Jahrhundert. 2 Bde. (1974/75), Italia ascetica atque monastica. Das Asketen- und
Mönchtum in Italien von den Anfängen bis zur Zeit der Langobarden (ca. 150/250–604),
2 Bde. (1995), „Weibliche Askese im spätantik-frühmittelalterlichen Italien (4.–
7. Jahrhundert)", in: Frauen und Kirche, hg. Sigrid Schmitt (2002).

HANS-HENNING KORTÜM, Prof. Dr., geboren 1955, lehrt Mittelalterliche
Geschichte an der Universität Regensburg. Publikationen u. a.: (Hg.) Krieg im
Mittelalter (2001), „Der Pilgerzug von 1064/65 ins Heilige Land. Eine Studie über
Orientalismuskonstruktionen im 11. Jahrhundert", in: Historische Zeitschrift 277
(2003).

KARL-FRIEDRICH KRIEGER, Prof. Dr., geboren 1940, lehrt Mittelalterliche
Geschichte an der Universität Mannheim, Publikationen u. a.: Die Lehnshoheit der
deutschen Könige im Spätmittelalter (1979), Rudolf von Habsburg (2003), Die
Habsburger im Mittelalter (2. Aufl. 2004).

ULRICH NONN, Prof. Dr., geboren 1942, lehrt Geschichte des Mittelalters und
ihre Didaktik an der Universität Koblenz-Landau, Campus Koblenz. Publikationen u. a.: Merowingische Testamente (1972), Pagus und Comitatus in Niederlothringen
(1983), Quellen zur Alltagsgeschichte im Früh- und Hochmittelalter, I. Teil (2003).

FERDINAND OPLL, Prof. Dr., geboren 1950, ist Direktor des Wiener Stadt- und
Landesarchivs. Publikationen u. a.: Die Regesten des Kaiserreiches unter Friedrich I.,
1.–3. Lieferung (1980–2001), Stadt und Reich im 12. Jahrhundert (1986), Friedrich
Barbarossa (1990, 3. Aufl. 1998), Wien. Geschichte einer Stadt, Bd. 1–2 (mit P.
Csendes, 2001–2003).

ANTON SCHARER, Ao. Prof. Dr., geboren 1954, lehrt Geschichte des Mittelalters
und Historische Hilfswissenschaften an der Universität Wien. Publikationen
u. a.: Herrschaft und Repräsentation. Studien zur Hofkultur König Alfreds des Großen,
(2000), Erzbischof Arn von Salzburg (2004) hg. mit Meta Niederkorn-Bruck.

GEORG SCHEIBELREITER, Prof. Mag. Dr., geboren 1943, lehrt Geschichte
des Mittelalters und Historische Hilfswissenschaften an der Universität Wien.
Publikationen u. a.: Tiernamen und Wappenwesen (1976, 1992), Der Bischof in
merowingischer Zeit (1983), Die barbarische Gesellschaft (1999).

ANDREA SOMMERLECHNER, Univ.-Doz. Dr., geboren 1958, Mitarbeiterin
des Instituts für Österreichische Geschichtsforschung, Wien. Publikationen
u. a.: Stupor mundi? Kaiser Friedrich II. und die mittelalterliche Geschichtsschreibung
(1999).

KARL UBL, Dr., geboren 1973, ist Assistent für mittelalterliche Geschichte an der

Universität Tübingen. Publikationen zur Bildungs- und Philosophiegeschichte im Spätmittelalter.

ARMIN WOLF, Prof. Dr., geboren 1935, arbeitet am Max-Planck-Institut für Rechtsgeschichte in Frankfurt am Main und lehrte an der Universität Heidelberg Mittelalterliche Geschichte. Publikationen u. a.: *König für einen Tag: Konrad von Teck, gewählt, ermordet (?) und vergessen* (2. Aufl. 1995), *Gesetzgebung in Europa 1100–1500. Zur Entstehung der Territorialstaaten* (2. Aufl. 1996), *Die Entstehung des Kurfürstenkollegs 1198–1298* (2. Aufl. 2000), *Die Goldene Bulle. König Wenzels Handschrift* (2. Aufl. 2002).

Literatur

Die Bekehrung des Merowingerkönigs Chlodwig 496

ANTON, HANS HUBERT, „Art. Chlodwig", in: *Reallexikon der Germanischen Altertumskunde* 4, Berlin/New York 1981, S. 478–485.

DALY, W. M., „Clovis: How Barbaric, how Pagan?", in: *Speculum* 69, 1994, S. 619–664.

EWIG, EUGEN, „Art. Chlodwig", in: *Lexikon des Mittelalters* 2, München 1983, Sp. 1863–1868.

–, *Die Merowinger und das Frankenreich*, Stuttgart 1988.

GEUENICH, DIETER, THOMAS GRÜNEWALD und REINHOLD WEITZ (Hg.), *Chlodwig und die Schlacht bei Zülpich. Geschichte und Mythos 496–1996*, Euskirchen 1996.

HEINZELMANN, MARTIN, *Gregor von Tours (538–594), „Zehn Bücher Geschichte". Historiographie und Gesellschaftskonzept im 6. Jahrhundert*, Darmstadt 1994.

LEVISON, WILHELM, *Zur Geschichte des Frankenkönigs Chlodowech* (= *Bonner Jahrbücher* 103), 1898, S. 42–67, wieder abgedruckt in: ders., *Aus rheinischer und fränkischer Frühzeit*, Düsseldorf 1948, S. 202–228.

ROUCHE, MICHEL, *Clovis*, Paris 1996.

SCHÄFERDIEK, KNUT, „Francia rhinensis und rheinische Kirche. Randbemerkungen zur frühen fränkischen Geschichte", in: *Standfester Glaube. Festgaben zum 65. Geburtstag von J. F. G. Goeters*, hg. von Heiner Faulenbach, Köln 1991, S. 1–20.

SCHEIBELREITER, GEORG, „Clovis, le païen, Clotilde, la pieuse. À propos de la mentalité barbare", in: *Clovis – histoire et mémoire*, hg. von Michel Rouche, Paris 1997, S. 349–367.

SHANZER, DANUTA R., Dating the Baptism of Clovis: The Bishop of Vienne vs. the Bishop of Tours (= Early Medieval Europe 7/1), 1998, S. 29–57.

STEINEN, WOLFRAM VON DEN, „Chlodwigs Übergang zum Christentum. Eine quellenkritische Studie", in: Mitteilungen des Österreichischen Instituts für Geschichtsforschung (MÖIG), Ergänzungsband 12, Innsbruck 1933, S. 417–501.

TESSIER, GEORGES, Le Baptême de Clovis, Paris 1964.

VYVER, ANDRÉ VAN DE, „La victoire contre les Alamans et la conversion de Clovis", in: Revue Belge de Philologie et d'Histoire, 15 (1936), S. 859–914 und 16 (1937), S. 35–94.

WOOD, IAN N., „Gregory of Tours and Clovis", in: Revue Belge de Philologie et d'Histoire, 63 (1985), S. 249–272.

ZÖLLNER, ERICH, Geschichte der Franken bis zur Mitte des 6. Jahrhunderts, München 1970.

Von Benedikt von Nursia zu den Benediktinern ca. 530–816

FRANK, KARL SUSO, „Benediktiner", in: Theologische Realenzyklopädie V (1980), S. 549–560.

HALLINGER, KASSIUS, „Papst Gregor der Große und der heilige Benedikt", in: Commentationes in Regulam S. Benedicti (= Studia Anselmiana 42), hg. von Basilius Steidle, Rom 1957, S. 231–319.

–, „Benedikt von Monte Cassino. Sein Aufstieg zur Geschichte, zu Kult und Verehrung", in: Regulae Benedicti Studia 10/11 (1981/82), S. 77–89.

JENAL, GEORG, Italia ascetica atque monastica. Das Asketen- und Mönchtum in Italien von den Anfängen bis zur Zeit der Langobarden (ca. 150/250–604) (= Monographien zur Geschichte des Mittelalters 39, I/II), Stuttgart 1995.

PRINZ, FRIEDRICH, Frühes Mönchtum im Frankenreich. Kultur und Gesellschaft in Gallien, den Rheinlanden und Bayern am Beispiel der monastischen Entwicklung (4.–8. Jahrhundert), München/Wien 1965 (Darmstadt 1988).

–, Askese und Kultur. Vor- und Frühbenediktinisches Mönchtum an der Wiege Europas, München 1980.

SEMMLER, JOSEF, „Pippin III. und die fränkischen Klöster", in: Francia, 1975, S. 88–146.

–, „Benedictus II.: Una regula, una consuetudo", in: Benedictine Culture 750–1050, hg. von Willem Lourdaux und D. Verhelst, Löwen 1983, S. 1–49.

–, „Karl der Große und das fränkische Mönchtum", in: Karl der Große. Lebenswerk

und Nachleben, hg. von Wolfgang Braunfels, Band 2: Das geistige Leben, hg. von
B. Bischoff, Düsseldorf 1965, S. 255–289.

–, „Die Beschlüsse des Aachener Konzils 816", in: Zeitschrift für Kirchengeschichte
(ZKG), 1963, S.15–82.

VOGÜÉ, ADALBERT DE, „Benedikt von Nursia", in: Theologische Realenzyklopädie V,
1980, S. 538–549.

ZELZER, KLAUS, „Cassiodor, Benedikt von Nursia und die monastische
Tradition", in: Regulae Benedicti Studia 14/15 (1988), S. 99–114.

–, „Von Benedikt zu Hildemar. Zu Textgestalt und Textgeschichte der Regula Benedicti auf ihrem Weg zur Alleingeltung", in: Frühmittelalterliche Studien 23 (1989),
S. 112–130.

ZELZER, MICHAELA, „Zur Überlieferung der Regula Benedicti im französischen
Raum", in: Überlieferungsgeschichtliche Untersuchungen, in Zusammenarbeit mit
Johannes Dummer u. a., Berlin 1981, S. 637–645.

Die Schlacht bei Tours und Poitiers 732

COLLINS, ROGER, The Arab Conquest of Spain (710–797), 1989.

NONN, ULRICH, „Die Schlacht bei Poitiers 732. Probleme historischer
Urteilsbildung", in: Beiträge zur Geschichte des Regnum Francorum, hg. von
Rudolf Schieffer, 1990, S. 37–56.

ROUCHE, MICHEL, L'Aquitaine des Wisigoths aux Arabes 418–781, 1979.

ROY, J.-H. und JEAN DEVIOSSE, La bataille de Poitiers, 1966.

STAUDTE-LAUBER, ANNALENA, „Carolus princeps regionem Burgundiae
sagaciter penetravit. Zur Schlacht von Tours und Poitiers und dem Eingreifen
Karl Martells in Burgund", in: Karl Martell in seiner Zeit (= Beihefte der Francia Band
37, 1994), hg. von Jörg Jarnut, Ulrich Nonn und Michael Richter, S. 79–100.

Die Kaiserkrönung Karls des Großen 800

Quellensammlung:

Die Kaiserkrönung Karls des Großen (= Historische Texte Mittelalter 4), eingeleitet und
zusammengestellt von Kurt Reindel, Göttingen ²1970.

Literatur (nur wenige, leicht erreichbare, selbstständig erschienene Werke werden
genannt):

BECHER, MATTHIAS, Karl der Große, München 1999.

CLASSEN, PETER, Karl der Große, das Papsttum und Byzanz. Die Begründung des karolingischen Kaisertums (= Beiträge zur Geschichte und Quellenkunde des Mittelalters 9), Sigmaringen 1985.

FICHTENAU, HEINRICH, Karl der Große und das Kaisertum. Mit einer Einleitung zum Nachdruck, Libelli 320, Darmstadt 1971.

SCHIEFFER, RUDOLF, Die Karolinger (= Urban-Taschenbücher 411), Stuttgart ³2000.

STIEGEMANN, CHRISTOPH und MATTHIAS WEMHOFF (Hg.), 799 – Kunst und Kultur der Karolingerzeit. Karl der Große und Papst Leo III. in Paderborn (= Katalog, 3 Bände), Mainz 1999.

Die Kaiserkrönung Ottos des Großen 962

ALTHOFF, GERD und HAGEN KELLER, Heinrich I. und Otto der Große. Neubeginn auf karolingischem Erbe, 2 Bände. (Persönlichkeit und Geschichte 122–125), Göttingen/Zürich ²1994.

–, Die Ottonen. Königsherrschaft ohne Staat, Stuttgart/Berlin/München 2000.

BEUMANN, HELMUT, „Das Kaisertum Ottos des Großen. Ein Rückblick nach tausend Jahren", in: Das Kaisertum Ottos des Großen. Zwei Vorträge von Helmut Beumann und Heinrich Büttner (= Vorträge und Forschungen, Sonderband 1), hg. vom Konstanzer Arbeitskreis für mittelalterliche Geschichte, Sigmaringen ²1975, S. 5–54.

–, Die Ottonen, Stuttgart ⁵2000.

BRÜHL, CARLRICHARD, Deutschland – Frankreich. Die Geburt zweier Völker, Köln [u. a.] ²1995.

FRIED, JOHANNES, Der Weg in die Geschichte. Die Ursprünge Deutschlands bis 1024 (= Propyläen Geschichte Deutschlands 1), Berlin 1994.

HEHL, ERNST-DIETER, „Der wohlberatene Papst. Die römische Synode Johannes' XII. vom Februar 964", in: Ex ipsis rerum documentis. Beiträge zur Mediävistik. Festschrift für Harald Zimmermann zum 65. Geburtstag, hg. von Klaus Herbers, Hans Kortüm und Carlo Servatius, Sigmaringen 1991, S. 257–275.

–, „Kaisertum, Rom und Papstbezug im Zeitalter Ottos I.", in: Ottonische Neuanfänge. Symposium zur Ausstellung „Otto der Große, Magdeburg und Europa", hg. von Bernd Schneidmüller und Stefan Weinfurter, Mainz 2001, S. 213–235.

KARPF, ERNST, Herrscherlegitimation und Reichsbegriff in der ottonischen Geschichtsschreibung des 10. Jahrhunderts (= Historische Forschungen 10), Stuttgart 1985.

KELLER, HAGEN, „Das Kaisertum Ottos des Großen im Verständnis seiner Zeit",
in: *Deutsches Archiv für Erforschung des Mittelalters 20 (1964)*, S. 325–388.

–, „Entscheidungssituationen und Lernprozesse in den ‚Anfängen der deutschen
Geschichte'. Die ‚Italien- und Kaiserpolitik' Ottos des Großen", in: *Frühmittelalterliche Studien 33 (1999)*, S. 20–48.

–, *Die Ottonen*, München 2001.

KÖPKE, RUDOLF und ERNST DÜMMLER, *Kaiser Otto der Große* (= *Jahrbücher der
deutschen Geschichte 9*), Darmstadt ²1962.

MALECZEK, WERNER, „Otto I. und Johannes XII. Überlegungen zur Kaiserkrö-
nung von 962", in: *Mediaevalia Augiensia. Forschungen zur Geschichte des Mittelalters*
(= *Vorträge und Forschungen 54*), hg. von Jürgen Petersohn, Stuttgart 2001,
S. 151–203.

WEINFURTER, STEFAN, „Kaiserin Adelheid und das ottonische Kaisertum",
in: *Frühmittelalterliche Studien 33 (1999)*, S. 1–19.

ZIMMERMANN, HARALD, *Papstabsetzungen des Mittelalters*, Graz/Wien/Köln 1971.

König Heinrich IV. in Canossa 1077

BLUMENTHAL, UTA-RENATE, *Gregor VII. – Papst zwischen Canossa und
Kirchenreform*, Darmstadt 2001.

GOLINELLI, PAOLO, *Matilde di Canossa nelle culture europee del secondo Millennio.
Dalla storia al mito (Atti del convegno internazionale di studi, Reggio Emilia – Canossa –
Quattro Castella, 25–27 settembre 1997)*, Bologna 1999.

ZIMMERMANN, HARALD, *Der Canossagang von 1077. Wirkungen und Wirklichkeit.*
(= *Abhandlungen der geistes- und sozialwissenschaftlichen Klasse, Jahrgang 1975, Nr. 5
der Akademie der Wissenschaften und der Literatur Mainz*), Wiesbaden 1975.

Die Eroberung Jerusalems auf dem Ersten Kreuzzug 1099

ARMANSKI, GERHARD, *Es begann in Clermont. Der erste Kreuzzug und die Genese der
Gewalt in Europa* (= *Geschichte der Gewalt in Europa 1*), Pfaffenweiler 1995.

DESCHNER, KARLHEINZ, *Kriminalgeschichte des Christentums, Band 6*,
Reinbek 1999.

ELM, KASPAR, „O beatas idus ac prae caeteris gloriosas! Die Eroberung
Jerusalems 1099 und der Erste Kreuzzug in der Geschichtsschreibung Raouls
von Caen", in: *Es hat sich viel ereignet, Gutes wie Böses. Lateinische Geschichtsschreibung*

der Spät- und Nachantike (= Beiträge zur Altertumskunde 141), hg. von Gabriele Thome und Jens Holzhausen unter Mitarbeit von Silke Anzinger, München/Leipzig 2001, S. 152–178.

–, „Die Eroberung Jerusalems im Jahre 1099. Ihre Darstellung, Beurteilung und Deutung in den Quellen zur Geschichte des Ersten Kreuzzugs", in: *Jerusalem im Hoch- und Spätmittelalter (= Campus Historische Studien 29)*, hg. von Dieter Bauer, Klaus Herbers und Nikolaus Jaspert, Frankfurt/New York 2001, S. 31–54.

FRANCE, JOHN, *Victory in the East*, Cambridge 1994.

HEER, FRIEDRICH, *Kreuzzüge – gestern, heute, morgen*, Luzern/Frankfurt 1969.

HIESTAND, RUDOLF „Die Eroberung Jerusalems im Jahre 1099", in: *Monatshefte für Evangelische Kirchengeschichte des Rheinlandes* 49 (2000), S. 1–31.

HILLENBRAND, CAROLE, „The First Crusade: the Muslim perspective", in: *The First Crusade. Origins and Impact*, hg. von Jonathan Phillips, Manchester 1997, S. 130–141.

–, *The Crusades. Islamic Perspectives*, Edinburgh 1999.

LUDWIG, GERHARD, *Massenmord im Weltgeschehen. Bilanz zweier Jahrtausende*, Stuttgart 1951.

Oxford Illustrated History. The Oxford Illustrated History of the Crusades, hg. von Jonathan Riley-Smith, 1995. Dt. Übersetzung von Christian Rochow unter dem Titel *Illustrierte Geschichte der Kreuzzüge*, Frankfurt/New York 1999.

RÖHRICHT, REINHOLD, *Geschichte des Ersten Kreuzzuges*, Innsbruck 1901.

RUNCIMAN, STEVEN, *History of the Crusades*, Band 1, Cambridge 1951.

Das Werden der mittelalterlichen Stadt

BENEVOLO, LEONARDO, *Die Geschichte der Stadt*, Frankfurt/New York ²1984.

BOCCHI, FRANCESCA, MANUELA GHIZZONI und ROSA SMURRA, *Storia delle città italiane. Dal Tardoantico al primo Rinascimento*, Torino 2002.

BRACHMANN, HANSJÜRGEN und JOACHIM HERRMANN (Hg.), *Frühgeschichte der europäischen Stadt. Voraussetzungen und Grundlagen (= Schriften zur Ur- und Frühgeschichte 44)*, Berlin 1991.

BRANDT, KLAUS (Hg.), *Haithabu und die frühe Stadtentwicklung im nördlichen Europa (= Schriften des Archäologischen Landesmuseums 8)*, Neumünster 2002.

CHÉDEVILLE, ANDRÉ, JACQUES LE GOFF und JACQUES ROSSIAUD, „La ville en France au Moyen Âge", in: *Jacques Le Goff (Hg.), Histoire de la France urbaine*, Vol. 2, Paris ²1998.

DIESTELKAMP, BERNHARD (Hg.), *Beiträge zum hochmittelalterlichen Städtewesen* (= Städteforschung, A 11), Köln/Wien 1982.

DILCHER, GERHARD, *Die Entstehung der lombardischen Stadtkommune. Eine rechtsgeschichtliche Untersuchung* (= Untersuchungen zur deutschen Staats- und Rechtsgeschichte, Neue Folge 7), Aalen 1967.

DUBY, GEORGES (Hg.), *Histoire de la France urbaine (Collection L'Univers historique)*, Paris 1981.

EBEL, WILHELM, *Der Bürgereid als Geltungsgrund und Gestaltungsprinzip des deutschen mittelalterlichen Stadtrechts*, Weimar 1958.

ENGEL, EVAMARIA, *Die deutsche Stadt des Mittelalters (Becks Historische Bibliothek)*, München 1993.

ENNEN, EDITH, *Frühgeschichte der europäischen Stadt*, Bonn 1953, ³1981.

–, *Die europäische Stadt des Mittelalters (Sammlung Vandenhoeck)*, Göttingen ³1979.

FASOLI, GINA und FRANCESCA BOCCHI, *La città medievale italiana*, Firenze 1973.

FELDBAUER, PETER, MICHAEL MITTERAUER und WOLFGANG SCHWENTKER (Hg.), *Die vormoderne Stadt. Asien und Europa im Vergleich* (= Querschnitte, Band 10), Wien/München 2002.

La fortune historiographique des thèses d'Henri Pirenne, Bruxelles 1986.

FRIED, JOHANNES (Hg.), *Die abendländische Freiheit vom 10. bis zum 14. Jahrhundert* (= Vorträge und Forschungen, Band 39), Sigmaringen 1991.

HAASE, CARL (Hg.), *Die Stadt des Mittelalters, Band 1–3* (= Wege der Forschung, Band 243–245), Darmstadt 1976 ff.

JARNUT, JÖRG und PETER JOHANEK (Hg.), *Die Frühgeschichte der europäischen Stadt im 11. Jahrhundert* (= Städteforschung, A 43), Köln/Weimar/Wien 1998.

JOHANEK, PETER und FRANZ-JOSEPH POST (Hg.), *Vielerlei Städte. Der Stadtbegriff* (= Städteforschung, Band 61), Köln/Weimar/Wien 2004.

KELLER, HAGEN, *Adelsherrschaft und städtische Gesellschaft in Oberitalien 9.–12. Jahrhundert* (Bibliothek des deutschen historischen Instituts in Rom, 52), Tübingen 1979.

LE GOFF, JACQUES, „Die Stadt", in: Schauplatz Mittelalter. *Katalog zur Kärntner Landesausstellung 2001, Band I: Einführung*, Klagenfurt 2001, S. 21 ff.

Lexikon des Mittelalters, Band I ff., München/Zürich 1977 ff.

MAYRHOFER, FRITZ (Hg.), *Stadtgeschichtsforschung. Aspekte, Tendenzen, Perspektiven* (= Beiträge zur Geschichte der Städte Mitteleuropas, Band XII), Linz/Donau 1993.

MECKSEPER, CORD (Hg.), *Stadt im Wandel. Kunst und Kultur des Bürgertums in Norddeutschland 1150-1650* (Landesausstellung Niedersachsen, Ausstellungskatalog, Band 14), Suttgart-Bad Cannstatt 1985.

MITTERAUER, MICHAEL, *Markt und Stadt im Mittelalter. Beiträge zur historischen Zentralitätsforschung* (= Monographien zur Geschichte des Mittelalters, Band 21), Stuttgart 1980.

MUMFORD, LEWIS, *Die Stadt. Geschichte und Ausblick*, Band 1–2, München ³1984.

OPLL, FERDINAND, „Stadtgründung und Stadtwerdung. Bemerkungen zu den Anfängen des Städtewesens in Österreich", in: *Österreichs Städte und Märkte in ihrer Geschichte* (= Schriften des Institutes für Österreichkunde 46), Wien 1985, S. 13 ff.

–, *Stadt und Reich im 12. Jahrhundert (1125–1190)* (Forschungen zur Kaiser- und Papstgeschichte des Mittelalters, Beihefte zu Johann Friedrich Böhmer, Regesta Imperii, Band 6), Wien/Köln/Graz 1986.

–, „Das österreichische Städtewesen vom Mittelalter bis zum Beginn des 17. Jahrhunderts", in: *pro civitate Austriae. Informationen zur Stadtgeschichtsforschung in Österreich* 13 (1991), S. 17 ff.

PALLISER, DAVID M. (Hg.), *The Cambridge urban history of Britain, vol. 1*, Cambridge 2000.

PIRENNE, HENRI, *Les villes et les institutions urbaines*, Band 1–2, Paris ⁴1939.

PITZ, ERNST, *Europäisches Städtewesen und Bürgertum. Von der Spätantike bis zum hohen Mittelalter*, Darmstadt 1991.

PLANITZ, HANS, *Die deutsche Stadt im Mittelalter. Von der Römerzeit bis zu den Zunftkämpfen*, Wien/Köln/Graz 1954, ³1973.

RAUSCH, WILHELM (Hg.), *Die Städte Mitteleuropas im 12. und 13. Jahrhundert* (= Beiträge zur Geschichte der Städte Mitteleuropas, Band 1), Linz 1963.

REIDINGER, ERWIN, *Planung oder Zufall. Wiener Neustadt 1192*, Wiener Neustadt 1995.

–, „Mittelalterliche Stadtplanung am Beispiel Linz", in: *Historisches Jahrbuch der Stadt Linz 2001*, Linz 2003, S. 11 ff.

ROHR, CHRISTIAN (Hg.), *Vom Ursprung der Städte in Mitteleuropa. Jubiläumsschrift zur 1200. Wiederkehr der Erstnennung von Linz*, Linz 1999.

SANCHEZ-ALBORNOZ, CLAUDIO, *Ruina y extinción del municipio Romana en España*, Buenos Aires 1943.

SCHULZ, KNUT, „*Denn sie lieben die Freiheit so sehr ...*" *Kommunale Aufstände und die Entstehung des europäischen Bürgertums im Hochmittelalter*, Darmstadt ²1995.

STOOB, HEINZ (Hg.), *Die mittelalterliche Städtebildung im südöstlichen Europa* (= Städteforschung, Band 4), Köln/Wien 1977.

–, *Altständisches Bürgertum*, Band 1–3 (= Wege der Forschung 352, 417 und 646), Darmstadt 1978–1989.

–, *Die Stadt. Gestalt und Wandel bis zum industriellen Zeitalter* (= Städtewesen, Band 1), Köln/Wien 1979.

Studien zu den Anfängen des europäischen Städtewesens (= Vorträge und Forschungen, Band 4), Lindau/Konstanz 1958.

VERHULST, ADRIAAN (Hg.), *Anfänge des Städtewesens an Schelde, Maas und Rhein bis zum Jahre 1000* (= Städteforschung, Reihe A, Band 40), Köln/Weimar/Wien 1996.

VERMEESCH, ALBERT, *Essai sur les origines et la signification de la commune dans le nord de la France (XIe et XIIe siècles)*, Heule 1966.

WALEY, DANIEL, *Die italienischen Stadtstaaten*, München 1969.

WEBER, MAX, „Die Stadt", in: *Archiv für Sozialwissenschaft und Sozialpolitik* 47 (1921), S. 621 ff., siehe auch in: *Die Stadt des Mittelalters, Band 1: Begriff, Entstehung und Ausbreitung* (= Wege der Forschung 243), Darmstadt 1969, ³1978, S. 34 ff.

Der Hoftag von Mainz 1235

ABULAFIA, DAVID, *Frederick II. A Medieval Emperor*, London 1988.

ENGELS, ODILO; *Die Staufer*, Stuttgart/Köln/Berlin ⁷1998.

FLECKENSTEIN, JOSEF (Hg.), *Curialitas. Studien zu Grundfragen der höfisch-ritterlichen Kultur* (= Veröffentlichungen des Max-Planck-Instituts für Geschichte 100), Göttingen 1990.

KANTOROWICZ, ERNST, *Kaiser Friedrich der Zweite*, Berlin 1927. Ergänzungsband Berlin 1931.

SOMMERLECHNER, ANDREA, *Stupor Mundi? Kaiser Friedrich II. und die mittelalterliche Geschichtsschreibung* (= Publikationen des Historischen Instituts beim Österreichischen Kulturinstitut in Rom I/11), Wien 1999.

STÜRNER, WOLFGANG, *Friedrich II.* (= Gestalten des Mittelalters und der Renaissance, hg. von Peter Herde), Teil 1 und 2, Darmstadt 1992 und 2000.

Die Schlacht bei Dürnkrut 1278

Die zu Beginn zitierte Quelle stammt aus den (anonymen) *Annales Sancti Rudberti Salisburgenses*, hg. von Wilhelm Wattenbach, Monumenta Germaniae Historica (MGH), SS IX [1851], S. 804); die deutsche Übersetzung folgt (nicht ganz wörtlich) der von ANDREAS KUSTERNIG, *Erzählende Quellen des Mittelalters. Die Problematik mittelalterlicher Historiographie am Beispiel der Schlacht bei Dürnkrut und Jedenspeigen 1278*, Wien/Köln 1982, S. 59.

Für die Quellen, die Vorbereitungen und den Ablauf der Schlacht sind neben diesem Werk auch die folgenden Beiträge des gleichen Autors grundlegend:

KUSTERNIG, ANDREAS, „Probleme um die Kämpfe zwischen Rudolf und Ottokar und die Schlacht bei Dürnkrut und Jedenspeigen am 26. August 1278", in: *Ottokar-Forschungen*, redigiert von Max Weltin und Andreas Kusternig, 1978, S. 226–311 (mit instruktiver graphischer Darstellung der drei entscheidenden Phasen der Schlacht zwischen S. 290 und 291).

–, „Die Schlacht bei Dürnkrut und Jedenspeigen am 26. August 1278", in: *Böhmisch-österreichische Beziehungen im 13. Jahrhundert*, hg. von Maria Bláhová und Ivan Hlaváček u. a., Prag 1998, S. 185–215.

Zur politischen Vorgeschichte vgl. neuerdings KARL-FRIEDRICH KRIEGER, *Rudolf von Habsburg*, 2003 (mit weiterer Literatur).

Die Pest in Europa 1347–1349

BERGDOLT, KLAUS (Hg.), *Die Pest 1348 in Italien. 50 zeitgenössische Quellen*. Mit einem Nachwort von Gundolf Keil, Heidelberg 1989.

–, *Der Schwarze Tod in Europa. Die große Pest und das Ende des Mittelalters*, München 1994.

BIRABEN, J. N., *Les hommes et la peste en France et dans les pays européens et méditerranéens* (= *Civilisations et Sociétés 36*), 2 Bände, Mouton/Paris/Le Havre 1975 und 1976.

BULST, NEITHARD, „Der Schwarze Tod. Demographische, wirtschafts- und kulturgeschichtliche Aspekte der Pestkatastrophe von 1347–52. Bilanz der neueren Forschung", in: *Saeculum 30* (1979), S. 45–67.

HOENIGER, ROBERT, *Der Schwarze Tod in Deutschland. Ein Beitrag zur Geschichte des 14. Jahrhunderts*, Berlin 1882.

LEVEN, KARL HEINZ, „Die Justinianische Pest", in: *Jahrbuch des Instituts für Geschichte der Medizin der Robert-Bosch-Stiftung 6* (1987), S. 137–161.

ZIEGLER, PETER, *The Black Death*, London/Glasgow 1972.

ZINN, KARL GEORG, *Kanonen und Pest. Über die Ursprünge der Neuzeit im 14. und 15. Jahrhundert*, Opladen 1989.

Die Entstehung der deutschen Universitäten im 14. Jahrhundert

DEMANDT, ALEXANDER (Hg.), *Stätten des Geistes. Große Universitäten Europas von der Antike bis zur Gegenwart*, Köln/Weimar/Wien 1999.

REXROTH, FRANK, *Deutsche Universitätsstiftungen von Prag bis Köln. Die Intentionen des Stifters und die Wege und Chancen ihrer Verwirklichung im spätmittelalterlichen deutschen Territorialstaat* (= Beihefte zum Archiv für Kulturgeschichte 34), Köln/Weimar/Wien 1992.

RÜEGG, WALTER (Hg.), Geschichte der Universität in Europa 1: Mittelalter, München 1993.

SCHWINGES, RAINER CHRISTOPH, *Deutsche Universitätsbesucher im 14. und 15. Jahrhundert. Studien zur Sozialgeschichte des Alten Reiches* (= Veröffentlichungen des Instituts für Europäische Geschichte Mainz, Abt. Universitätsgeschichte 123), Stuttgart 1986.

WAGNER, WOLFGANG ERIC, *Universitätsstift und Kollegium in Prag, Wien und Heidelberg. Eine vergleichende Untersuchung spätmittelalterlicher Stiftungen im Spannungsfeld von Herrschaft und Genossenschaft* (= Europa im Mittelalter 2), Berlin 1999.

Die Goldene Bulle von 1356

Textausgaben:

Die Goldene Bulle Kaiser Karls IV. 1356, lateinischer Text mit Übersetzung, bearbeitet von Konrad Müller, Bern 1964.

„Die Goldene Bulle vom 10. Januar und 25. Dezember 1356", lateinisch und frühneuhochdeutsch. Bearbeitet von Wolfgang D. Fritz, in: Monumenta Germania Historica Const. 11, Weimar 1988, S. 535–633 (maßgebliche Edition).

Faksimile (verkleinert):

Die Goldene Bulle, König Wenzels Handschrift, Codex Vindobonensis 338 der Österreichischen Nationalbibliothek, Kommentar von Armin Wolf (= Glanzlichter der Buchkunst 11), Graz 2002. Mit ausführlicher Bibliographie zur Goldenen Bulle S. 105–123.

Literatur:

HERGEMÖLLER, BERND-ULRICH, *Fürsten, Herren und Städte zu Nürnberg 1355/56. Die Entstehung der „Goldenen Bulle" Karls IV.*, Köln/Wien 1983. Dazu Rezension Armin Wolf in: Historische Zeitschrift 241 (1985), S. 682–685.

–, „Der Abschluss der ‚Goldenen Bulle' zu Metz 1356/1357", in: Studia Luxemburgensia, Festschrift Heinz Stoob zum 70. Geburtstag, hg. von Friedrich Bernward Fahlbusch und Peter Johanek, Warendorf 1989, S. 123–232.

WOLF, ARMIN, „Das ‚Kaiserliche Rechtbuch' Kaiser Karls IV., sogenannte Goldene Bulle", in: Ius Commune, Veröffentlichungen des Max-Planck-Instituts für Europäische Rechtsgeschichte, 2 (1969), S. 1–32.

–, Die Entstehung des Kurfürstenkollegs 1198–1298. Zur 700-jährigen Wiederkehr der ersten

Vereinigung der sieben Kurfürsten (Historisches Seminar Neue Folge 11), Idstein 1998,
²2000.

ZEUMER, KARL, Die Goldene Bulle Kaiser Karls IV. (= Quellen und Studien zur
Verfassungsgeschichte des Deutschen Reiches in Mittelalter und Neuzeit II 1 und 2),
Weimar 1908.

Die Verbrennung von Jan Hus auf dem Konstanzer Konzil 1415

DRDA, MILOŠ u. a. (Hg.), Jan Hus na přelomu tisíciletí (Husitský Tábor
Supplementum 1), Tábor 2001.

GRAUS, FRANTIŠEK, „Der Ketzerprozess gegen Magister Johannes Hus (1415)",
in: Macht und Recht. Große Prozesse in der Geschichte, hg. von Alexander Demandt,
München 1996, S. 128–147.

HERKOMMER, HUBERT, „Die Geschichte vom Leiden und Sterben des Jan Hus
als Ereignis und Erzählung", in: Literatur und Laienbildung im Spätmittelalter und
in der Reformationszeit, hg. von Ludger Grenzmann und Karl Stackmann,
Stuttgart 1984, S. 114–146.

HILSCH, PETER, Johannes Hus (um 1370–1415). Prediger Gottes und Ketzer,
Regensburg 1999.

HOKE, RUDOLF, „Der Prozess des Jan Hus und das Geleit König Sigmunds. Ein
Beitrag zur Frage nach Kläger- und Angeklagtenrolle im Konstanzer Prozess
von 1414/1415", in: Annuarium Historiae Conciliorum 15 (1983), S. 172-193.

KEJŘ, JIŘÍ, Husův proces, Praha 2000.

MAURER, HELMUT, Konstanz im Mittelalter II. Vom Konzil bis zum Beginn des
16. Jahrhunderts (= Geschichte der Stadt Konstanz, Band 2), Konstanz 1989.

MIETHKE, JÜRGEN, „Die Prozesse in Konstanz gegen Jan Hus und Hieronymus
von Prag – ein Konflikt unter Kirchenreformern?", in: Häresie und vorzeitige Reformation im Spätmittelalter, hg. von František Šmahel, München 1998, S. 147–167.

NOVOTNÝ, VÁCLAV, M. Jan Hus. Život a dílo, 2 Bände, Praha 1919/1921.

– (Hg.), Fontes Rerum Bohemicarum Band 8. Petri de Mladonowic opera historica nec non
aliae de M. Johanne Hus et M. Hieronymo Pragensi relationes et memoriae, Praha 1932.

PATSCHOVSKY, ALEXANDER, „Ekklesiologie bei Johannes Hus", in:
Lebenslehren und Weltentwürfe im Übergang vom Mittelalter zur Neuzeit, hg. von
Hartmut Boockmann u. a., Göttingen 1989, S. 370–399.

SEDLÁK, JAN, M. Jan Hus, Praha 1915.

SEIBT, FERDINAND u. a., Jan Hus – Zwischen Zeiten, Völkern, Konfessionen, München 1997.

ŠMAHEL, FRANTIŠEK, Die Hussitische Revolution, 3 Teilbände (Monumenta Germaniae Historica, Schriften Band 43), Hannover 2002.

VISCHER, MELCHIOR, Jan Hus. Sein Leben und seine Zeit, 2 Bände, Frankfurt a. M. 1940.

Die Erfindung des Buchdrucks um 1450

«http://www.gutenbergdigital.de», 10.05.2004, Internet-Edition der Göttinger Gutenberg-Bibel.

Auch als CD-Rom: Gutenberg Digital. Göttinger Gutenberg-Bibel. Musterbuch und Helmerspergersches Notariatsinstrument, hg. von Elmar Mittler und Stephan Füssel, München 2000.

BECHTEL, GUY, Gutenberg et l'invention de l'imprimerie. Une enquete, Paris 1992.

EISENSTEIN, ELISABETH L., The printing press as an agent of chance, Cambridge 1979.

FEBVRE, LUCIEN und HENRI JEAN MARTIN, L'apparition du livre, Paris 1958.

FÜSSEL, STEPHAN und VOLKER HONEMANN, Humanismus und früher Buchdruck. (= Pirckheimer Jahrbuch 1996), Nürnberg 1997.

FÜSSEL, STEPHAN, Johannes Gutenberg. (= rowohlts monographien Band 50610), Reinbek 1999, [3]2003.

–, Gutenberg und seine Wirkung, Frankfurt a. M., 1999, [2]2004.

GIESECKE, MICHAEL, Der Buchdruck der frühen Neuzeit, Frankfurt a. M. 1991.

Gutenberg-Jahrbuch, hg. von Stephan Füssel, Mainz (Gutenberg-Gesellschaft).

HIRSCH, RUDOLF, Printing, Selling and Reading 1450–1550, Wiesbaden 1974.

ING, JANET, Johann Gutenberg and his bible, New York 1990.

KAPR, ALBERT, Johannes Gutenberg. Persönlichkeit und Leistung, Leipzig 1986, München [2]1988.

KRAFFT, FRITZ und DIETER WUTTKE, Das Verhältnis der Humanisten zum Buch, Boppard 1977.

RUPPEL, ALOYS, Johannes Gutenberg. Sein Leben und Werk. Berlin 1939.

SCHORBACH, KARL, „Die urkundlichen Nachrichten über Johannes Gutenberg", in: Festschrift zum 500-jährigen Geburtstag von Johannes Gutenberg, hg. von Otto Hartwig, Mainz 1900, S. 133–256.

Namenregister

C

Caesarius, Bischof von Arles 35

Carjaval, Juan de, Kardinal 229

Celtis, Conrad 232

Childebert I., König der Franken 24

Childebrand 53f.

Childerich I., König der Salfranken
25

Childerich III., König der Franken 61

Chilperich, König der Burgunder 18

Chlodomer, König der Franken
19–22, 24

Chlodswinth 23, 25, 29

Chlodwig I., König der Franken 13

Chlothar I., König der Franken 25

Chrodegang, Bischof von Metz 37,
45, 56

Chrodhild, Königin der Franken 15,
17–21, 23f., 26–31

Chrétien de Troyes 139

Clemens II., Papst 91

Clemens III., Papst 107

Clemens VI., Papst 173

Colonna, Oddo, Kardinal
→ Martin V. 210

Columban 35

Couvin, Simon de 171

Crantz, Martin 233

Cremer, Heinrich 229

Cusanus → Nikolaus von Kues

D

Desiderius, König der Langobarden
63f.

Dionysius (Heiliger) 23

Donatus, Bischof von Besançon 35

Donatus, Aelius 223, 230

Donizo 105

Dritzehn, Andreas 224

Dubois, Philippe 189

E

Edward III., König von England 201

Einhard 57, 66, 69

Engelbert II., Erzbischof von Köln 155

Ernst von Pardubice, Erzbischof von
Prag 179f.

Eudo, Herzog von Aquitanien 50–52,
55–57

Ezzelino da Romano 148

F

Fichet, Guillaume 233

Fredegar 19, 24, 27, 29, 51, 54f.

Friburger, Michael 233

Friedrich I. Barbarossa, röm.-dt.
Kaiser 136, 145–147, 152f.

Friedrich II., röm.-dt. Kaiser 141–152

Friedrich II., Herzog von Österreich
146f.

Friedrich III., röm.-dt Kaiser 229

Friedrich V. von der Pfalz 199

Friedrich, Erzbischof von Mainz 73f.

Friedrich, Markgraf von Meißen 200

Fructuosus, Bischof von Braga 36

Fulrad 61

Fust, Johannes 226, 230

G

Gehring, Ulrich 233

Genovefa (Heilige) 23, 29

Gensfleisch zur Laden, Friele 222f.